當代正義理論

余桂霖 著

序言

　　本書撰寫的萌芽啟蒙於博士研究生的時代，回顧那正是處於 1970 年代末期、1980 年代初期，當代西方政治的思想，倫理與理論正處於蓬勃發展的時期。個人在這樣的學習情境之下，當然在研究生六年的學習生涯之中，深受那所謂自由、民主、公平、正義等概念意義的影響。而狂熱於所謂自由、民主、公平、正義等概念意義的政治哲學思想、倫理與理論的學習與探究。因而，在完成博士研究的學習生涯規劃之後，即著手研究與撰寫那些政治哲學家所謂的自由、民主、公平，正義等概念的意義。

　　在個人從事二十多年的教學職業中，深受韋伯（Max Weber）影響，一直執著以成為政治的哲學家與科學家為志業或職志。因而，在教學研究的生涯規劃之中，即時時刻刻全力以赴於去圓成為政治的哲學家與科學家為志業或職志的夢。

　　要想成為政治的哲學家，當然要對於當代西方政治的思想，要有深入的研究及探索，本書撰寫的內容是在個人從事二十多年的教學研究生涯中，陸續發表於當年政治作戰學校的復興崗學報的研究論文，經過個人的修正與整理，完成了本書的撰寫。隨同亦有一本和本書相關的政治哲學著作《當代西方政治的思想家，倫理與理論的興起與形成》相繼出版。

　　在個人朝向去圓成為政治的哲學家夢之際，現在個人也正完成成為政治科學家的著作《多元廻歸與其相關的單變項及多變項分析技術》，《因素分析：從探索性到驗證性因素分析》，《結構方程式模

型分析》,《結構方程式模型:專題分析》,與《政治學研究方法與統計》四本著作相繼出版。

在個人研究生六年的學習生涯之中,正逢當代西方政治思想蓬勃發展,當代經驗政治理論與政治學方法論興起,及依思頓(David Easton)進行後行為科學革命,科學研究方法正在萌芽與發展的時代背景之中,隨後在個人從事二十多年的教學研究中,基於這種政治學發展脈動之下,完成有關政治哲學,理論與科學的著作,提供有興趣從事於當代正義理論研究的讀者參考。

本書從「正義」的釋名去界定正義的概念意義開始,然後再依個人對許多當代正義理論家著作的探討與研究海耶克的社會正義論,麥佛森的「經濟正義」,羅爾斯的正義論,諾錫克的正義論,杜爾金的正義權利理論,布魯斯·艾克曼的社會正義論,與達維·彌勒的社會正義論,去發現每個理論家的理論對正義的界定與分析都有他們自己的方法與研究領域或範圍,而且各有他們自己的觀點與理念。

本書是適合提供於政治與社會相關學系的學生,碩士班與博士班的研究生的教學參考。由於著作者個人所學有限,拙作歷經多年的琢磨與教學的驗證,著作雖歷經不斷的修正,其中仍然會有謬誤與疏漏之處,祈求各方先進,學者,與專家不吝指正。

余桂霖　謹誌於國防大學

北投復興崗

民國 99 年 2 月

目　次

第一章　「正義」釋名

　　當前在我們的國家與社會之中，對政治、社會、經濟、與政策諸問題的討論，從民意代表、學術界、一般人民與輿論界，都是以是否合乎正義、公平的原則來抨擊、論證與影響政府的作為。因而可知，「正義」一詞目前正瀰漫盛行於我們當前的社會之中。例如政府每年社會福利的預算編列是否符合正義原則？政府是否透過社會立法對國家的財富與資源做合理的分配，政府對失業、無力就業，年邁與老年年金的規劃是否合理？及政府因採取鎮壓手段而造成不幸受害者的種種苦難，政府是否做到公平的關切與合理的補償？對婚姻暴力法律之規定有背正義時政府有否修法等等？都是正義的問題。

　　「正義」之於我們社會國家既然如此重要，而且又是當代政治社會思潮所關切的主題。那麼試問究竟何謂正義？正義的基本主題是什麼？正義的觀念是人與生俱來的嗎？此外，正義只是一個抽象的理念，當吾人運用它來評價一個社會與國家種種政策之際，必須有更具體的準繩或原則作為依據，而這些準繩或原則應如何建構或尋求呢？又如何給予這些準繩或原則合理的論證依據？最後，在實際運作上，究竟何種制度或政策方能落實正義原則呢？凡此圍繞著正義理念所衍生的諸多課題，不但為歷史的政治哲學所爭議，更是近年來西方學術界及公共政策爭議最多的議題之一。此一現象，當今的學術界普遍的歸因於當代著名哲學家羅爾斯（John Rawls）《正義論》（*A Theory of Justice*）一書的問世所造成的（Lucash, 1986：7）。

第一節　正義的界定

「正義」（justice），時常被視為一種理念或一種理想，文明社會夢寐以求的理想（Kamenka, 1979：1），在西方政治哲學史上，早在柏拉圖（Plato）及亞里斯多德（Aristotle）的著作中，便有許多深刻的剖析。然而，何謂正義？或正義是什麼？從柏拉圖、亞里斯多德，至中世紀的思想家聖湯瑪斯阿奎納（St. Thomas Aquinas）、十八世紀的懷疑論者休謨（David Hume）、十九世紀的約翰·穆勒（John Stuart Mill），迄今的海耶克（F. A. Hayek）、羅爾斯（John Rawls）與諾錫克（Robert Nozick）等重要的思想家，對「正義」一詞的界定，就各有不同的觀點與時代背景的特性。誠如，柏拉圖在他著《共和國》（*Republic*）一書陳述道（Barker, 1947：171）：

> 社會正義可以定義為一個社會的原則，即各式各樣的人，由於相互的需要而連合起來，而由於他們連合而成為一個社會，以及他們的集中是由於其不同的任務分工所致，因此結合成為一個完美的整體，其所完美者，乃是因為這是全體人心的產物與表象。

由此可知，在柏拉圖的思想體系中，正義即是人人各盡己任，各有己務。這就是最高的道德，至善的境界，也就是國家目的的實現，換言之，就是人人能協調和諧，分工合作，便是一個有秩序的整體，是正義之德的完成（引自 Solomon and Murphy, 1990：123-24）。所以，依據柏拉圖的觀點，正義是統攝所有其他諸德目的「全德」。

　　亞里斯多德把正義界定為德性的一種狀態（justice as a state of character），遵守法律，公平與平等的分配。他認為分配的正義是關切利益的分配（引自 Solomon and Murphy, 1990：38-47）。對他而言，正義是立法者的正當志業。正義應該被應用於決定權利、榮譽與財富的分配。詳言之，亞里斯多德認為分配的正義，就是社會全體公民中整個生產分配的正義，至少每個家計單位（homehold）對美好的生活應該有適度收入的要求。換言之，分配的正義，就像交換的正義一樣，其所關切的是由商業資本所產生交換新關係的結果。亞里斯多德對商人所累積財富的關切，是因為商人財富的累積改變了交換的關係及由此改變了所得的分配：所以，財富的累積使人民的生計，物質的消費手段陷於危機之中（Macpherson, 1985：4-7）。

　　亞里斯多德目睹他所處的社會已從簡單市場邁向先進市場經濟體制的發展。因而他強烈地認為先進市場是美好生活（good life）的破壞因素。所以，他稱先進市場是非自然的（unnatural），基於這個基礎：先進市場的經濟體制即成為替代美好生活的一個手段目標；其財富的累積過程是毫無限制的，而美好生活僅是對有限物質財富的需求。由此透過以先進市場的經濟體制為手段，藉此手段使某些人以犧牲他人的利益為代價是不公平的（Macpherson, 1985：4-7）。

　　聖湯瑪斯阿奎納是十三世紀社會自然法的理論家，他認為交換的正義要求諸物的交換應該是等值的，否則對交易的的一方是欺詐的行為。公平的價格是該價格給予生產者按他的社會身份地位與技能給予他的勞力提供適當的報酬。對於商人從低買高賣獲利的正義，阿奎納似乎是比亞里斯多德持著更溫和的觀點。對貿易的獲利

若不超過商人的勞力，商人投資的冒險與運輸的成本若獲得恰當的報酬是被認可的。但是，該種價格被認可的基礎是這樣的貿易對家計單位與社群是有利的。所以，對貿易獲利的正義端視按照習慣標準是否適度的公平而定，與按貿易是否潛在的對家計單位與社群有益而定（Macpherson, 1985：7）。總之，阿奎納強調分配正義就是關切一個和諧社會整體的創造與維持，以促成社會與個人的一種合成，最後，正義在協調交換、分配與普遍的原則中，不強調主觀的種種權利，而強調客觀社會的均衡（Kamenka, 1979：4）。

十八世紀蘇格蘭的社會哲學家和政治經濟學家休謨（David Hume），在他所著《人性論》（*Treatise in Human Nature*）一書中，休謨引發了人懷有仁慈胸襟的有限性、知識的侷限性、以及滿足人類需求所需資源與手段的有限性，此三者導致基本正義原則產生的原因。這些原則即體現在休謨所稱的「三條基本自然法則」之中：即財產佔有的穩定性法則，經同意轉讓財產的法則，以及履行承諾的法則（Hume, 1888：18-30）。因而，財產在休謨看來即意謂著：對有價值的外在客觀所擁有的一切權利。由於這種觀點使他聲言：正義與財產是一起興起的（Hume, 1888：18-30）。

十九世紀的約翰穆勒是英國的思想家，他以通常使用合不合乎正義的案例來界定正義：

> 第一：剝奪法律賦予個人的自由、財產或其他任何事物，即被視為不合乎正義，此即以法律權利為正義。

> 第二：雖然法律賦予個人權利，但是當此一法律就道德上而言是惡法時，則消取惡法賦於的權利並不被視為是不合乎正義。就此而言，乃是以道德權利為正義。

第三：以每一個人獲得他應得的為正義，包括應得的報酬或應受的懲罰，這可以說是一般人心目中最傾心的正義概念。

第四：不守信用就是不正義，不論是違反約定，或因我們自己的行為未達成知悉與自願的期望而招致失望，皆包括在內。

第五：以偏私不公為不正義，亦即以公正無私為正義，就此而論，依多數人的觀點即把平等視為是正義的精義（Mill, 1910：40-43）。

由上述五個案例可知，約翰穆勒把正義視為是法律權利、道德權利、個人獲得他應得的、遵守承諾、公正無私與平等權利。

至二十世紀，當代的重要思想家海耶克認為，社會正義。至多只是一種幻想，在某些方面，它是一個危害我們個人自由的理念。主要論點是以任何預先設定的分配模式，不論其標準的依據是什麼原則，強加於社會財富的分配上，必然地會陷於把更多的權力置於一個主要權威當局或政府手中。因而，若權威當局或政府要更平等地分配社會財富，而假定有些人亦不願放棄或讓渡他們的財富，那就如同從某些人身上奪走財物一樣。如此，權威當局或政府就侵犯了個人的自由。而其結果終必然地使國家逐漸接近成為一個極權主義的國家（引自 Solomon and Murphy, 1990：123-24）。所以，分配的正義是否會促使社會更加的公平與減少對社會的不滿。實令人感到懷疑（引自 Solomon and Murphy, 1990：123-24）。

1971 年，在美國哲學家羅爾斯出版的《正義論》一書中，開始就陳述到（Rawls, 1971：3-4）：

> 正義是社會制度的眾德之首，每個人在正義的基礎上，便擁
> 有不為他人侵犯之權，即便以社會總福利為由，也不得有所
> 超越。因此正義不允許以犧牲某些人的自由權利為代價，以
> 便讓另一些人得以享受較他人還要多的利益。換言之，正義
> 不允許為了多數人享有較多的利益，而以犧牲少數人的利益
> 為其代價。因此一個合乎正義的社會，平等的公民所享有的
> 各項自由權是不可動搖。況且，為了正義而確立的各項權利
> 不可以被當作政治談判及計算社會利益的籌碼。

從這段陳述即可推知，羅爾斯建構正義原則的主要目的，除了消極性的批判功利主義之外：其積極性的目的，即企圖建構一個合理的正義原則，調和長久以來存在於自由及平等間的衝突，以為現行西方的民主社會提供一個穩固的道德基礎。因而羅爾斯在他的正義論中，以兩項原則為自由與平等定位。第一項原則是自由的優先性原則，強調平等的基本自由權利，以字典式的排列次序，優先於第二項原則即差異原則。

在 1974 年，即羅爾斯《正義論》出版後的第三年，諾錫克發表了《無政府狀態、國家和烏托邦》一書。諾錫克和羅爾斯一樣，將權利的問題列為正義首要問題，但是，兩人的著眼點卻有所不同：羅爾斯關心社會權利的分配，並以正義原則來保證社會權利分配公正性。而諾錫克的權利概念是基於個人主義之上。他認為任何權利都是個人的權利，個人權利不是對社會權利的分割，它是個人在發揮他與生俱來的能力的過程中所獲得的。所以政府的主要功能：只限於反對暴力、竊盜、詐騙和強制實施契約的狹隘保護功能的最小政府被證明為是正確的。任何比這更為廣泛的政

府都將因為侵犯人們的自然權利而被證明是不正當的（Nozick, 1974：ix）。

依諾錫克的觀點，分配的正義論，並非一個中央機構如何統籌把已有的東西用什麼道德或正義原則分配給個人的問題，而是個人根據什麼原則而能獲得權利或資格擁有某些東西。在這種取得擁有權或資格的過程中，只有個人與個人之間的交易是否違反了道德原則的問題。

綜合以上八位思想家對正義的界定，可知他們對正義的論證，並不致各持有他們所處時代的特質。依麥克佛森（C. B. Macpherson）的觀點，每個政治理論是它時代所孕育的產物及具有時限的特質（Macpherson, 1962：100-104）。由此可推知。每位思想家對正義的界定之所以不同；與他們所處時代背景他們所持的理念有關。總之，有些思想家論正義，從負面的觀點去論證不正義的行為，如上述約翰穆勒就以負面的觀點去論證不正義的行為；反之，有些思想家則喜歡以正面的觀點去論述正義的行為。由此可知，正義的觀點有正面的與負面的之分。

有些思想家對維持社會秩序不遺餘力，而希望以法律來維持社會秩序與安定，因而尋求正義以維持社會現狀，反對破壞社會現狀與秩序。所以，有些思想家喜歡凸顯對現實環境的不滿或苦境，而希望伸張正義去改變現狀，以期能夠突破現狀或改善現狀的不滿。所以，正義的觀點就有改革的與保守的之分。

有些思想家以他的正義論去辯護他理想中的政治理想、統治方式之正當性；同樣地，有些思想家認為政府不正義的作惡，給予人民的抗命與政治的革命提供一種革命的正義作辯護。依此系絡，正義可以被使用去表達完美正義的理念，即以建立烏托邦社會正義的

人際關係為其正義的理想形式。因此，正義的觀點即有右派的與左派的之分。

　　正義的相關問題並不拘限於狹窄的政治問題。諸如，人與人、家庭、友誼的團體與志願的種種團體之間的關係，而政府對個人是否公平的對待與平等的關切，是探討在小的團體之中是否有任何國家正義的支持，如法律的正義在一個整體的社會之中是否法律之前人人平等與一視同仁，然而，在所有這些領域有種極不同的應用，換言之，有社會的、和政治的正義觀點。在社會的正義方面。有按個人權利分配（justice as rights）、按個人的功過或貢獻作分配（justice as deserts）、按個人的需求作分配（justice as needs）等正義的理念：而在政治的正義方面；由於政治意識形態的不同呈現不同的正義風貌。開始有自由市場的自由主義者的正義觀，福利派自由主義者（Welfare liberal）與社會主義者的正義觀，它們依形式與內容而呈現的風貌與聲音。這種政治意識形態的分歧，時常把正面的與負面的：改革的與保守的，右派的與左派的正義理念並列置於強調，致使主要政治概念的概念化分析無法全然地被隔離於意識形態的爭辯之外。

　　任何正義的解釋或說明，由以上所述，我們必須能夠去考量到它在實際應用多樣性與複雜性，與能夠去揭露這種錯綜複雜的結合，以強調或凸顯它不同政治的風貌或表現。在一個缺乏經驗意含的正義概念中，我們要去界定「正義」的真正概念意義，必須闡明所有不同正義意含的真正作用，做到規約性的選擇，以便釐清正義的問題是政治性與社會性的正義問題。

　　從上述八位思想家對正義的界定，可知是眾說紛紜，沒有一致的觀點。因而本文以下即嘗試從許多有關正義理論的著作中，依序

以正義概念意義的分析、正義的優先性、正義的範疇、正義與分配，正義與個人應得，法律與社會正義、正義與平等為題，來論述什麼是正義。

第二節　正義概念意義的分析

由於正義的問題在現代政治思想中佔著很重要的地位，而有關正義的哲學著作近年來又出版如此之多與成長如此快。縱然有關「正義」一詞的界定，如上述有些思想家一樣，把它純然地界定為分配的原則，但是正義的分配原則又有很多的主張與聲言，例如，有按個人權利作分配，按個人功過或貢獻作分配、按個人需求作分配與羅爾斯的正義分配原則等，而且這些分配原則正義概念本身之間所存在著意識形態的爭議性與差距，各自呈現出它們在道德與政治主張方面的特性與差異。所以，要提供一個明確的正義定義，實質上是有諸多困難存在，我們只能提供一種當前正義的綜合觀點，及它們對當前政策問題的種種意涵。正因為正義的概念在當前是如此的流行與如此的爭執不已。所以，要呈現出任何理性的正義分析可以為當前的一般人所接受的，並沒有多大的希望可言，更進而言之想在各種不同的正義理念中去獲得一種詳盡真實內容的中立性觀點，就更難了。

在這種情況條件下，我們要依據一種非常含糊之框架分析去捕捉所有不同的正義理念，儘管有很多的困難，但我們可以去捕捉已使用的正義術語與用法，然後再從各種不同的正義概念中去

分析與界定各種正義概念於什麼樣的環境條件之下，其正確的意義。當代的正義理論家，有些人把正義分析為一組評估社會與政治制度的原則。如羅爾斯，就把正義分析為社會基本結構之中提供權利與義務的分配，及把正義界定為社會合作中利益與負擔的適當分配（Rawls, 1971：4，7，10）。詳言之，羅爾斯著作《正義論》的主要目的，在於企圖為現行的民主社會建構一個合理的正義原則，作為社會基本結構的規範，以替代功利主義。規範之所以必要，一方面是由於在客觀條件上，人類社會資源都相當有限，因此社會合作所產外的利益，勢必無法使每個人的要求獲得滿足；而在另一方面，現行的社會大體上是一多元化的社會，每個人的人生觀，價值觀難免有所歧見。面對這樣的社會，如果要人們可以彼此和諧與容忍的共同營生，勢必要有一共同的基本規範，作為彼此之間權利義務分配的準繩。然而在任何社會中；負責職司基本權利與義務分配，及決定社會合作所產生的利益應如何分配的機構。是政治結構和重要的經濟與社會建制等等。因此，這些即是羅爾斯所謂的「社會基本結構」（the basic structure of society）。諸如，憲法、法律上所認可的財產形式及經濟組織等（Rawls, 1977：159）。而社會基本結構之所以如此重要是由於某些制度的建立深深影響到人們權利的享受與義務的負擔，因此一種制度的建立所產生的影響不止某一個人的生活遠景，甚至左右了個人對自我的期許與實現，所以「社會基本結構」乃是正義的基本主題（Rawls, 1971：7-8）。由此可知，正義的概念即意指在社會競爭的種種需求要求中，具有一種適當的平衡與穩定的作用，而且正義概念亦可做為去認知與決定這種平衡考量的原則（Rawls, 1971：10）。

依羅爾斯對正義的分析與界定，可知他並不接受已被使用的所有正義界說。因而。我們也許可採取傳統的研究途徑把正義界定為公平待人（giving to each his due 善待他人）以符合正義的概念。依公平待人的概念，彌勒（David Miller）認為諸事物的公平狀態（the just state of affairs）是其中每個個人賦予其應有的利益與分擔（Miller, 1976：20）。而且他亦認為當我們嘗試去解決一個人「應得的」問題時，正義的問題才會出現（Miller, 1976：24）。但是，諸事物地位是否公平的描述，不僅涉及到有知覺的人，人的理性，人對利益的喜歡與負擔的忍受，及有知覺人的行動等問題，而且亦涉及到諸事物公平地位是否是由於自然的或人為所造成的結果。有知覺的與理性的人要去判斷與檢驗很多人的情境條件，比較每個人所享受利益與所忍受負擔的相對程度。如此，正義的主題即成為人們之中利益與負擔被分配的方式（Miller, 1976：18-19）。

由以上羅爾斯與彌勒（David Miller）兩位正義論思想家對正義的分析與界定，都是依一個公平的（detached 或超然的）與哲學的方式去界定與分析正義是什麼，而且兩者都是從社會分配的觀點去界定與分析正義，但兩者依具體的條件狀況去陳述正義是什麼時，就有不同的正義概念意義出現，並且亦有政治領域的爭議發生。所以，從政治性與社會性正義概念區分去界定與分析正義概念的意義。雖然是一種常見與對正義概念可達某種程度的說明之方法。但是，這種區分方式受到當前政治價值以正義至上為前提的假定，使要以這種區分方式去界定與分析正義概念的意義，會變成令人難以掌握的廣泛解釋。

為了澄清政治上種種歧見的本質，去發展一組儘可能的與精確的概念是有益的。所以，在界定與分析正義概念的時候，不要把它

置於太廣泛的網絡之中，以免於正義概念變的無法從政治與社會價值的概括中劃分清楚。如此，正義於各種不同領域的應用中，就不會忽視到應用領域的整個範圍。而且，在每個領域之中，我們可做它個別的涵意作廣義或寬鬆的區分以尋求其意義的應用。例如亞里斯多德在他的《倫理學》（*Book V of Nicomochean Ethics*）一書中，就把正義區分為「完美的美德」（complete virtue）與「部分的美德」（a part of virtue）（引自 Solomon and Murphy, 1990：1-4）。然後他即致力於後者的探討與闡述。

第三節　正義的優先性

　　傳統主義者對正義的界定與分析，基本上把正義視為是基於社會價值的假定。縱令正義被某些理論家視為是分配的問題，當正義與一個健全社會制度的主要價值前提發生關聯時，正義概念就會成為反對人士提供意識形態至上的口實，因而就會歪曲或無法澄清正義的意義。假如正義被界定為是政治上價值的優先，那麼，無論如何，政治的優先就會自動地變成以正義的標題而感到崇高。反之，假如道德正義的重要性被視為與其他的種種價值有關時。那它的分析是外在的，而且它依然是提供一個自主性的道德評估的問題。所以，正義在處於政治優先的競爭中，在公理上並賦於任何明確的種種特權或優先。因而，對於正義是什麼的問題，我們可採取一種更為公平的或沒有偏見的研究途徑。從這種意識形態上沒有偏見或壓力的觀點，要去以功過的、權利的與需求的（as desert, rights and needs）理念依它各別的用法去捕捉正義措辭上更精確的意含似乎是可行的。

　　無論如何，政治性正義的優先是當代大部分正義理論家的共識，一般而言，正義被視為僅次於經濟的繁榮，為當代社會與政治組織的首要價值。因而，正義的流行已成為一個政治概念而被反映於羅爾斯的觀點之中，他把正義視為是社會種種制度的第一美德（Rawls, 1971：3）。換言之，一個社會可以尋求去實現其他的道德價值，但它必須首先實現正義。這種觀點，最近已引起某些正義理論家的關切與爭論，著名的桑岱爾（M. J. Sandel）就是其中之一（Sandel, 1982；Sandel, 1984：159-176）。一般認為，至少在分配的問題方面，「正義是非常重要的，也許是社會所展現的最重要的美德。」（Sadurski, 1985：12）綜合當代許多正義理論家的觀點，認為在其他問題的考量中不僅僅是正義為分配的唯一考量，而且在政治方面正義不必然是至高無上的道德地位。總之，無論如何，一般而言，正義已被視為是當前政治哲學規範主流的中心與主導的概念。

　　正義的優先性已成為一般哲學上所假定的前提，換言之，對許多正義理論家而言，它有一種分析真理的感覺（the feel of an analytic truth），但是很清楚的這是一個錯誤。假如正義被界定為社會正義的全面標準，那麼在邏輯上就沒有其他的價值可以與正義相提並論，因為所有相關的價值都被統攝於正義的含蓋之下。然而，假如正義不是所有社會價值的總和，或可以適當的平衡社會，那正義的優先性就不能完全地被假定，甚至於在分配問題的假定上亦是一樣。換言之，假如正義的優先性一旦成為實際的道德觀點與一種個別的價值，若武斷地把正義界定為社會的主要價值，然後再繼續去補充社會分配方面被視為道德上最重要的內容是可能的。總之，

正義的優先性會導誤我們種種直覺的訴求，即有關我們認為什麼才是公平或不公平的種種直覺。這種的直覺是根植於我們的運作，而不是根植於我們規約性的規範概念（stipulate normative concepts）。反之，假如我們對正義的優先性保持開放的心胸，採取一個更放寬的與哲學的研究途徑作正義概念的界定與分析是可能的。因為在達成這樣的分析中，我們並不將我們自己同時付託於任何個別的政治優先之上。

第四節　正義的範疇

　　以上略述的分析，並無意對有關正義理論的分析提供一種可處理的立場與無意作為本文的哲學推論。其主要目的在於認知正義有關的問題與對當代主要正義理論所發生的實際政治歧見進行探討。

　　依個人對當代正義理論家的著作，諸如：羅爾斯（J. Rawls）的《正義論》（*A. Theory of Justice*），艾克曼（B. A. Ackerman）的《在自由派國家的社會正義》（*Social justice in the Liberal State*）（Ackerman, 1980），杜爾金（R. M. Dworkin）的《嚴肅地享有種種權利》（*Taking Rights Seriously*）（Dworkin, 1978），《平等是什麼》（*What is Equality？*）（Dworkin, 1980），《原則的問題》（*A Matter of Princple*）（Dworkin, 1985），波斯諾（R. A. Posner）《法律的經濟分析》（*Economic Analysis of Law*）、《正義經濟學》（*the Economics of Justice*）（Posner, 1979），彌勒（D. Miller）的《社會正義》（*Social Justice*）（Miller, 1976）。沙德爾斯基（W. Sadurski）的《按個人功

過給他應得的：社會正義與法律理論》（ *Giving Desert its Due：Social justice and legal theory* ）（ Sadurski, 1985 ），諾錫克（ R. Nozick ）的《無政府狀態，國家與烏托邦》（ *Anarchy, State and Utopia* ）（ Nozick, 1974 ）等著作的探討與研究，發現每個理論家的理論對正義的界定與分析都有他們自己的方法與研究領域或範圍，而且各有他們自己觀點與理念。所以，要從他們的理論之中。去尋求一個全面的正義理論以作為解決當前社會的分配問題是一種幻想。換言之，即是，要尋求一個全面的正義理論，使其在所有的領域具有一個同等的說服力是不可能。

　　依各學科的分系或分類，不同的正義領域與範圍，應該有它不同的理念或觀點。最近已由華爾熱（ Michael Walzer ）在他的研究論文《正義的範疇》（ Spheres of Justice ）中提出這種觀點（ Walzer, 1983 ）。依華爾熱的觀點，正義必須處理和種種利益分配有關的問題，所以，正義應依不同的問題與不同的利益爭議，作種種的考量與處理。依此觀點要去對包含諸如：社會安全、金錢、職位（offices）、工作、閒暇（leisure）、教育、愛（love）、宗教與政治權力等不同目標的分配建構一個分配的標準是不可能。他認為要建構一個廣泛的與單一的正義原則，會逐漸增加與累積政治上與道德上種種不平等的不幸結果。依這種以全面領域與範圍建構一個廣泛的與單一的正義原則會造成種種的不平等與不幸的結果，對於不同正義範圍或領域應該被區分的理念產生鼓舞催生的作用。尤其是性質相同的個人與團體傾向合併的趨勢，會造成支配力量的產生，其中某些人是受他指揮，而有些人則在生活各階層中成為號令他人的領袖。這種支配力量係一種惡。如此，每一個社會中在不同的範圍或領域中就分別有種種不平等的多樣性（a variety），簡言之，華爾

熱把諸事物的地位，描述為「複雜的平等」（Complex equality）
（Walzer, 1990：344）。

　　華爾熱這篇論文的第二個主題，認為正義理論應該能去辨識共
同特徵，然後以這些特徵解釋我們如何能夠於諸如徵稅、民事侵犯
的義務（liability in tort）與教育機會平等等不同的領域中去論述正
義與不正義。的確，此即被視為是當代很多正義哲學所欠缺的。換
言之，即是，我們對當前社會中在法律福利與就業報酬三個主要領
域所引發的問題中，正義理論沒有做好居間的協調關係，而有助於
社會問題的解決。雖然許多社會正義的分析在福利與就業的領域範
圍尋求把正義的種種考量連結在一起，但是這些分析是處於迷惑之
中去解釋在這些領域中的正義是如何與法律所管轄的正義發生關
係，如此就助長了在概念上與政治上關係不協調理念的產生，簡言
之，就是出現法律正義與社會正義完全不協調的現象。

　　華爾熱研究論文所提供我們的洞見（insights）與見解，由於允
許什麼狀況之下可以視為公平的明確條件，就可依範圍與範圍的不
同作劃分來作調適，例如，一個政治職位的公平分配就不必立於如
教育設施的一種公平分配的相同基礎之上，及不必進一步的考量到
在已使用的正義明確標準之後是否有共同的種種假定與在每一個
範圍或領域中正義的種種決定因素之間是否有重疊的現象。總之，
華爾熱即以不同的社會意義（distinct social menings）結合著包含
各自自主分配考量的社會利益（social good）類型，以誇大他個案
研究的適用性。如此，例如，醫療保健的「需求」（need）就關涉
到保健的規定，而無需涉及到政治權威當局的分配。這種論點，在
某些脈絡或場合中其適用性會令人信服，但其含蓋性則令人質疑。
所以，這種論點高度地依賴我們已感到質疑的優先假定之上。換言

之，就是在一個範圍或領域之內不管提供分配的主要理論根據是什麼，其主要的理論是正義的種種考量。如此，所有提供個別社會種種安排的決定性因素就會容易令人誤解的認為，一定會是正義的種種要求。

一般而言，華爾熱的貢獻在於解說發生於正義的普遍化（通則化）概念結合了正義至上（the primacy of justice）所建立的假定中所產生的種種的困境。而且，他的研究亦顯示同樣立基於正義理論基礎之上的理論家就各有自己的研究範圍、方法與方向。有些理論家集中於正義理念的一般分析，及正義理念於政治性爭論與決策之中所扮演的角色問題。有些理論家則更明確地贊同正義標準的建立，及正義與不正義本質的探討，然向，卻另有一些理論家仍然有興趣於認識論問題的探討，並研究我們如何能夠以理性的方式決定採取什麼樣的正義標準與如何把這些標準運用於實際的問題上。

綜合以上的論述，依個人的研究，在理想上，每個正義理論應該尋求去建立一個全面正義概念的要點，對已提出的某種正義標準或正義概念作意義上的澄清與應用上的解釋，並給予我們某些指標以進行評估這種正義標準的可接受性與重要性如何。

第五節　正義與分配

依前述彌勒（David Miller）的觀點，就正義所涵蓋的面向而言，它必須處理與人，或至少和有知覺生命的種種事物的地位或狀況有關。換言之，正義並不發生於無生命事物的處理中，所以，正

義不可能發生於處理無生命的事物問題（Miller, 1976：18）。如此，雷費爾（D. D. Raphael）認為，正義與非正義，公平與不公平僅發生於我們如何處理或對待人的種種問題（Raphael, 1970：177）。

休謨（D. Hume）引證了人的仁慈的有限性，知識的侷限性。以及滿足人類需要之手段無可改變的匱乏，認為它們是產生基本正義原則的原因（Hume, 1888：15-35）。所以，對休謨而言，正義是提供保持社會秩序的一種傳統設計，以解決個人之間的種種糾紛。依休謨的觀點，正義最初是關切財產的一種制度，它必須處理利益與負擔分配的問題，特別是稀少性資源分配的問題。

假如我們接受以上三位正義理論家的觀點，我們就可進行去區分不同的正義類型，依據對人有價值與沒有價值事物的性質去區分這些正處於爭議的分配，無論這些分配是經濟的（經濟的正義），政治的（政治的正義），教育的（教育的正義），或懲罰的（刑事的正義）等，然後考量每一種分配相關範圍正義化因素（justicising factor）（即是敦促公平）之性質。

這種正義分配的定義，在排除所有總合意含（all aggregative import）方面，被認為過份地作嚴格的限制。雖然羅爾斯採取一種基本正義的分配觀點——至少他所謂「社會正義」的內容是受到關切的，他認為正義亦要求利益的極大化，只要是對每人都有利的。其他的正義理論家，有些人認為利益的極大化在本質上不是不公平的，有些人則認為，依據正義積極地需求利益的極大化，總是假定亦應考量到其他的某些分配。

這種把總合意含併入正義理論範圍的行動，可以被視為傾向於放寬正義概念的一個範例，如此就可以容納所有社會期望的目標。就個人研究羅爾斯《正義論》一書，發現他對於正義的個別意義之

界定與分析就有些豪俠的意義在內。由此,利益的極大化與邪惡的極小化之主要道德優點即成為羅爾斯正義論的重要主題是不會令人感到驚訝的。這種含蓋而過大的研究途徑會削弱正義與功利原則之間兩者所持觀點或立場的差異,因為功利主義是一個總合的理論,它告訴我們去實現可資選擇之中的任何行動將對我們產生最大總額的快樂。而正義,如我們已探討的是一種分配的理論,及對功利主義的標準觀點之一是功利主義會造成種種分配實質上的不公平。所以,當總合的種種考量被引入正義的概念之際。正義與功利之間兩者所持觀點或立場的鮮明差異就會被消除,或變的模糊不清。但是,若依羅斯的觀點,認為功利與正義之間的明顯差異不是不可避免的,因為功利主義的本質聲言功利是唯一的道德準繩。然而,總合與分配兩者的合併,可使功利的角色轉變成非功利的角色至什麼樣的程度,無法預知,不過要把總合的種種考量引入於正義之中,會破壞到一個理論概念上基本的區分或特性,因為這種概念上的基本區分或特性在發生政治歧見的許多領域中可澄清爭議中的道德觀。反之,若把總合的種種考量排除於正義概念之外,可能發生一種不幸的結果,即是會成為一種分析的道德真理,而不是真正的道德真理(moral truth)。換言之,就是不可能成為單純的功利的正義論(utilitarian theory of justice)。

對於正義總是不可作比較的論點,目前仍有爭議,如分配的正義似乎意指必須是可作比較。這種論點在此就是,大部分的正義理論類型是在處理一個人 A 是否分配比 B,或 C 多或少的問題,但有時它處理 A 對某些利益或負擔分配太多或太少的問題,而不顧 A 是處於何種地位或狀況而與 B 或 C 作比較。如此一個無罪的人(an innocent man)挨餓受苦,或受到處罰,或任何其他無罪的人受到

同樣的遭遇，都被視為是不公平的，再者，我們可以知曉對酬報勇敢的人或讚揚聖賢是公平的，而無需討論個人之間受到關切的種種比較。

如此，菲恩伯格（J. Feinberg）認為，當我們的任務是在對很多個體中的每個人作非比較的正義探討時，我們就不能把他們彼此作比較的正義探討。但是卻可依序以一個客觀的標準對每個人作比較，及依每個人他自己的條件、長處、才幹等（merits）作判斷。換言之，正義的探討可直接涉及到對待或處理的標準問題，而無需要求我們去比較不同人的種種境遇。

由以上所述，對於正義是否可作比較的爭議問題，我們可進而言之，當我們對某事作判斷時，在利益的分配方面，需視人們是否匱乏與處於需要而定，在負擔的分配方面，需視這些負擔是否必須由某人來承擔或可完全免除而定，總之，在利益與負擔分配問題上作正義的考量，必須對利益的稀少性、競爭性與負擔的歸屬作正義的考量時，會涉及到作種種的比較是不可避免的。所以，沙德爾斯基（W. Sadurski）認為，甚至在這些明顯的是非比較的案例中，就涉及到一個比較的因素存在，因為什麼可視為是利益或負擔的界定，不可避免地會涉及到正常的對待與種種的期望（normal treatment and expectations）（Sadurski, 1985：17）。依此什麼可以被視為是一種剝奪或剝削的現象，僅可由比較人的種種境遇來決定，正如什麼樣的行為表現才可以被視為是勇敢，僅可比較處於危險境遇中不同人的行為表現來決定。不過，假定任何的區別，若涉及到這種的比較，那這些正義判斷的案例之間涉及個人與個人，或團體與團體之間的直接比較就有一個很清楚的差異，即是不正義最初是處理 A 獲得比 B 多或少的事實，與涉及僅基於某種較重要的概念

層次上，在這種層次上所涉及的種種條件或名詞在於獲得它們的意義。

至於所有正義的種種判斷問題在最初與最近的意義上是否具有比較的意涵，從概念上是無法獲知的，因為它被選擇的正義標準是否關係到非比較的種種情境中道德的問題。如此，假如以功過（desert）作為正義的標準，那它在概念上即可正常的說正義僅涉及到報酬與懲罰的個別分配，但在獲得報酬與懲罰的完整制度所立基的種種理論根據，就不同於正義的理論依據，也許是基於功利主義的理論依據，對於善良的行為提供種種的鼓勵。然而，相信論功行賞，有過則罰在本質上是合乎人意的，在概念上亦是正當的，所以，要去懲罰一個竊賊被認為是對的，是正當的，假如他有竊賊的事實。被認為是賊，就會被逮捕。由此可推論，前例的觀點是正義總是可比較的，而後者的觀點就不是如此。所以。我們必須允許可能性的問題，即正義所關切的種種分配有時候可處理個別的個人接受多少或怎樣的對待才是正常的問題，在主要的方法上，它與一個人如何對待他人，和他人如何對待他的比較無關。

依前述，正義是在於處理利益與負擔的分配問題，然而正義與分配之間有一個基本的爭議。如此，海耶克（F. A. Hayek）否認利益與負擔的分配是一種分配過程的結果，而把社會的或分配的正義視為是毫無意義可言（Hayek, 1976：18-24）。所以，海耶克對於現代自由主義者傾向企求透過政府功能，進行經濟財富重分配，以達成平等價值的實現，亦抱持反對態度，視之為「走向奴役之路」（the Rood to Serfdom）（Hayek, 1944）。同樣地，在海耶克的自由理念之下，當代以財富重分配為主要內涵的社會正義（Social justice）——亦即經濟正義（economic justice）或分配正義（distributive justice）

訴求，海耶克抱持全然否定的態度。他甚至用「海市蜃樓」（mirage）、「國王的新衣」（Hayek, 1976：XI），「毒害的語言」（poisoned language）（Hayek, 1988：106）等最嚴厲的字眼，來批判社會正義追求平等的訴求。簡言之，海耶克認為沒有人或團體可以創造財富的一般分配，或任何其他有價值或沒有價值事物的一般分配。所以，要談論任何的分配就是不公平，是一項錯誤，因為唯有人的種種行動會造成種種的不公平。因而，若要進一步言及重分配就更無意義可言，因為首先就從來沒有任何的分配可以作為一個重分配的理論基礎。由此，若有任何的分配模式強加於人民的利益與負擔的分配上，就是對自由的傷害。所以，海耶克認為現代社會正義的理念威脅到自由秩序的發展而使社會轉變成一種極權主義的組織（Plant, 1991：86）。

　　依海耶克對社會正義的分析，可知種種事物的地位或狀態，不論其起源如何。它們是否有意識地與有意地被造成，或有意地被改變，無法區分清楚。但是，有一個沒有爭議性與中性選擇（choice-neutral）的分配意義，其意義僅涉及到屬於很多個別實體或人的任何既定變項的量（the quality of any given variable）。其中有一種分配可能發生，就是人民福利的增加或福利意識的提昇，依此就有理由依正義、非正義的條件去評估種種事物的地位或狀態，或依平衡一個人的自由以對抗另一人為條件去評估種種事物的地位或狀態，以便適當的補救行動可以被採取與嘗試。總之，依海耶克的觀點，他認為在一個自由的社會中，沒有人有義務去提倡任何個別的分配，與干預個人的自由與市場，如此會造成一個極權的政府與社會。這是一種意識形態的觀點，換言之，就是認為古典自由主義的意識型式優於正義，但是，這種觀點在本質上並不會由於政治的干預造成在種

種情境中使正義的理念毫無意義。所以，有些正義理論家就持著悲觀的觀點，認為在一個不完美的世界之中，正義雖然是一個理想的規範，但是它僅能有限的執行是可能的。

不過，把正義基本上視為是在維持行善而不行惡的一個個別分配模式之理念，似乎忽視了正義和權利與資格授與理論的關係。依諾錫克（Robert Nozick）的觀點，財產私有的與個人資產的增值和個人權利一樣是自然的權利，換言之，財產的私有與個人資產的增值是正當的。所以，凡是主張取消或限制私有財產，個人資本的增值和財產轉讓的再分配理論，是不正當的做法，因為判斷一種政治權利和社會制度是否正義的標準不是端視它們是否最大限度地滿足人們的需求，而是端賴它們是尊重與保護每個人的權利。諾錫克把自己的分配正義論稱為關於財產權資格理論（entitlement theory）（Nozick, 1974：153）。並把依據一定的模式對財產權進行再分配的理論稱為「模式化理論」（patterned theory）。例如「依據各人的需要」、「依據各人的優點長處」、「依據各人的努力」、「依據各人的功過」以及「平等原則」，都是模式化的原則。反之，一個非模式化的分配原則則可被界定一個不是模式化的分配原則。

諾錫克把分配正義的資格理論視為是歷史的：一個歷史性的分配原則強調，一個分配是否正義與該分配如何發生有不可分隔的關連（Nozick, 1974：153）。反之，非歷史性的原則並不理會一個分配是如何得到的。這種原則所管的只是最後的分配結果是什麼。功利主義所提的效益原則是典型的非歷史性原則。諾錫克反駁模式化原則與結果性原則（end-result principle）。他堅持歷史性的原則，主張利益的分配應體現在實現個人權利的歷史過程中，誰在此過程中更充分地實現了自己的權利，誰就佔有更大利益的資格。

　　諾錫克於提出關於財產的資格理論時，首先對「正義的擁有」
（justice in holding）提出了一個歸納的定義：（一）一個人在符合
有關佔取的正義原則下獲取一項財產，那他就有權利擁有這一項財
產。（二）一個人在符合有關轉讓的正義原則下採取一項財產，那
他就有權利擁有財產。（三）除了重覆地運用（一）、（二），沒有人
有資格擁有這一項財產（Solomon and Murphy, 1990：38-47）。

　　諾錫克依據正義的擁有之定義，認為合法的財產權就是佔有財
產的資格。如果資格不是通過人為分配，而是在歷史過程中自然產
生的，那麼，依據何種意義我們可以說，合法的財產權是由分配得
來的呢？因而，諾錫克對於正義分配的兩種意義提出澄清如下：

　　第一、自然賦於人們不同的能力，人們運用這些能力創造財
富，這是一個個將生產能力分配於自然資源之中的過程。貢獻出較
大的生產能力的人有資格獲得較多的財富。人們最初財產權的合法
性是由生產能力的發揮來界定其定義的。每個人發揮出的生產能力
就是他在生產過程中所付出的貢獻。因此從此觀點上的意義來說，
他所取得的財富是在一種特殊的分配過程中，將自己的生產能力分
配付出於出於自然資源的人力創造中所取得的。

　　第二、財產的轉讓和繼承也是一種分配，如果最初的財富是合
法的，擁有這一項財產的人自願將它轉讓給另一個人，那麼，後者
由於前者的轉讓而獲得的財產也是合法的。並且，財產轉讓的合法
性具有連續傳遞的特徵；如果甲有自願將他的合法財產轉讓給乙，
乙又自願將其轉讓給丙，那麼丙對這一財產的擁有也是合法的。財
產在轉讓和繼承過程中可能會被集中在少數人的手中，但是只要被
轉讓和繼承的財產最初是合法地取得，並且轉讓和繼承的過程也是
合法，那麼少數人佔有很多財產的合法性便是無可非議的。換言

之，擁有財產的資格是在歷史的過程中形成，並且不受這一過程的最後結果所影響。

　　從以上的分析顯示正義必須處理種種分配問題的觀點並不在於意指所謂的「分配正義」不同於其他的正義類型。亞里斯多德就於他的《倫理學》一書中（*Book V of the Nicomachean Ethics*）「分配的正義」與「矯正的正義」（Corrective justice）之間做了一個重要的區分。分配的正義，依狹義的意義，係指對社會各團體的利益分配，而交換正義（Commutative justice）係關於懲罰、傷害補償與不公平交易的問題。在最近這種的區分方式已發展成「社會正義」「法律正義」（legal justice）之間的比較。社會正義是在處理社會中利益與負擔的分配；而法律則透過一套公共法則的建立與強制以進行惡行的懲罰與傷害的補償（Miller, 1976：22）。

　　這種區分，我們將可預見，會被誤視為是法律與正義之間的關係，假如僅僅因為法律在一個社會中利益與負擔分配的決定中是一個主要的工具，換言之，就是發生於種種情境之中一個個體已犯了錯或傷害到他人，給予賠償所產生的分配問題給予個別的關切，時常是有助於社會問題的解決，而這些問題傾向於依據法律的明確領域作處分。這些情境（these situations）的一般特性是以某種矯正的程序導入正途（Some corrective procedure is in order），或許是由於一個犯法的個人有一明確的過失（如於刑法領域），或由於他人的過失所造成的明確傷害，對此傷害要求賠償或補償（民事侵犯或輕罪的法律），或由於某事的不公平或其他的不正當行為發生於交易的過程之中或於社會的其他志願性的契約中（契約法）。所有這些情境預設個人與需求之間有一種互動的關係存在，而這種個人

與需求之間的互動把正義限制於個人或個體之間分配問題的處理，所以，這樣的發展傾向只是適合於個人正義的發展，而不適合於社會正義（Honore, 1970：65）。

無論如何，在實際之中，正義的每種類型必須涉及到某種理論抽象的過程，透過此過程建立其正義的理論類型，所以，每個正義理論都會有它理論上的著眼點或立場。由此可知，不是每一種正義的分配類型就會全然地從一種真正公平的分配觀點上去建構與考量。換言之，就是每一種的正義理論的分配類型，都有它的學科基礎。例如：羅爾斯是從「以公平為正義」（Justice as Fairness）的倫理學觀點去建構他的正義理論，提出的正義原則，認為社會與經濟上的不平等必須合乎下列兩項條件：（一）使社會中處境最不利的成員，獲得最大的利益。（二）社會的各項職位與地位必須在公平的機會等情況之下對所有的人開放（Rawls, 1971：302）。而海耶克則從知識論或科學哲學出發，去建構他所謂以市場分配為導向的正義論。

第六節　正義與個人應得

目前在正義的分析上，最能進一步說明概念意義的是古代正義原則的具體化，該原則被討論於柏拉圖的《理想國》（*Republic*）的一書中，柏拉圖以階級化成公式或程式（formula）去解說賈斯尼安（Justinian）一世所建立的種種制度，其中把正義界定為一真的與永恆的決心要給每一個所應得的東西（Solomon and Murphy,

1990：23-37）。這種程式的說明或界定，對某些理論家而言，具有很大的彈性，一方面可以給予一個人應得的是「什麼」預留了很大的思想空間，另一方面有利於去捕捉正義是一個要求事物（requirement）的理念，而不是一個可選擇空間或可選擇餘地（an optional extra）的理念。更詳言之，使用「應得的」（due）一詞，乃在我們對公平的了解中引進了權利的概念。我們確實可以說，一個人所應得的事物乃是他或她有權要求的。如果一個人有權要求某件他或她所應得的事物，那麼為何並非每一項侵犯權利的不正義，同時也是不公平的例子？這問題的答案，導自於在決定何者為正義或不正義時首要考慮的是什麼。如果一個人所應得的事物是基於他有自然權或法律權予以要求，那麼該項權利可以做為當它被某個人行為侵犯時判斷該行為是否不正義所依據的判準。所以，關於權利的問題，事實上，很多的社會規則（Social regulation）被視為是具有取向於保證人們接受他或她應得的，是透過法律的明確規定指出一個社會或團體成員的相互義務與決定種種的補救措施，以矯正或彌補發生於未能依據這些義務去行動的不正義。如此，要每個人依據他或她應得的公式或程式就顯示出接受正義所論述的強制力與法律主義。

由上所述，我們亦已體會到正義的道德優先性並不能被視為是理所當然。而且，應得的強制力量亦不應該被擴大。因依正義要求法律的規定與保障並不是正義所主要關切的領域。正義是以表現在家庭、教育的建樹、社會與經濟領域之內給予提供種種的分配判準為其特徵或特色。所以，儘管為了保證人們獲得他或她應得的事物，而有法律機制（legal mechanisms）的運用，以提供某些理論家作為正義是什麼的一個典範（paradigm），因而，給予他或她應

得的——似乎包括了兩種形式的正義，一在於保障權利以避免受到侵犯，另一在於公平的對待每個人。

正義侷限在他或她所應得的事物上，他或她之所以應得，因為他或她有權要求它，或因為他或她應得到公平的對待。例如，一個女人能跟男人做同樣的工作以及履行相同的任務而且表現的同樣的出色或同樣的好，但所獲得的報酬卻比男人低，那就是不正義的差別待遇。它之所以不正義，乃是因為這種差別待遇的不公平及不平等的對待所致。由於性別、膚色、種族與宗教在政治上、經濟上、社會上與教育上地位與機會的平等。所以，在一個國家與社會之內，人民有權要求被考慮給予一份工作的權利，假如有工作的空缺，而且，當人民被解雇時，他們有權要求平等的補助金，如果他們在職期間表現良好。所以，不平等地對待他們，也就是不正義地給予他們差別待遇，而且那是不公平的。

反之，當相干的若干考慮出現而需求有差別待遇時，若不實行差別待遇，那就是不公平，也是不正義的。不給予工作做的多的人更多的報酬，就是不公平的，年幼的小孩子最敏感這種不公平。譬如，當雙親分配家務雜事給孩子們做時，對完成工作及未完成工作或做的少的小孩子給予一律平等的報酬或待遇，那完成工作的小孩就會因他父母明顯所表現的不正義舉動感到不滿，甚至會哭泣著抱怨：「那是不公平的。」

正義於每個人應得的問題上，首先可參考希德威克（H. Sidgwick）所著《倫理學的方法》（*The Methods of Ethics*）一書（Sidgwick, 1907，chapter 5）。與雷惠爾（D. D. Raphael）所研究一篇論文〈保守的與彌補的正義〉（Raphael, 1964：149-62）中討論到這個問題。他們的某些觀點似乎相似於早期亞里斯多德（Aristotle）

對正義所作的區分。希德威克在他的著作之中，提出了保守的與理
想的正義概念，他認為在我們所討論的每個人應得的正義思想中，
無可避免地會導致和保守的正義作比較，保守的正義存在於法律與
其他習慣權利的認知與保障之中；而理想的正義則由諸原則所組
成，俾以這些諸正義原則來改變這些保守的權利以符合某些理想的
應得標準。因而希德威克說：

> 從某一觀點而言，吾人易於去思索權利、利益、特權、負擔
> 與痛苦的慣常分配問題，是自然的與公平的，而且這些分配
> 應受到法律的支持。同時，從另一個觀點而言，我們似乎承
> 認一個理想的分配諸規則之存在是應該的，也許該理想的體
> 系尚未存在，但我們把法律視為是公平的，就等於法律遵從
> 於這種理想一樣（Sidgwick, 1907：273）。

雷惠爾亦提彌補的正義（prosthetic justice）與保守的正義作比
較，他認為保守的正義，其目標在於保存一個現存的權利與所有物
（財產）的秩序，而彌補的正義則在於修正現狀（Raphael, 1964：
154-5）。

然而希德威克的理想正義與雷惠爾的彌補正義是什麼？依吾
人從他倆的著作中發現，希德威克的理想正義是依個人的貢獻或功
過做分配的原則（the principle of desert），簡言之，就是人人應該
依他個人的貢獻獲得其應得的報酬，而雷惠爾的彌補正義，則以需
求或按個人需求給予其應得的。

正義於處理每個人其應得的問題上，其更深入的研究著作，可
參考彌勒（David Miller）的《社會正義》（*Social Justice*）一書，以
人的特性與環境條件為基礎，把三個獨立的正義詮釋（interpretation

of justice）摘要成三個正義原則：即依他的權利給予每個人；依他的頁獻或功過給予每個人；依他的需求給予每個人（to each according to his rights; to each according to his deserts; to each according to his need）（Miller, 1976：20）。這三個正義原則似乎在強調正義必須處理對每個人的待遇是否公平等有關的問題。無論如何，這三個正義類型的考量，除了可說明其理論的關連性之外，似乎是在對有關人的特性與環境條件作一種相當任意性與武斷性的解說（Miller, 1976：27）。

而何諾雷（A. M. Honore）在他所作的《社會正義》（*Social Justice*）一書中，提出有關正義的兩個主張。第一、被視為是人的所有人，除了他們的行動或選擇之外，他們都有一個平等享受或享有某些利益的主張，此所謂的利益是一般人所欲的。此種主張有助於福利的增進。第二主張是有若干受限制的差別待遇與對所有利益人人有平等享有的主張，可以公平地由兩個因素來進行修改，抑制或限制之。這兩個主要因素，一個是請求者的選擇或公民的選擇，而另一個是基於請求者或公民理性行為的處理（Honore, 1970：63）。

何諾雷的兩個主張有利於解釋為什麼正義是可作比較的，不僅可與效益（utility），而且亦可與運氣的好或壞所造成的結果之分配作比較。總之，何諾雷的說明似乎在解釋為什麼正義的原則應該受制於他所提出的方法。這種解釋可以包含相關的積極問題與可以嘗試去認知選擇與行為之後所存在的共同因素可作為公平分配的判準。而其執行的方法是在於顯示選擇與行為之中其道德評估的相關性，由此可知，何諾雷對正義的界定即呈現出一種按個人優點、才幹、長處，做分配（a meritorian）的分析。而不同於彌勒（D. Miller）按個人貢獻、權利與需求原則做分配之分析。

由上述的論述，可知正義是在依什麼的原則，如依個人權利
（right）、貢獻（desert）、需求（need）或個人優點、長處、才幹
（merit）為分配其個人應得的判準。但依最近正義理論家的評論，
什麼樣的正義原則，才是給予每個人他應得的標準。並沒有一致的
共識（Sterba, 1986：1）。

第七節　法律與社會正義

在法律上，正義一詞是用來涵蓋那些應遵循的原則與程序的整
個領域。就整個法律系統而言，常被稱為是「正義系統」（就法律
的語調來說）。法律學者把「自然的正義」原則和其他的事物分開，
使「自然的正義」原則，相對地變成法律系統中的一小部份。然而
我們在此所做的區分，並非針對正義以及正義以外的事物而言。乃
是指正義的基本部分（可稱之為「自然的正義」）和現存的上層結
構（依據習俗、慣例及法令而形成的正義）的區分。在社會道德上，
無論如何，正義不涵蓋那些人們認為對的原則和行動的整個領域。
正義是社會道德的基礎，沒有這個基礎，其餘的就會崩潰。然而正
義並不是社會道德的全部。我們把正義和慷慨或慈善樂捐作比較，
就會知道慷慨或慈善樂捐比正義還超出一截。法律本身並不關涉到
慷慨的道德義務。法律保障權利並且強制義務的實行。這並不是說
法律的範疇包括了「道德的正義」（或道德的權利）的全部領域。
例如，一個自由民主的社會，至少會企圖限制法律權威（或國家權
威）的領域，以便為自由留更多的空間；同時，各種道德上的犯罪

行為也無需依賴法律而能獲致適當的制約。總之，法律的道德範疇是侷限於「道德的正義」的範疇之內。一個法律系統與權利的保障是相關聯的，因此，很明顯地，法律必須使用正義一詞來描述整個法律的運作。

當然，並不意味著任何事物只要進入法庭的審判，就必須稱之為正義。我們仍然可以從道德的或法律的觀點來批判它。法律如果違背道德上的正義觀念，我們就可以稱之為不正義。而法律的執行（不管一條特定的法律適用到哪一個案例，在道德上正義與否），如果違背法律系統在程序上所要求的公平標準，就可批評為不正義。

正義的觀念，在法律和道德的想法上都與普遍的社會秩序相關。破壞秩序就是破壞正義。而對於破壞的懲罰，則訴諸正義的名義。刑法就是特別設計來保障整個社會秩序的。對犯罪的懲罰，並不是使受害者感到滿足的事情，而是一種維持社會秩序與組織的事。至於受害者，可以就其所受損害，向犯罪者提出控訴，一般而言，法律對於這種控訴，以賠償的方式來彌補受害人的損失或傷害。而不採取讓受害人眼看侵害者受到同樣的報復，自然欲望得到滿足的方式。在刑法系統裏（與互報冤仇的系統對照），受害者的自然欲望會併入社會的共同欲望中，以免再發生傷害的行為。而有組織的社會權威，為了整個社會的緣故，對侵害者強烈地予以懲罰。

但是，無論如何，正義這個概念也用來維護個人的權利。必要的時候，用來對抗普遍的社會秩序的要求。通常正義概念在社會秩序與個人兩方面的運用，是一致而不相違背的。在民法中，大多數的和解是為了維護社會事務的順利進行。例如契約中，過失的免除等等。法院對契約爭論及違反契約的裁決，就是對個人權利的維護。但是有時候，尤其是在刑法的運作或政府政策的形成方面，會

有社會利益和個人權利間的衝突。這種情形發生的時候，「個人權利」這個概念，就會在正義的旗幟之下出現。因此，假如一個人並沒有真正的犯法，他就不應該受到懲罰。在任何文明的社會或國家之中，刑法的懲罰乃是違犯法律（通常是指蓄意的）的結果。而無罪的個人不應受到刑法上的刑罰，乃是一絕對的原則。此為個人正義的充分表現。

「社會正義」這個名詞，一般而言，有傾向激進派的意味，因此那些已經滿足現存秩序的人對於這個名詞心存疑慮。因為主觀上一般人以為激進的正義適於社會，而保守的正義則否。如我們所瞭解的，一般人談到社會正義時，假如其內涵與形式的正義（formal justice）相反，就以為法律的正義總是保守的，這是一個錯誤的想法。撇開政治過程中法律的改革不談，法律的正義其制度本身，在進步的國家中，是應該包括自我批評及改革的程度。美國的最高法院就有它的保守時期和激進時期。在英國的歷史上，衡平法庭修改普通法，而現在的法院將這種任務移交給國會，透過規章從事主要的改革。法官並不反對重新解釋舊法律，以便適應現代的情況和現代的觀念。通常，普通法保有過去的道德觀念，而透過規章改革法律，是用以適應現在的道德觀念。

法律正義與道德正義的區別，和社會秩序與個體正義的區別不同。法律正義和道德正義都和平等的社會秩序有關，也和保衛個人權利，以免受到社會要求的侵害和其他個體的侵害有其保守的一面和激進的一面。道德和法律都認為棄絕有長期協調基礎的互尊是不正當的。然而兩者也都認為一個固有的秩序應該對已經落後而僵化的概念負責。也認為要改變人類生活的本質，必須在物質上或精神上逐漸地改變社會結構。很明顯地，保守的和激進的正義之間的差

異是完全不同於社會秩序和個人正義之間的差異。保守的正義和固有的社會規範有關，也和自由、人身與個人財產的保護有關。激進的正義，無可置疑地想要創造一個更平等的社會，就和平常所說的「社會正義」的意思一樣，也想要給予貧窮而善良的個體以安全的權利。

正義理論家何諾雷（A. M. Honore）對社會正義的分析，透過個人功過或個人貢獻（desert）與個人責任（individual responsibility）的理念，去顯示社會正義的基本特性，以指出社會正義與法律正義之間的密切關係：然而，當代的正義理論家對於致力於所謂社會與法律正義的統合上，大部份都傾向於去利用形式與實質正義（formal and material justice）之間的區分，使前者同等於法律，使後者同等於道德或政治。法律，被認為，與規則（法律條文）的公正和正確的應用有關，依波雷爾曼（C. Perelman）的術語（Perelman, 1963：11），即是以抽象的正義與具體的正義（abstract and concrete justice）相對之，而具體的正義即是和這些規則或法律條文的內容有關。總之，在社會與法律正義之間的統合，亦有許多文章或著作，標題雖然不同，但基本內容相同的，如希德威克（H. Sidgwick）在他著作《倫理學的方法》（*The Methods of Ethics*）中，把已建立傳統的「習常的正義」（customary justice）與「理想的正義」（ideal justice）作比較，理想的正義和應該存在，或也許未曾有過存在的一種理想分配制度有關。在本文中將使用「形式」正義以提供配合現存權威規則的處理方式，而以「實質」正義以提供作為評估有關種種規則本身的正義標準。

形式正義似乎時常與實質正義有一種幾乎武斷的相關連，但在處理概略同等於社會正義範圍的實質道德諸問題之際，形式正義似

乎又處於不相關連的地位。這種分離情形的發生是由於法律實證論者（legal positivists）設定在法律是什麼與法律應該是什麼之間有明顯的思考界線所致。由此，法律的理論（legal theory）被視為是有關諸規則（法律條文）可以被視為是有效法律的鑑定或確認，而自然正義（natural justice）的理念則被視為是僅涉及到某些技術程序的問題。而這些技術程序的問題和規則（條文）內容的正義並沒有重要的關連（Hart, 1961：202ff）。直到道德與政治哲學家辯論規則或法律內容的正義，是否應該建立於按個人的優點、長處、才幹（merit），需求或其他標準的依據基礎之上時，才促使形式與實質正義發生關連。

這種「實然」與「應然」的分工，在法律與正義之間留下其歷史上與概念上無法解釋的密切關連。假如法律正義是純粹形式的，而由此法律正義和法律諸規則的正確執行發生不一致的情形時，那法律正義就會在法律與正義之間呈現比在正義與受官僚管理所統治的規則（rule-governed bureaucratic administration）之間的連結，沒有更密切的結合。因而，一種純粹形式的正義要去解釋法律與正義的結合上，及法律的不正義所引發的問題時，就有感覺道德意涵不足之慮。總之，此時，種種理念結合著形式正義的分析可能出現，特別是該種正義分析時常關涉到法治諸原則的遵循問題，這種的結合將使形式與實質正義論述之間發生概念上的連結，而有助於法律與社會正義之間所設計的明顯區分逐漸模糊而傾向於連結。

這些問題的探討促使我們對形式正義的理念與其重要性作更詳細的考量。假如形式正義僅被界定為先前存在的諸規則（pre-existing rules）作正確的執行，那它就無法全然地脫離已制度化的諸規則，因為無論什麼樣的法律或規則，都陳述什麼時候，什麼樣的場合或

條件之下才可被執行。如此，正確規則或法律的執行就無法分離已存在的規則統治或規則管理（rule governed）行動執行的理念。由此可知，形式正義的重要性即變成諸規或諸法律本身的重要性問題。例如：規則或法律條文需要被辯護是否正當性，隨之規則或法律條文需要被辯護是否適用性，至少規則或法律的被應用於每一個案件之中，要達到無爭論的餘地。譬如，道路管理規則，在達到完全地被遵循的程度之際，就是道路管理規則所規定的種種要求或目的達成之時。所以，一致的遵循規則（consistent rule-following）即具有個別功能性的重要地位。而在其他的案例中，如禁止殺人（prohibiting homicide）的規則或法律就沒具有同樣「門檻的效果」（threshold effect），因而，規則或法律的價值即體現於對規則或法律的被遵循。由上述的兩個案例的類型中可推知，形式正義的道德重要意義是由爭議中的規則內容規則設計中去達成其目標所引申而來。由此，我們也許可把形式正義更抑制地界定為正義諸規則的一致應用。

形式正義係基於亞里斯多德的倫理學所謂平等應該是平等地被對待，而不平等應該是不平等地被對待（equals should be treated equally and unequals unequally），其有系統的程式是按比例的一種平等（Pojman, 1989：548）。

$$\frac{A\ 有\ P\ 的\ X = A\ 應該有\ Q\ 的\ X}{B\ 有\ P\ 的\ Y = B\ 應該有\ Q\ 的\ Y}$$

即是，某 A 有比某 B 的相關財產多 X 單位，那麼某 A 在報酬或懲罰方面就應該比某 B 多。例如，假如 A 已工作了八小時，而 B 做同樣的工作四小時，那麼 A 應該接受比 B 多一倍的薪資。此

就是所謂形式正義的界定。形式正義同等於普遍化的原則（the principle of universalizability），依此原則，它要求公正無私與一致的標準被應用於性別的倫理學（Sexual Ethics）：例如，對女人而言，發生婚前異性的交往（premarital heterosexual intercourse）是錯的：但對男人而言是被允許的。比例若依此原則似乎是不公平。因為性別似乎是一個不相關的差異。假如對 Jack 從事婚前性行為是可以的，那麼對 Jill 去從事婚前性行為亦是可以的。反之，假如對 Jill 從事婚前性行為是不道德的，那對 Jack 從事婚前的性行為亦應該是不道德的。質言之，該原則並沒告訴我們某種行為是對或錯。而僅要一致性（Consistency）才是公平的。此亦是形式正義的一種表現（Pojman, 1989：548）。又如，一個公司或工廠的工作團體，每個人都從事相同的工作，但是公司或工廠規定凡是紅頭髮（red heads）者，每週額外增加一天的工資，然而，紅頭髮之中，假如有些人不願無功不受祿（the unmerited）與不接受差別待遇所獲取的利益，而有些人則接受這種額外增加一天的工資。此例就是形式上的不平等。這種案例的理念是利益或負擔分配規則的不一致應用，也就是一個真正不正義的類型，換言之。亦就是形式的不平等或形式的不正義。

這些案例是深深根植於人性天生憤恨本能的反應。這種反應是一個純粹形式的意義中由「不平等」的對待所引起的。這種本能在吾人幼年的時代中，若父母對自己子女有不同對待時，就有這種憤恨不平的本能表現出來。而在成年的世界，這種本能的反應可能發生於成年之間對同工不同酬與對薪資高低比較的爭議。

由上述的論述可知，這種形式不公平所產生的不正義，是由於規則的不一致應用所造成的，是道德直觀真理（moral intuition）的

問題。然而，為了追求正義而去解釋法律道德的重要地位似乎不是一個相當實質的考量，吾人只有在形式正義尚欠缺正義內容的成份給予繫牢法治的理想，依據法治的理想，認為政治權力應該被吸引去透過一個獨立權威當局公正無私的應用諸規則或法律，依其標準的程序，去保證凡是傾向於獲益的人或忍受諸規則或法律實施結果的人，給予他們公平發言的機會。

然而，對我們而言，法治是一個具有各種不同的要求條件，因為不是所有的人對於正義的問題都有一個取向的指標，法治可以防止政治權力的武斷或任意使用所造成的不正義。例如，一個擁有政治權力者不當使用對他人造成的不當傷害。由此可知，在防止政治權力的不當使用與不公平的對待，所造成的傷害方面，法治就成為實質正義的一個先決條件。

有些法治理想的組成成份（Some elements of the ideal of rule of law），雖然與規則的實質內容沒有多大的關係，但其理想的組成成份卻和正義相關連。這些組成成份可以被發現存在於法律的諸原則（principle of legality）之中。這些組成成份由佛勒（L. L. Fuller）把它們與未能「立法」的八個方法發生關連。他把此描述為「把人的行為隸屬於規則支配」的一種行動（Fuller, 1967：46）。依據完全地被建立的法治原則，佛勒認為良法（Successful law-making）的製定要求諸規則是普遍的（general）已公佈週知的（publicized）、有遠景的（prospective）、可理解的（understandable）、不矛盾的（non-contradictionary）、可遵行的（可遵行的 possible to conform to）、相當永久性與一致地被應用（relatively constant and consistently applied）（Fuller, 1967：3ff）。接著他更進一步地認為這些成份或條件之中任何一成份全然地失敗，不僅會產生一個不良的法律系統（a bad system of law），而且亦造成一個法律系統全然地不能適用。其原因是因為它無法有效地控制人的行為，由此例證可知，假如爭議的諸規則若完全地不為一個政體的人民所知悉，那麼它們就無法被使用去控制人民的行為。另外，這些成份的充分實現是一種渴望或理想，但是，沒有真正的法律系統可以完全地達成這種渴望或理想。對於法律問題，佛勒進一步發現每一個「無效能」（inefficiency）的法律案件，都有一種道德暴行（moral outrage）的形式存在。譬如，他探知溯及既往的法律，不僅未能去改變人們的行為，反而被感覺到是整體上的不公平（grossly unfair）。不清晰的或不明確的法律是「不人道地荒謬」（brutally absurd），矛盾的法律是「令人厭棄的」（repugnant），而要求做不到的法律是殘忍的（brutally）與無意義的（pointless）。所以，佛勒說：

> 要從事於把人的行為隸屬於規則的管理必會涉及到的觀點
> 是，人是，或能夠變成，一個負責任的行動者，而具有理解
> 的能力，遵行種種規則與對他不履行責任應負起責任等條
> 件。違反法律內在道德的每個人。是對一個負責任行為者成
> 為人尊嚴的一種侮辱。依未公佈的與溯及既往的法律去判決
> 他的行動，或命令他去做不可能做到的，是在傳遞你們對他
> 自決權力的漠不關心（Fuller, 1967：162）。

依此可知，佛勒的法律原則與對行動者尊重之間建立了一種偶然的關連。換言之，這種對待人們的方式對佛勒法律原則的正義理念提供了一個立足點。

我們都知道，現代法律系統的種種特徵，同樣他是具有責任的取向（responsibility-oriented）。而所謂的「適當的過程」（due process）或「自然的正義」（natural justice）的某些標準精巧地適合於這個範疇。自然正義法則是設計來防止某些不正義的一般程序法則，尤其是個案，它們顯然由於法律裁判而不是由於其他政治紛爭而形成；但並不以法院裁判的紛爭為限。質言之，自然正義法則要求法官不能裁判自己的訟案；法官必須聆聽兩造的意見；法官必須充考慮整個案情；法官判決時必須排除所有不相干的考慮；類似的案例必須有類似的判決；判決確定的案件不能重審，儘管某些權威者認為應該還有上訴權：正義不僅要被履行，而且要能被人看見它被履行；判決不僅包括判決主文，還要說明導致這判決的理由。所以，一個法官在對一個被起訴的罪犯作成判決之前，必先問他是否有什麼話要說；因為，即使是一個被起訴的罪犯，儘管必須受到國法的制裁，仍是一個理性的人：法官必須告訴他，並容許他回答，把他視為是負責任的人。如此，就可促使法律成為社會控制的一個適當方法，那不是因為法律或規則比其他更多的操縱或強制的方法更有效，而是它具體表現出把公民視為是一個理性的行動者，並予以一種適當的尊重（Duff, 1986：97）。經過這種種的程序，不僅可提升法律或規則被應用的正確性，而且亦可具體表現出對易受傷害的個人，能夠再獲得種種程序的正當性；程序的種種規則並不能保證種種的判決將會是公平的。然而，它們卻是一個人被期望去鑑定的過程中，構成判決過程的必要條件（Lucas, 1986：97）。

這些程序和公正無私是正義理念的一個面向。而公正無私是司法權表現正義的重要面向。為了使擔任法官的人能不憂不懼地公正無私的發揮他的功能。法院的法官必須依據一般的法律或規則，並且超然或獨立於政黨之外，判決各種法律案件。如此，就有一個觀

念產生，即每個法官可以在不偏不倚的處理法律案件維持公正無私。因而公正無私的法官之理想，雖然不是分析一種法律系統所要求的條件之一，然而公正無私的法官和自然正義法則的結合，就和法律適當行為的現代理念（modern idea of the proper conduct of law）緊密地結合在一起，以便具體表現出正義的性質，而成為被期望的法律。一旦這種結合被重視，那麼它就變著有可能有系統地去說明形式正義這種被提升的理念與實質正義之間這種共同的成份。因為這兩種正義都必須處理待人就如負責任行為者之不同面向的問題（both have to with different aspect of the treating of people as responsible agents）（Campbell, 1988：30）。

更進一步的分析，實質正義可以被認為是和種種規則之化成公式的說明有關，而化成公式（the formulation）的設計具體表現與按個人功過（deserts）做分配給予報酬或懲罰之設計有關，或以利益與負擔的其他分配反映之，而形式正義在分析上是在於這些規則必然有效應用的一種調合。然後，在法院透過公平的程序對待人人，與司法公正無私承諾的假定。此即在說明，法律與正義的休戚息相關是持續的，並與種種分配的正義相關，而這種種分配基本上不是法院（Court so flaw）所關切的，因為「法律的」與「社會的」正義和處理人為負責行為者的對待有關（Campbell, 1988：31）。

而對於更抽象的形式正義之說明，依據此種正義不只在處理邏輯上一致性的問題，尤其是在實質正義說明按個人功過做分配（desert）的種種考量和形式正義結合時，這種更抽象的形式正義之說明，更可能地去彌合（to end up with）我們的法律理念與社會正義之間一種很大的令人無法理解的分裂（Campbell, 1988：31）。

第八節　正義與平等

　　在現代西方的民主社會發展中，平等的觀念，已被使用為社會、政治與國際鬥爭的武器，尤其是平等的觀念已使法國與美國的革命獲得輝煌的成就，並鼓舞了人類的解放運動。因而，當代的社會學、政治學、法理學的理論家一直在尋求諸如「公平」（fairness）與「平等」（equality）的概念做為正義的標準（Stone, 1979：97-98）。從康德（Immanuel Kant）就企圖去證明社會每個成員都有意志平等自由的天賦權利，因而從倫理學的本質探究中發現一種先驗（priori）（Stone, 1979：98），此仍主導許多當代的種種嘗試去把正義化約成僅僅為平等的措辭（Stone, 1965：82-104）。因而，某些學者就使用了康德的主題去支持企業家的進取精神與政治自由的概念關係，例如，海耶克的《往奴役之路》（*Road to Serfdom*）就是如此（Hayek, 1944）。而有些學者，如羅爾斯就以康德的先驗真理（Kant's a priori truth），依然以不明確的與神秘的無知之幕做假設，認為在此無知之幕之後我們可以做「公平」與「平等」的判斷（Rawls, 1971：136-42；335-50）。認為為了實現「公平」與「平等」的美德，應使社會中處境最不利的成員獲得最大的利益。因此，依羅爾斯的平等觀念，即主張消除造成個人能力差異的根源與條件，與致力於縮小貧富差距，改善社會弱勢階級的生活條件。而忽略了平等觀念所造成的普遍霸權。（the general hegemony of the equality notion），及它所時常暴露出的種種缺失（Rawls, 1971：60-67）。因而才有考烏斯（Mickey Kaus）《平等的終結》（*the End of Equality*）一書的發

表，來重新詮釋平等的觀念，以彌合平等觀念所造成的問題（Kaus, 1992）。

由此可知，正義似乎不能祇認同於一個簡單的平等理念，因為平等的概念之中，於每件事情之後已考慮到把所有的人都置於相同的情境或條件之中同樣地視為是有價值的生命。所以，這樣的平等主義通常與正義作比較時，吾人可就發現正義是在部分地關切去辨識人與團體之間的差異，與在於辯護其間差別對待的正當性。而平等主義至多祇是一個可能實質的正義觀點，因而，平等主義本身就不能把正義概念視為必要的，所以，在正義與平等之間關係的一個妥協的觀點（a compromise position）是在於說，直到對於正義與平等之間的區分可以提供相關的理由時，那所有人被平等地對待的假定，才可成立。換言之，依此才可建立正義的真正理念。這就大概近似於何諾雷（A. M. Honore）的觀點（Honore, 1970：21）。依此案例正義就可以被視為是在於表達明確的道德觀點，而這種觀點亦受到艾克曼（B. A. Ackerman）的支持（Ackerman, 1980：chapter 4）。這種道德觀點的表現即是為不平等的生活情境條件提出辯護，如此，正義的每一種理論就必須尋求去解釋或辯護人人平等的基本假定之正當性與去證明提供差別對待的正當性基礎。

有兩種形式正義的解釋，因而引起了至少有兩個不同的重要概念（Katzner, 1971）。第一種解釋，被稱為「假定的形式正義」（presumptive formal justice），即在利益與負擔的分配中假定所有人是平等地被對待之原則（即是，給予爭議中的事物做相同價值的估量），直到被證實他們在某種相關方面發生差異為止。這種基於形式正義的原則之構想是真正的一種程序的推薦（procedural recommendation），即依據所有人被假定是相同的，直到被證明不

同為止。的確此種實際的運作和刑事審判中無罪的假定是相同的。但是，此種原則有重要的實際意涵，尤其是發生在爭議中的人們缺乏一般的資訊之際，該原則即意指對最後分配情境條件結果所造成的種種不平等並沒有約束力。

有一個更有力的平等地平等對待形式是，在任何的分配情境條中。所有的人應該給予平等的考慮。這個通常被視為是去意指每個人的利益應該給予平等的考慮。如此，無論相關的分配標準如何，它們應用於每個個人的結果（effect）是依其程度的比例做考慮。這種觀點，係由彌勒（J. S. Mill）與邊沁（J. Bentham）所主張的：即以每一個人去計算一個單位，而沒有人去超過一個單位計算（every body to count for one，nobody to count for more than one）（Mill, 1863：58）。你的快樂和我的快樂一樣重要，及我的種種願望對任何其他人的種種願望在道德上是平等的重要。這可以被稱為是平等價值的原則（the principle of equal worth）。

依平等價值意義的認知，這種被建立於正義概念之中的平等考慮之理念，是一個古老的與吸引人的理念。像這樣隱含於形式正義觀念之中的理念，的確可解釋正義概念的道德重要意義。因為它排除對一個人或個人團體的完全忽略，而去實行它實際的重要意涵，其意涵就是所有人都必須被考慮，因為所有人的價值是平等的。但是，實際上這些意涵是不重要，最重要還是有關怎麼樣的因素應該被考慮與這些意涵應該用在誰的身上，應該給予平等考慮才是值得考慮的。這種考慮傾向是在於假定，在種種範例中，假定平等的考慮係意指在考慮每個人的福利（福祉 welfare）或按個人長處、優點、才幹作分配（merit），但是這種在邏輯上並不僅因該原則所惹起，因為事實上被採用的實質正義標準並不涉及這樣的種種考慮，

反之卻具體表現很少訴諸於諸如高度、膚色或幸運這樣的標準作考慮。這些非道德的種種考慮不能依序由平等價值的理念所排除，除非我們引薦可產生個人平等價值的具有人道特徵的實質觀點。

由此，在決定平等價值理念的意含之際，通常要把平等考慮的理念明確地表現出那些因素可以被考慮成一種實質的觀念。這些因素，即是被認為是對有人性的人，或對要成為一個有人性的人所必要具備的條件，諸如，具有經歷快樂與痛苦的能力，或具有思想的能力，具有選擇與對吾人種種行動負責任的能力。依此被界定，平等價值原則就變成人們應該有平等考慮成為人的原則。

所有人平等價值的這種理念，係以正義的概念為其先決條件是可能的，但是它本身卻無法納入正義是個別地關切什麼的一個原則。總之，平等價值原則對整個道德觀點而言定必要的，而且是古典功利主義與康德自主理論（Kantian autonomy theory）的一個臆測（presupposition）。所以，什麼可辨識正義為一種道德的考慮是在於它提出辯護造成不平等對待的諸原因。而且，無論如何，這對正義而言並不是獨特的，因為任何道德的考慮都可辯護不平等對待的正當性。所以，一個正義理論必須能夠去鑑知與連結差別對待的諸原因，而這些原因個別地和正義有關。

第九節　結論

我們都知道「正義」這個問題，自古代西方的柏拉圖與亞里斯多德思想家，就開始在探究這個問題。由此我們發現了正義的原初

意義（the original meaning of justice）（Solomon, 1990：9）。中古十三世紀的社會自然理論家聖湯瑪斯阿奎納，提出交換正義的理論。十八世紀蘇格蘭的社會學和政治學家休謨，使正義與財產的保護發生關連。十九世紀的思想家，以功利主義的理論依據，從法律的觀點來論述正義（Gray and Smith, 1991）。至現代，海耶克以市場機能的優越性，來反對政府干預分配的社會正義。羅爾斯提出正義兩原則為政府進行社會財富重分配的理論依據，而諾錫克以批評羅爾斯的差異原則為目標，從反對模式化的正義分配理論中，提出歷史性且非模式化的原則。我們從他們的正義理論中，發現各有其理論基礎與觀點，因而，對於正義的意義界定與分析，可說是眾說紛紜，沒有一致的共識。但是，誠如麥克佛森所言，每個政治理論是它時代所孕育的產物及具有時限的特質。因而，雖然他們有不同的時代背景，與不同正義界定，然而，我們可從他們相通的理論觀點，去尋求最適合於我們當代所需的正義意義。

從正義理論家的正義理論中，我們可發現大多數的理論家都把正義的概念界定為「公平的」與「平等的」待人，去處理每個人「應得的」（due）的問題。如此，正義問題就成為一個社會之中人民利益與負擔的分配問題。所以，對於正義的分析與界定，吾人可從一個公平的與平等的，或超越的哲學方式去界定與分析正義意義。

我們都知道近三十多年來，在政治哲學領域的討論中，由兩本明顯差異與對立的兩本著作所主導者：羅爾斯於 1971 年所出版的《正義論》，與諾錫克於 1974 年所出版的《無政府狀態、國家與烏托邦》（Woff, 1991：1）。並且在這三十多年中，有超過一千五百篇以上的論文及好幾十本專書討論與批評羅爾斯的《正義論》，由此可知，「正義」一詞目前正瀰漫盛行於我們當前的社會之中。而且

又是當代政治社會思潮所關切的主題。因而，政治性正義的優先性是當代大部分正義理論家的共識。一般而言，正義被視為僅次於經濟的繁榮，而為當代社會與政治組織的重要價值，換言之。一個社會可以尋求去實現其他的道德價值，但它必須首先實現正義。綜合當代許多正義理論家的觀點，正義已成為當代社會財富分配的唯一考量。所以，正義已被視為是當代政治哲學規範的主軸。總之，正義的優先性已成為一般哲學上所假定的前提，換言之，對許多正義理論家而言，它有一種分析真理的感覺，但是，很明顯的這是一種錯誤，因為，正義的優先性會導誤我們種種直覺的訴求，即有關我們認為什麼才是公平或不公平的種種直覺。這種的直覺是根植於我們的運作，而不是根植於我們規約性的規範概念。因而，我們對於正義的優先性，應該保持開放的心胸，採取一個更放寬的與哲學的研究途徑作正義概念的界定與分析。

依個人對許多當代正義理論家著作的探討與研究，發現每個理論家的理論對正義的界定與分析都有他們自己的方法與研究領域或範圍，而且各有他們自己的觀點與理念。所以，要從他們的理論中，去尋求一個全面的正義理論以作為解決當前的分配問題是一種幻想。所以，華爾熱提出，依各學科的分科或分類，不同的正義領域與範圍，應該有它不同的理念或觀點。因而從杜爾金與羅爾斯在自由主義傳統中為平等價值定位的理論來看，他們採取了與海耶克和卡爾巴柏（Karl Popper）頗不相同的論證途徑。海耶克與卡爾巴柏，前者是法學家與經濟學家，而後者是物理學家（Popper, 1969）。他們從知識論或科學哲學出發，形成維護自由社會的論據；而杜爾金與羅爾斯。前者是法學家，後者是哲學家，杜爾金根據倫理學的理論依據探究權利的道德基礎，進而推論出我們應該擁有什麼權利

（Dworkin, 1977）。至於羅爾斯則從「以公平為正義」（justice as Fairness）的理論預設為基礎，在正義理論的建構中釐定自由與平等的位置（Plant, 1991）。所以，每個正義理論家都有它理論上的著眼點或立場。由此可知，不是每一種正義的分配類型就會全然地從一種真正公平的分配觀點上去建構與考量。換言之，就是每一種的正義理論的分配類型，都有它的學科基礎。由此，每個正義理論家對於正義與分配的定義，就會有歧見發生。如此就形成功利主義者，自由派與自由主義者的正義理論家對正義與分配觀點的差異。例如，約翰彌穆‧羅爾斯與諾錫克對正義與分配觀點的差異。

依此，就有許多正義理論家認為正義是在於解決每個「應得的」（due）問題。因而彌勒（David Miller）提出的正義原則：即依個人權利給予每個人；依個人的貢獻或功過給予每個人；依個人的需求給予每個人。以強調正義必須處理對待每個人是否公平與平等的問題。而雷斯霍（Nicholas Rescher）提出，平等對待人們；依人們的需求，依人們的長處、才幹、優點，或能力（merit or ability），依人們的努力或犧牲，依人們的貢獻，依經濟的效益（economic usefulness），依公共利益（the public good）給予每個人應得的（Pojman, 1961：557）。而羅爾斯提正義兩原則，諾錫克提出歷史性且非模式化的原則。他們都提出正義分配的原則來解決個人應得的問題。但是，依最近正義理論家的評論，什麼樣的正義原則，才是給予每個人應得的標準，並沒有一致的共識。

個人應得的問題，有些正義理論家從權利的理論依據，來探討在「法律」，正義一詞是用來涵蓋那些應被遵循的原則與程序的整個領域，而使正義的觀念，在法律和道德發生關連，而有法律正義、道德正義、形式正義與實質正義的存在，形式正義為正義諸規則的

一致應用，而實質正義被認為和規則之化成公式的說明有關。而如何使形式的與實質的正義本質得以實現，為當代正義權利理論家致力的目標。

從許多正義理論家的著作中，吾人發現司法公正無私的理想已被使用為提供怎樣方可被視為是實質上公平的標準。法官以公正無私與見聞廣博的觀點，做為提供他們認為什麼樣的狀況才是實質上公平判決的基礎。依此可顯示出形式的與實質的正義理論之間有更進一步的，基本的，密切的關係存在。依此推論，這種司法公正無私的理念似乎超越了諸如平等地對待的原則，更實質言之，司法公正無私的理念，與平等地對待原則，和人人平等等原則似乎相近，換言之，就是給予「種種的案例」一樣平等地對待之理念。依此程式（formula）可知，雖然它時常可以例行地被應用於相關規則上純粹形式主義的一個範例，但依此程式推論，它亦同等於所有人基本是同樣的假定。由此可推知，正義的種種理念與人人平等的某種形式相關連。

綜合以上論述言之，本文已依序地竭盡心力，把什麼是正義一文，很詳盡地呈現於大家面前，每一個政治哲學對正義理論的觀點，只能代表正義理論的一部分，且往往有其時代背景與考量。我們亦可大膽的說，任何關於正義的政治理論都表達了對政治和道德的特殊展望。而追求真理是一個無盡的歷程，促成人類進步的重要因素是新知識的獲得與運用。一個哲學觀點或政治理論之所以會對人類產生如此深遠的影響，主要係由於它對當代人類所面臨最尖銳，最具挑戰性的問題，提出饒富旨趣的看法。誠如海耶克所說：「人類所知越多，則一個人所能吸收的越少。……知識的劃分越少，則個人所知越少。」（Hayek, 1960：26）這種發展趨勢造成知

識分類成為無可避免的結果，而作任何計劃與決定，知識定必不可少的條件。然而，真正知識的獲得不是一件容易之事，必須是一個人或一群人面對種種困難，面對現實，去探究與發現，才可能獲得真正的知識，而如此不斷地獲得與使用新知識，人類就會不斷地進步。因而，對於當前正義理論的研究，我們可本著海耶克給我們的啟示，針對當前環境特性與需求，作進一步的反省深思，不斷地接受批評，不斷地修正，而成長，使正義理論的研究與建構能蘊育更深而成熟，方能更適合於當代環境而推動社會進步。

　　以下各章即以各個政治哲學家對正義理論的觀點與論述作專題的論述。

第二章　海耶克的社會正義論

第一節　緒言

　　海耶克（Friedrich von Hayek 1899-1992）是奧地利的經濟學家和政治哲學家。他曾經任教於倫敦經濟學院（London school of Economics）和芝加哥大學。榮獲 1974 年諾貝爾經濟學獎。他是奧地利學派（Austrian school）的重要成員，崇尚自由，篤信個人主義和市場秩序（Heywood, 1997：48）。所以，長久以來，海耶克一直被視為是自由放任，自由市場制度最重要的辯護者之一，也一直是最嚴厲批評所有計劃方案最激烈的古典自由主義者之一（Hayek, 1990：212）。在致力於復興與辯護古典自由主義政治哲學的坎坷奮鬥中，海耶克於 1944 年，發表了《到奴役之路》（The Road to Serfdom）一書。指出納粹主義的根源恰巧是社會主義的思想和實踐；並警告西方國家採用社會主義，終將會給它們帶來極權主義的報應，西方文明要有一個光明的未來，就必須放棄社會主義的理想，重新回到被否定的古典自由主義的道路上——即法治之下有限政府的道路上（Hayek, 1944）。第二世界大戰後的二十年通常被劃定為一致信奉凱因斯主義的時期。在這役時期，海耶克仍然持著於古典自由主義的重建，於 1960 年，發表了《自由的憲章》（Constitution of Liberty）一書。本書對二十世紀的自由問題作了最深刻而卓越的闡揚（Hayek, 1960），但直到 1970 年代也沒有得到學術界等各方面應有的承認（Gray, 1984：chapter 1）。及它對社會正義和福利主義的自由派修正

主義者構想之批評，卻也沒有得到人們的迴響（Gray, 1986：39）。隨後，於 1976 年發表了《法律、立法和自由》（*Law Legislation and Liberty*）及《貨幣的非國家》（*The Denationalization of Money*），他又主張全面回到古典自由主義，實行政府不干預經濟的自由放任政策，取消累進稅，用憲法來限制政府的財政和貨幣政策，乃至剝奪政府壟斷發行貨幣的權力（Hayek, 1978）。

在 1970 年代末期，因凱因斯學派典範（Keynesan paradign）的解體，就奧地利學派學者對於 1930 年代的經濟崩潰或 1970 年代的經濟蕭條分析來看，隱含主張若採取古典經濟學家的主義－即政府退出經濟活動，以及放棄政府各部門的干預措施就不會有經濟崩潰或經濟蕭條的現象發生（Rothbard, 1983）。此後，海耶克致力於古自由主義的理論與思想的重建，得到廣泛的與公開的承認，尤其是獲得諸如佘契爾（Micheal Thatcher）和雷根（Ronold Reagon）等人的引述（Gray, 1986：42）。接著 1989 年東歐共產主義的解體與 1990 年蘇聯共產主義政權的崩潰，這些事件的發生，令人更加敬佩海耶克在政治哲學方面，致力於古典自由主義的重建，對自由世界與人類社會的重要貢獻。

我們都知道政治哲學，或規範性的政治理論，由於 1971 年，羅爾斯（John Rawls）發表了《正義論》（*A Theory of Justice*）一書（Rawls, 1971）。由此，有關「正義」與「社會正義」的理論書籍與文章紛紛發表，而使「正義」與「社會正義」問題成為當代政治理論家關切與探究的主題（Kukathas and Pettit, 1980：1-6）。何謂「正義」，正義的基本主題是什麼？這是當代政治理論家所欲探究的，他們使用各種不同的理論架構，如自由主義、社會主義、與社群主義等理論與道德根據去論述正義的問題？由上述可知，海耶克

是致力於重建古典自由主義的理論家，其對「正義」，或「社會正義」持什麼樣的觀點，即成為本文以下探討的主題。

海耶克論證社會正義的方式，不像羅爾斯有《正義論》、《政治的自由主義》（*Political Liberalism*）（Rawls, 1993）與諾錫克（Robert Nozick）有《無政府狀態、國家、與烏托邦》（*Anarchy, State and Utopia*）（Nozick, 1974）等專門一本著作來論述他們的正義理論，而海耶克的社會正義觀點係從他上述的許多著作之中，在捍衛與辯護自由主義的自由與法治的理念中，提出了他對社會正義所持的觀點，由此，本文以下就從他論證社會正義的理論根據與自由社會中的正義等次主題來探討對他對社會正義的論述。

第二節　論證社會正義的理論根據

吾人從海耶克的許多著作之中，知曉他的著作都在致力於去辯護與維護自由與法治，然後從自由與法治的觀點去論證社會正義的理念，因而本文就從海耶克論證社會正義的理論根據，以論自由與法治開始。

一、論自由

「自由」的理念所代表的涵義，依不同哲學思想家所持觀點或立場的不同，而界定其不同的意義，換言之，自由觀點的不同即意指國家與個人角色或職能範圍的大小。當代的古典自由派（liberty）

思想家，海耶克以維護個人自由為其志業，終其一生致力於批判阻礙個人自由實現的任何事物。因而，就自由的意義是什麼，自由價值的理論根據，自由的創造力的關係等問題，依海耶克的觀點論述如下：

（一）自由的意義

海耶克對「自由」一詞，在其著作中是以 Freedom 與 Liberty 交互使用，但對自由意義的界定，他堅持根據「原初的意義」（the original meaning）以使用自由一詞，他所謂自由的原初意義，是從不受到外在限制的觀點，將自由界定為「獨立於別人專斷的意志之外」（Hayek, 1960：122）。由此可知「海耶克所持的自由觀點，依伊賽・柏林（I. Berlin）詮釋「自由」的概念，海耶克所界定的「自由」乃是一種消極的自由（negative liberty）。依伊賽・柏林的觀點，「自由有兩種不同的意義，（Berlin, 1969：121）即是「消極的自由」與「積極的自由」，所謂「消極的自由」即是「在什麼樣的限度之內，一個人或一群人，可以且應當被容許做他能的事，成為他能成為的角色，而不受到他人的干涉？因此自由的實現，其障礙是外在的，祇要消除外在的限制就是消極的自由，而「積極的自由」，著眼於自作主宰，因此自由的實現有賴於個人基於理智解放的理念（Berlin, 1969：144），能夠成為真正本乎自己的思想而行動之主體。換言之，不受干涉和獨立不倚是屬於消極的自由，而有權參與集體決策則屬於積極的自由。所以，就根據海耶克堅持自由的原初意義而言，他的確是屬於古典自由派的學者，因為由自派所持有的自由概念，完全是，或主要是一種消

極的自由，而修正的自由派（revisionary liberals of value）和社會主義者所援引的自由，則是一種更為積極的自由概念（Gray, 1986：57）。

　　海耶克消極自由的觀點，認為消極的自由並不以人性（human nature）的任何個別觀點或任何個別的價值架構（any particular framework of Value）為先決條件。因而，一個自由的人將追求各種的目標與價值。所以海耶克認為：

> 自由的概念，祇是消極的概念，依此意義和平亦是一個消極的概念，或安全，或平安（quiet），或免於任何各別的阻礙，或不幸（evil）是消極的概念。自由就是屬於這種分類的概念；它描述免於一個個別的阻礙。質言之，就是免於他人的強制。唯有透過我們利用它才會變著積極的。它並不保證給我們任何個別的機會，反之，自由留給我們自己去發現我們應該如何去利用機會（Hayek, 1960：19）。

　　由此可知，海耶克的自由概念是消極的，其意義是免於他人的強制。因而，海耶克使用「消極的自由」概念其意義和依賽‧伯林使用「消極的自由」概念去涉及沒有外在干預之下可作種種選擇的能力（Berlin, 1969：122f），是一樣的。由此更可確知，就採取消極自由的概念而言，海耶克的確是承襲了古典自由主義的傳統。

　　就古典自由主義的傳統而言，它的起源與成長乃是基於個人主義。個人——它的經驗與利益——結合著自由主義與自由社會基本概念而起源與成長。知識與真理是個人的判斷而獲知，而個人的判斷依序由個人的意識（sense）經驗與外在世界的接觸結合而形成。

因而若一切知識來自個人的經驗，那就沒有既成的真理或任何超越的價值存在，個人的經驗在本質上就成為最高的價值，在慎思熟慮的決策中，許多個人經驗的參與是提供一個社群作決策的最可能方法（Macridis, 1992：24）。古典自由主義以此個人主義為基礎，去形成三個核心，即道德、政治與經濟三個核心層面。在其道德核心層面將個人的自由、尊嚴與生命視為是人的基本價值與權利，而其餘事物皆隸屬於此一基本價值的實現之下。在政治核心層面，包括基本的政治權利－透過個人的投票、參與及決定選擇什麼樣的政府，與決定遵循什麼樣的政策，並結合代議的民主政治。經濟核心層面必須與經濟的與財產的權利發生關係，它就涉及到經濟的個人主義（economic individualism）、自由企業的制度（free enterprises system），或資本主義，與有關個人去生產與消費的權利與自由，從事契約關係，透過市場經濟的交易，去依他們自己的方法以滿足他們的欲望，依他們自己的決定去支配他們自己的財產與勞務。總之，自由主義的基礎，有私有的財產與免於國家的強制和市場的經濟為基礎（Macridis, 1992：25）。質言之，自由主義的個人主義本質，就是在其個人與國家的論題關係上，強調個人是目的，國家是工具。個人有生命，自由及追求幸福的基本權利，如果這些權利受到侵犯或破壞，則可以更易政府以維持這些個人的基本權利（Ebenstein & Fogelman, 1985：160-5），換言之，個人是獨立的主體，人與人之間相互平等，沒有人能役使他人，因此人人有自由，擁有追求自己選擇之價值目標的基本權利。

依古典自由主義的傳統，雖然海耶克是屬於自由派的學者，但是他對自由的詮譯，就如不同的自由主義，就有不同的自由概念界定一樣。如他把他對「自由」一詞的使用和該詞的其他三個意義作

比較；即是與政治的自由，內在的自由，與自由就是權力（free as power）作比較，政治自由就是人們參與選擇他們的政府，參與立法過程，及參與監督政府的自由。內在的自由是一個人受他自己深思熟慮意志去引導他們行動的程度，而不受暫時的刺激或環境所左右；而自由就是權利，就是滿足我們希望的權力，或給予我們作選擇的自由（Hayek, 1960：13-17）。海耶克強調這三種自由與他所界定的個人自由之條件狀況並不相同，而且亦應維持完全的不同，因為一種非民主的秩序（non-democratic order）是一種縱容的秩序（permissive），而一種民主的秩序則是一種限制性的秩序，所以政治的自由既不是個人自由的一種必要條件，也不是個人自由的充分條件，內在的自由堅持不反對他人的強制，但卻反對道德力量的薄弱或偶然情緒的影響。而自由就是權力，海耶克更進一步地認為，我們是否應該容忍依「權力」（power）的意義去使用自由是令人質疑的（Hayek, 1960：18）。所以，海耶克反對依權力的意義去界定自由的意義，換言之，就是反對積極的自由。因而，格雷（John Gray）說：

> 現代古典的自由派拒絕黑格爾極自由的構想（the Hegelian version of positive liberty），因為海耶克已指出，積極的自由最終將導致把自由相等（同等於）於行動的權力（power）－這是有害於自由派關於同等自由之理想的觀點，因為權力就依其本質而言，是不可能同等地被分配的（Gray, 1986：18）。

海耶克從消極自由的觀點去界定自由的意義是免於他人的強制，然後以他所使用自由一詞與政治自由，內在自由和自由就是權

力作比較，由此顯示他反對黑格爾式的積極自由，進而反對把自由
視為和能力（ability）、權力（power）資源（resource）是完全相同
的（Plant, 1991：227-238）。如此會造成自由意義的混淆不清。因
此，海耶克說：

> 自由就是權利（power）與自由原初意義的混淆不清無可避免
> 地會導致把自由認同和財富（wealth）一樣；這樣會促使利
> 用自由一詞去支持財富重分配的要求之所有的訴求成為可
> 能。但是，雖然自由與財富是我們大部人所欲的兩個好的東
> 西，及雖然我們時常需要這兩者去獲得我們所希望的東西，
> 但是它們（自由與財富）依然是不同的（Hayek, 1960：17）。

由此可知，依海耶克的觀點，自由的意義，並沒顯示對福利或
資源的重分配表示關切。所以，自由的概念是不同於權力與能力的
概念，而且和欲望與利益（desire and interest）的概念無關（Plant,
1991：227-230）。

總之，海耶克憎嫌以上這種普通的自由概念（this common
notion of freedom），他堅持保存自由的原初意義，限制自由的應用
性（application）以提昇自由的有效性，無論如何，更重要的是他
確信自由的基本價值不應該被集體主義者（collectivist）所利用以
辯護國家干預範圍擴大的正當性。自由被視為是權力，那立法權會
被無限地擴大，而且會被辯護為是人民選擇與權力範圍的擴大。如
此擁有立法權的議員或代表就擁有有力的權力去做他們所希望做
的事。其結果會在一種純粹自由觀念的名義之下，破壞了個人的自
由。所以，海耶克認為國會立法權與政府的權力必須作有限制規定
的是必要的。

從以上海耶克對「自由」意義的界定，可知他是從消極的自由觀點或立場去界定自由的意義是一種免於強制（coercion）的狀態，而所謂「強制」海耶克認為係受他人環境或條件（environment or circumstance）的控制，為了避免造成自己更大的不幸，他不得不被迫無法依據他自己的計畫去行動，而必須為他人的目的而服務（Hayek, 1960：27）。因而，依海耶克界定自由免於強制的意義，就如依賽·柏林（Isaiah Berlin）所說；在一般情形之下，我們可以自由的行動而不受他人的干涉（Berlin, 1969：122f）。這樣的自由最低限度，吾人就不必耽心他人或政府的強制力，而這種免於強制的自由概念，顯然涉及的人類最低限度的基本自由，其實，這也即是基本人權的適用範圍。也是羅爾斯（John Rawls）所謂的基本自由（basic liberty）（Rawls, 1971：201-205），質言之，這種免於強制的概念，雖然是消極的自由，但是這種消極自由卻是積極自由的必要條件，沒有消極的自由，積極的自由就將失所依附。所以，海耶克的「自由」意義，雖然是消極的自由，但並不足以減低它的價值，正如貝義（Christian Bay）所說這種消極的自由，其實也是一種潛在的自由（potential freedom），它是外界所加於個人行為的種種限制之相對的減少。這種自由並不是「有所作為的自由」，而是增強我們對抗外來的威脅，誘惑、欺詐、利用等等的抗力（Bay, 1958：95-97）。

（二）維護自由的價值的理論根據

從以上所述海耶克界定自由的意義中，可知他堅持自由的原初意義，與自由價值的維護。他認為自由是最重要的價值，因為自由

是其他價值的泉源與條件（Hayek, 1960：6）。而海耶克維護自由的
價值的理論根據，從他維護自由價值的論證中，可知乃是基於兩個
基本的理論預設上；一是批判的理性主義（critical rationalism）；二
是自發的秩序（spontaneous order）。

「批判的理性主義」一詞，係海耶克從卡爾巴柏（Karl Popper）
的著作中引用而來。如卡爾巴柏說：「我們無法辯護我們的理論是
否合理，及無法證明我們理論是否可以成立。」（Popper, 1974：
25-27）「我們唯有能夠做的就是把理論提經最嚴厲的批判與驗
證，及對於最能經得起批判的理論作暫時性的承認。所以，沒有
任何理論的辯護可以超越這種批判的過程。」（Popper, 1976：104）
於是卡爾巴柏即以這種批判的概念來取代辯護（Justification）的
概念，以及把理性與批判連接起來反對辯護（Popper, 1976：90）。
由此可知，卡爾巴柏認為一個理論或一個決定是否理性，或值得
接受，並不是因為它可以被辯護或被證明是合理的，而是因為它
經得起批判之觀點而來。因而，對卡爾巴柏而言，沒有任何理論
可免除理性的批判。批判是在於揭發理論的錯誤，所以，每一錯
誤的認知，即表示無知的減少與知識的增加。惟有經過理性批判
的過程來加以評量，其任何決定，最後才能產生一個合乎人性的
抉擇。

海耶克論證自由的淵源來自他所謂的「英國傳統」（English
tradition），英國傳統的理性主義，可以稱之為「批判的理性主義」
（Critical Rationalism）；與之相對的「法國傳統」（French tradition），
是一種「天真的理性主義」或稱之為「理性的建構」主義。由於這
種理性主義以笛卡爾哲學為典型代表，所以，海耶克以「笛卡爾的
理性主義」稱之；（Hayek, 1967：85）基本上，海耶克是反對人類理

性能力極端自信的理性主義，因為他認為人類理性並非全知全能的（omnipotent），而是有其限制的（Hayek, 1960：29）。

　　這種批判的理性主義與笛卡爾的理性主義不同，海耶克所指的理性主義是指啟蒙時代的理性主義，開始於笛卡爾，笛卡爾以自己的理性（Reason）做出發點，使用自己天賦的邏輯法則，去尋求認知對象或認識對象；笛卡爾懷疑的目的，是要去尋求那絕對不可懷疑的，絕對可靠的真理。所以，對理性主義而言，懷疑只是一種方法，不是一種目的，懷疑的目的是在尋求一種絕對的真理。因為對笛卡爾而言，理性就是從明確的前提中所做的邏輯演繹，而理性的行動即意指從已知與可證明的真理中去做的決定。因而理性的行動經此過程以達成決定是無可避免的步驟，這就是依據與真理是什麼以促成成功的行動。由此，人的理性應該能使他去重新地建構或設計一個社會。依此，海耶克認為這樣的笛卡爾主義具有藐視傳統、風俗習慣與一般歷史性的態度（Hayek, 1973：10）。

　　依海耶克的觀點，這種社會契約的個人主義（Social Contract individualism），或社會制度的「計劃」學說（design theories）是從笛卡爾到盧梭和法國革命的發展而來的，而後來又發展為以工程師的心態來處理社會問題（Hayek, 1952：16）。所以，伏爾泰（Voltaire）常說：「如果你們要好的法律，就燒掉目前所有的，使你們成為全新的人。」（Hayek, 1978：5）因而海耶克認為，凡是依這種計劃學說所導致的推論，必然會為了要使社會工程師能為了人的目的而服務，只要把這些工程置於人的理性控制之下，認為人類的理性足以設計人類社會藍圖，然後按圖施工，進行社會工程的全新建造。這種的計劃學說，最後終會導致邁向社會主義之途。因而，海耶克反

對這種「法國傳統」工程心態的理性主義，而主張「英國傳統」的
社會成長或社會演進的理論。此一理論在於駁斥人類社會是理性設
計的結果，而主張人類社會乃是在長期的演進過程中逐漸演進成長
的。在社會的演進過程中，海耶克認為人的理性故然在演進的過程
中站有很重要的地位，然而理性並非全知全能，而祇是擔任有限的
角色而已。」（Hayek, 1973：11-19）事實上，人類社會的演進就如
弗格森（Adam Ferguson）所言，乃是「人類行動而非人類設計的
結果」（Hayek, 1967：96）簡言之，社會的成長演進並非是依據人
類理性的全知全能而設計建構的。除了理性的有限功能之外，社會
有其自發的秩序。

　　自發的秩序是海耶克政治思想中的核心概念，這個核心概念與
有限理性概念二者彼此呼應，構成他論證自由社會之基本依據。他
認為人類無法完全了解社會全盤事物，因此實在不宜進行整個社會
計劃；由於他有此種觀念，因而他特別重視社會中種種自發的力量
（Hayek, 1960：35-37）。

　　海耶克將秩序分兩種；一種是人為創造的秩序（Artificial
Order），也稱為指導的秩序（A directed order），或外在產生的秩序
（exogenous）；另一種是自發的秩序，亦可稱為形成的秩序
（endogenous order）。

　　海耶克自發秩序的靈感，顯然來自濟經學上的「市場機能」（market
mechanism）的啟發。自發的市場秩序，產生於許多經濟的互動，而
這種互動是基於互惠互利而不是基於共同的目的（Common purpose），
它不能依個別種種結果的一個總和之方式作判斷（Crespigny, 1975：
55-56），質言之，就是透過競爭使自發的秩序傾向於能促使生產成
本降低至最低程度。所以，市場機能是供給與需求的互動產生價格

的波動，而形成一個自動調節供需的系統，使市場經濟系統之下的成員，人人基於利己之心，各為其私而在市場機制的運作之下，使得社會的成員與社群各獲其利。無疑地，市場機能是最典型的自發秩序。但除了市場機能之外，海耶克認為還有語言文字，社會風俗習慣，法律和科技等，都是社會長期演化過程中，逐漸成長的自發秩序，而非一個人或少數人運用他們的理性能力，有意的設計建構而成的（Hayek, 1960：35-54）。所以，海耶克說：

> 獲自社會事物中一種自生或自發秩序的發現……它是儘可能去利用社會所有成員的知識與技術達到最多或最精進的程度，其程度更甚於由中央主導（by central direction）所產生的任何秩序，而其結果是希望在於促使充分利用這些有力的自發秩序之力量（Hayek, 1967：162）。

接著又說：

> 自由主義的中心概念是在普遍公平的行為規則實施之下，保護一個個人已被承認的私人思想，或活動範圍，此時更加複雜的人類行動將形成一種自發的秩序，且甚於有意計劃所產生的秩序，其結果政府的強制行動就應該被限於普遍公平行為規則之執行（Hayek, 1967：162）。

從這兩段引述可知，海耶克認為自秩序的形成，是由於社會中的成員服從社會的某些行為規則，自然而然地形成一種自然成長的秩序（Hayek, 1973：38-46）。而這種自然成長的秩序，海耶克堅信在自由的社會與制度下才得發展。

（三）自由與進步

　　依海耶克的觀點，自由不是設計的產物；「自由的種種制度……不是被建立於因為人們可預知它們會帶給他們利益。」（Hayek, 1960：54）但是，一旦人民對種種規則發生懷疑，而對政府做出了種種制限措施之際，人民就會開始去承認自由對人民有利的層面，而尋求去擴大自由的範圍。因而自由主義就開始呈現出它有系統地論證自由有關的原則（Gray, 1986：16-25）。這些有利的影響是什麼？依海耶克的觀點，就是促進物質或文化文明的進步。但是這種觀點立即引發兩種重要的問題；依「進步」一詞他正確地意指什麼，它的有利因素是什麼與對誰有利？；第二，他強調自由的種種影響，對他而言，在一個自由社會中，自由不僅是一種價值而已，並且是一切道德價值的泉源和條件？海耶克對這些問題的答案是重要的，因為自由進步顯示是他社會思想的核心價值。

　　社會進步的觀念，海耶克並不認為它是一個已知目標的接近或提昇（an advance），而是由於人類的理智（human reason）採用已知的種種方法或工具致力於一個既定目標的達成。因而，他更正確地把進步的觀念視為人類智力（intellect）的形成與修正的一種過程，換言之，就是一種適應與學習的過程。其中不僅使我們已知的種種可能性或事實會面臨改變，而且我們的價值與欲望亦會不斷地面臨改變（Hayek, 1960：40）。

　　由此，海耶克更進一步地認為進步不能被視為是一種被計劃所產生的結果，進步也不必然地會促使人類快樂或幸福水準的提昇。而來自吾人達成目的中所獲得的利益，這種利益在一個變遷的社會

中將更形擴大，但是這種被保證的利益成就可以給我們少許的滿足感受（Hayek, 1960：41）。無論如何，更重要的是在每一時刻拚命致力所顯示的成就之達成。所以，海耶克說：「它不是過去成就的成果，而是生活在現在與未來的人類才智（human intelligence）本身的表現，所以，進步是提供行動發展的動力。」（Progress is movement's sake）（Hayek, 1960：40）。

　　對海耶克而言，促進進步的重要因素是新知識的獲得與使用，換言之，就是海耶克所說的「無知」論（ignorance）。海耶克說；「人類所知愈多，則一個人所能吸收的愈少。……知識的劃分愈多，則個人所知愈少。」（Hayek, 1960：26）這種發展趨勢造成知識分類無可避免的結果，而作任何計劃與決定，知識是必不可少的條件。然而，真正知識的獲得不是一件容易的事，必須是一個人或一群面對種種困難，面對現實，去探究與發現，才可能獲得真正的知識，而如此不斷地對獲得與使用新知識，人類就會不斷的進步。所以，海耶克的「無知論」就如卡爾巴柏的「試誤論」或「批判與進步的易錯論」（Critical and progressive fallibilism）一樣（Parekh, 1982：130）卡爾巴柏認為批判是在於揭發理論的錯誤，所以，每一錯誤的認知即表示無知的減少與使用新知的增加。而且藉著批判理論的建立，我們就可以邀請人們參與批判以提供好的理論，那理論就依次的被批判，被拒絕、或修正，以這種方式，我們的知識就會增加。而且，我們的知識決不是最後的，換言之，知識的進步沒有最後的休止點；那就是卡爾巴柏所謂的一個「永無止境的探求。」（Parekh, 1982：130）而海耶克的「無知論」是藉它來提醒世人，自己所知道的是這樣的少。我們的知識領域愈擴張愈大，我們對於自己之無知的發現愈多，既然如此，於是我們所保有的知識就不足以作過多

的預測，也不足以負擔全盤的計劃與決定，如此，面對現實，我們若想要去達成一個進步與繁榮的社會，唯一可行的方法，就是發揮個人的自由創造力。所以，無知乃是智慧與進步的起源。

海耶克從「無知論」出發，來說明人類進步的動力是從無知開始，進而促進人類真正的知識成長與累積，然而什麼樣的環境之下，才可促進自由與創造力的發展，與社會的進步？依海耶克的觀點，在一開放的、普遍性的、法治的與有彈性的社會中，才可使自由的創造力得以無限得的展開與發展。

開放的與法治的社會，就如卡爾巴柏所說；「各個人都面其自己決定的社會。」（The Society in which individuals are confronted with personal decision）（Popper, 1962：169）其中，人人都面對自己，對自己的言行負責。而法治的社會，照海耶克說來，曲克夏（Michael Oakeshott）所說「法治社會」最為可取，依他的解釋行「法治之治」，與「正義之治」同義。行「正義之治」的社會沒有全國一致追求的單一目標，祇有各個人追求他們自己個別的目標，因而這樣的社會為各個人的個別目標之實現而創造機會。普遍性的社會，依海耶克的觀點，就是法律規則的外延，法律規則所適用的是全體社會成員，如果他只適用一部份人而不適用另一部份人，法律則是自相矛盾的。在一個普遍性的社會中，可提供所有成員機會與權利均等，換言之，在這樣的法律架構之下的人，所有的個人都有公平競爭發展的機會。而一個彈性的社會，不僅行為富於彈性，思想也富於彈性，因此也就富於適應力。就如依賽‧柏林所說；「少一些救世主般的狂熱，多一些開朗的懷疑主義，多一些對個人癖好的容忍，多一些具體富有彈性的政策，才能在個人自由與社會控制的兩難中，找到適合當代需要的出路。」（Berlin, 1969：39-40）這

樣的社會才不會墨守成規，它是一個不斷更新的與進步的社會。所以，海耶克說；「如果我們想要進步，那我們就必須在我們的思想中留有空間，以便我們可以不斷的修正我們現有的想法和理念。」（Hayek, 1960：23）又說；「自由之所以會如此重要，是因為它能為不可知與不可預測的事預留餘地。」（Hayek, 1960：29）

從以上所述可知，海耶克認為「自由」在人類生活中所充當的角色，是在於強調他有助於使我們產生解決人類生存境遇中，相互相對的無知（mutual relative ignorance）之能力觀之，可知自由具有工具性的價值（instrumental valve）（Plant, 1991：245）而且依海耶克論自由是在強調人類的進步（human progress）的理念，與強調他所支持個別抽象社會之達成（Plant, 1991：245）。

二、論法治

從海耶克論自由中，他認為合乎自由原則的法治之下，自由才可獲得真正的保障，因此，依海耶克的觀點，法治的概念意義是什麼？法治的屬性如何？及法治與個人的關係如何？現就這些問題如下的探討。

（一）法治的意義

海耶克認為，民主政治是人類歷史上所出現的政治制度中，在比較上最能產生自由與維護自由的政府形式。而且，民主也是政治上唯一夠使政權和平轉移的方法。況且，民主政治又是最能夠普遍提昇人民的政治教育水準，促進人民的政治參與。基於以上三點理

由，可知海耶克基本上的贊成民主政治（Hayek, 1960：403）。不過，在海耶克的自由理論中，自由的真正保障乃是依恃於法治（rule of law）而非民主。而法治通常意指一個政府除非依據法律規章，否則不得對任何人施行強制。如此，就限制了一切政府的權力，包括立法權在內，可是一般人對法治的概念有時和政府依法行事相混，因而對法治的概念，吾人可引自海耶克對其意義的界定，他說；

> 法治，自然是預先假定政府行事必須完全合法。但是，僅止如此是不夠的；如果一條法令給予政府無限的權力，使得政府得以隨意想做什麼就做什麼，那麼政府一切措施都可以說是完全合法的。但是，這顯然確實不是在行法治。所以，法治不止於憲政主義；所謂法治，必須所有的法律是依從某些原理原則。

> ……所以，法治並非依法而行統治。而是關於法律應該是什麼（what the law ought to be）。這是一個超立法原理（a meta legal doctrine），或者是法治的規律。祇有立法者感受到這種超立法原理或法治的規律之約束時，法治才會發生效力。在一個民主制度裡，這個意思就是說，除非法治成為社群道德傳統的一部份，除非大多數人承認而且無條件接受，否則法治即不能通行。

> ……如果法治實行起來顯的不切實際，或者甚至不甚理想，並且一般人不致力為其實現而奮鬥，那麼法治便會很快的消失。像這樣的社會便會很快的陷於專斷的暴政之中……」
> （Hayek, 1960：205-206）

　　依此引述可知，所謂「法治」有兩種意義；一種是政府依法律實行統治。而在這方面的「立法」，其主要著點在於鉗制和強制被治的人民，並便利於專斷權力的行使。另一種意義是制定並且依照法律來保障人民的基本人權，使之免於受任何濫用強制權力的侵害或專斷權力的冒犯。這種「法治」的「基本精神」在維護自由。因此，在立法的過程中，它的主要著眼點在於防範政府，而不是在防範人民。

（二）法治的屬性

　　依海耶克的觀點，自發秩序中的規則，是一個依據自由原則而形成的基本法律架構，而自由原則的倡導以嚴格的法治來限制承認，尊重與保障個人的種種自由與權利。質言之，所謂自由原則即是古典自由主義「限制政府的權力，以保障個人的自由」之有限政府原則，亦即是憲政主義（Constitutionalism）或法治原則。所以，海耶克認為該原則不僅關切個別法律的內容（the content of particular law），而且亦關切法律應該擁有什麼樣的屬性（attribute）。而海耶克解釋法治所要求的主要屬性是普遍性（generality），確定性（certainty）、與平等（Hayek, 1960：208）。法律在本質上必須是普遍的，包括不涉及任何種類的個別部分與無論何時應用於某種抽象地被限定的種種條件狀況都會令人滿意，這種情形和盧梭（J. Rousseau）堅持總是考慮完整主題與抽象方面的行動，而從不考慮任何個體的人或一個個別的行動一樣（Rousseau, 1968：chapter vi）。因而，法律亦必須是公布週知的與確定的。依確定性的意義而言，它是意指人民能夠依據法的確定意義去預測法

院的判決依據與判斷種種情況的可能性。第三個要件是法律應該平等的運用於所有的社會成員，統治者亦包括在內。這些要件似乎是平等的屬性，因而，海耶克更進一步的堅持一種法律，必須僅涉及被包括人形式上的種種特性才可以是完全地普遍性。然後對不同階級的做不同的規定（Hayek, 1960：209）。接著，他承認平等的原則（the principle of equality）僅可部分的被應用，因為假定，諸如老兵、或婦女、或某一年齡層以上的人，不是所有的人都有種種的特性，所以，作這樣的分類很明顯地是不可避免的。總之，海耶克特別強調法律必須具備一定的屬性，才是真正的所謂法治。

　　海耶克對於所謂法治問題的討探，除了注意到法治的屬性之外，還有更深入的討論法治上的幾個問題；第一、法治之法就大部份而言，是一種消極的法律（negative law），消極的法律在告訴人民不要做什麼。但亦有例外，諸如，徵稅，某些強制性的義務（certain compulsory services）、與志願性應負責任之執行。第二、法治之法僅提供一個架構，在此架構之內個人可以擬訂他自己的計劃。所以，「法治之法是工具性的，它們是受個人支配的手段。」（They are instrumental, they are means put at his disposal）及它們提供部分的資料，即個人可以使用這些資料作為個人決策的基礎（Hayek, 1960：152）。第三，法治之法要嚴肅地限制人的自由是不討人喜歡的，因為法治之法不僅要應用於被治者，而且要應用於法律的制定者與執行者。第四、法治之法必須要被視為普遍性有益的，而不在於對每個個人的案例有益；「唯有以整體而論的規則（法律）必須是；證明為正當的……而不是以每個個別案例的應用而論。」（Hayek, 1960：159）第五、因為行為可以相互地被斷定性（mutual predictabilities of behavior）是如此的重要，而法治的內容並沒有比

法治之法的被執行之無例外的重要。第六、法治之法不可和個別的命令（particular command）相混淆（Hayek, 1960：149-150）。第七、法治之法在於保障一個人私生活的領域，但是這些領域的明確內容應該是永遠不確定的，但卻未竟人意。所以，人民自己應該決定他們受保障的私人領域上隨時加入一些什麼樣的內容才可扮演一個積極的角色（Hayek, 1960：139-140）。最後，僅參照這樣規則的一個完整體系去確定一個公平行為是可能的。因為規則（法律）是否正義最後的考驗端視這些規則被允許應用於真實世界的環境之行動是否完全地一致與不產生矛盾而定（Hayek, 1967：166）。

　　從上述海耶克對法治的論證，可知不斷的強調他論證的中心是法治，依他法治的觀點，他進一步的認為由政府去達成分配的或社會的正義，而採取的任何企圖是一種矛盾的行為。由此，他認為政府沒有提倡或增進實質分配正義理想的權利。因為決定人民應該擁有多少的需求沒有客觀的標準或依據可以達成全民的共識，因而，他認為所有國家資源分配的決定就被拘於政府意志的武斷決定。而且這種武斷的決定與法治所強調的種種限制內容無法相容。」（Hayek, 1960：231-233；Hayek, 1967：167-172）接著，海耶克進一步的認為，法治亦無法與政府所採取所有的經濟控制諸措施相容，因而這些控制措施無法依據普遍的規則（普遍的法律）來執行，所以，這些措施的真正依據是政府的自由裁量與武斷。質言之，對海耶克而言「這些措施在達成對不同的貿易（交易）與職業，銷售關係，生產銷售量進行控制。」（Hayek, 1960：227）依據海耶克的觀點，價格與量的控制是必要的武斷，這些控制對市場的正常機能會造成失靈。這並不全然的指海耶克是一位經濟事務非干預的提倡者。他認為一個政府可以提供一種有效的貨幣體系，提供有用的資

訊，支援教育，阻止欺詐，促進契約的執行，保護財產，控制污染等，以促進進市場自發秩序與力量的產生。因此假定政府這樣的作為不侵犯到私人的領域或它所干預的領域沒有排他性的聲言。無論如何，反對國家企業有一個假定，即是基於要保證國家企業沒有特殊利益存在以作為反對私人企業的理由是不易成立，諸如以政府種種的輔助或退稅的措施作為理由。但是，假如國家企業與私人企業是基於平等的基礎上作競爭而給予國家企業於一個自由制度之中有生存的空間。一般說來，法治即在提供作為區分這些措施的標準，由此標準去分辨這些措施是否合乎自由經濟制度的要求。因而若充許政府的所有強制行動依據普遍的規則去執行，它仍然有必要去應用一個能夠使自由體系有效運作的規則。所以，能夠和法治相容的種種措仍被拒絕於依據權宜之計的理論基礎之上。

（三）法治與個人自由

就法治與個人自由之間的關係而言，依前海耶克對「自由」意義的界定，他堅持根據「原初的意義」（the original meaning）來使用自由一詞。他所謂自由的原初意義，是從免於他人強制的觀點，而將自由定義為「獨立於別人專斷意志之外」。而當自由的意義與海耶克所說的法治關聯起來，就表示祇要一個人服從海耶克上述具有法治普遍屬性的法律，就是自由的人，質言之，就如海耶克所說；

> 在法律的概念之下……基於我們服從法律的爭辯之際，不顧普遍抽象的法律規則是否適於我們，依據普遍抽象法律規則

之意義，我們不受制於他人的意志，那麼，我們就是自由的人（Hayek, 1960：153）。

接著，海耶克告訴我們「甚至普遍的，抽象的規則，同等地適用於所有人，可能對自由產生嚴格的限制」（Hayek, 1960：154）。因為規則適用於所有人，所以，他認為規則將可以禁止每個人合理的去做他們所希望做的事。

海耶克以法治的一貫性與範圍廣闊的特性去說明與維護法治是令人印象深刻的，但是，要去批判他對法治的構想，與他陳述法治與個人自由的關係，並非是無懈可擊的。在此，吾人就針對海耶克對法治使個人是否足夠的保障，對禁令與絕對的命令（positive command）之間區分的使用，對分類研究途徑，對司法與行政自由裁量權的處理觀點，提出做以下的討論，當然，對於海耶克的法治觀點仍有許多問題可以討論，然而，以上的這些問題卻是比較重要的。

事實上，海耶克的法治原則要求法律去限制立法者的事實似乎很少對個人的自由提供充分的保障，例如，限制和被禁止國家的貿易往來與旅行、對酗酒的懲罰，對其從事同性戀行為等的法律限制，可以同等於適用顧於所有人，但是，這些法律卻對那些於這些項目之下受到限制的人其自由受到嚴厲的限制，所以適用於所有人的法律對不同的人產生完全不同的影響。假定海耶克真正關切的是所謂若沒有法治就沒有自由的話，那法治的適用性就有可能像在人類社會中受他人某種強制的減少一樣。但是，他對立法普遍性在形式上所做的種種限制並沒有考慮到個人自由有充分的條件（a sufficient condition），因而，被認為應該可由對政府權力做實質的限制來補充之。

　　海耶克認為，在自由社會中法律的制裁，特別是民法的裁制，是被設計去抑制私人不去做某些事，而不是在限制私人去做某些事。因而法律的制裁就被使用就去使支持種種禁令甚於絕對命令，但法律的制裁不同於命令的制裁，諸如繳稅，被禁止（禁令）的這些行為可以由潛在的強制對象來規避這些禁令。就如海耶克所說；「假如我可以預先知道，那我就不把自己置於一個個別的情境中（a particular position）」（Hayek, 1960：142）。無論如何，這種困難是在於瞭解如何才可被認為禁令會比命令所含的強制力小，因而一項禁令的確預留有很多可選擇的方法與行動空間，反之命令則沒有一個是事實，總之，受制裁所支持的普遍性禁令是否對個人行為者具有強制力，而其強制力至何種程度，端視衡量被禁做法對他個人的重要性如何而定，然後再做他最好是不被禁的選擇。簡言之，唯有對他影響是輕微的，那禁令就不是強制性。

　　海耶克對分類問題的處理似乎也是不足的。他承認某些法律不僅可適用於特殊階級的人民，而且亦認為法律的種種區分將不是武斷的，假如這種種區分對擁有財產階級的與沒有財產階級的人，這兩種階級的人都可接受的話，那對於一種區分的適當性之一致同意就不是必要的；因而假如這些法律被這兩個團體之內與之外的多數人認為是合理的，那涉及特殊團體的法律就不被認為是差別待遇的法律。對於自由主義，海耶克就說：「接受多數統治為決策的一種方法，但不是做為提供決定應該做什麼的一種權威（Hayek, 1960：104）。

　　海耶克對於法律的確定性認為是重要的，所以海耶克指出，立法者把他自己拘限於普遍規則的制定，因為他的目標在於制定有益於全體或大部分案例的普遍規則。所以，他說：「法律規則總是被

適用於所有人是必要的，而不顧在個別案例中其結果是否似乎是令人合意。」（Hayek, 1960：158）然而，立法者對於特殊環境狀況的無知，所以法律的適用（應用）要充分的彈性是令人期望的以促進在每個案例中儘可能做到公平與正義。例如，警察、檢察官、法官、假釋官與行政官員的自由裁量權亦可以去阻止或防止抽象的法律規則的一種嚴格無私的力量所造成的不正義。所以，很少人會認為自由裁量權會被濫用，尤其在美國與英國，其實據顯示自由裁量權的確具有制衡的作用。

第三節　自由社會中的正義

　　一個自由社會中，其法律的建構與設計應該和人類所追求的目標與人類個別目的的個別觀點無關，這是海耶克建構其理論的中心。他設計於社會與一個組織之間引出一個尖銳的對比。即一個組織之所以存在是使社會之中的個別目的獲得保障，及在一個組織之內其種種管理規則的被設計或制定在於幫助其成員獲得他們共同追求的目的，此即是為什麼組織成立或存在的原因，依海耶克的觀點，無論如何，一個已發展成像有人類種種目的範疇之人類社會就會變的更形多樣化的社會。由於以部落與地方社群為基礎的小規模社會之瓦解，因而人類社會就會喪失了任何整體性的目的或層系性目的的意義。一個部落的社會或一個現代的組織，首先必須有一組或一套該社會或組織已同意的目的為條件（Plant, 1991：80）。無論如何，在一個自發的秩序中，有一個行為基本規則的必要，其規則

在保證在該架構之內使個人可以追求他們自己的目的，在之內而一個自發的秩序必須去發展或形成一套積極擺脫對具體目的的一套無目的的行為規則。一個自由與自發秩序的共同利益並不存在於它的成員所同意的這些目的之中，正因為自發的秩序是現代化或文明化的結果，因而沒有這樣全面（整體）的目的。況且，在一個自由社會中一般利益（general good）原則上存在於助長去追求未知的個人目的，而這種共同的利益則存在於法治之中（Plant, 1991：80）。

這種理念，是海耶克從休謨（D. Hume）與康德（I. Kant）的著作之中獲得啟示。如休謨認為法律的利益：

> 這種法律的利益可從整個設計或制度（whole scheme or system）之中引出：唯有遵守一般的規則（a general rule）無需考慮到……由這些法律的決定因素可能產生的任何個別結果，在任何個別的案例中法律利益會發生（Hume，：113；Hayek, 1973：113）。

同樣地康德亦認為抽象的與不偏不倚的法治無法像以福利為明確目的的方式去設計（quoted in Plant, 1991：81），就行為規則或法律為福利而服務而言，它僅可助長個人目的多樣化擴大的成就而已，而其成就達到什麼的程度，對立法者而言是無法預知的，依此觀點當可推知法律的試驗不可能對個人產生個別的結果，反之，法律必須是抽象的與程序的試驗。所以，海耶克認為，法律是以普遍性（universality）與前後一貫性或持續性（consistency）為基礎。而正義不是關切一個個別社會中使其成員利益均衡（balancing interest）的問題，反之，正義卻關切社會規則（或法律）能夠給予個人最大的自由程度或範圍，以便追求個人自己的目的。換言之，

正義所關切的不在於保證個人能夠去達到他或她自己的目的，反之卻關切該種架構（framework）能夠使個人不受他人的干預而可以去行使他或她自己目的的追求。所以，正義的觀點是儘可能地保證每個個人能夠以他或她自己的方法去行動，而可免於他人的干預。而且，正義並不是處理有關財貨與勞務分配的問題。

　　無論如何，出自善意的企圖，以社會正義的名義——去干預市場秩序與以某種預先設計的分配模式，更均衡地與平等地去進行社會財富重分配的種種意圖，依海耶克的觀點，至多祇是一種幻想或祇是一種海市蜃樓而已（Solomon and Murshy, 1990：212），在些方面，社會正義是一個嚴重地傷害我們個人自由的理念。由此可知，海耶克對社會正義的整個理念會如此敵視的原因，一般而言，社會正義的理論家是在關心社會財貨與勞務的分配使給予個人的一種個別分配模式，而無視於這基於按個人需求（needs），個人功過或貢獻（desert）與其他任何理論依據標準之上。諸如，模式化的分配原則或社會正義，依諾錫克的觀點，它們所關切的是分配的種種結果而不是分配的種種程序（procedures），換言之，就是關切每個個人將有機會去獲得他或她想要的種種結果或利益。如此社會正義就和分配的種種規則與促成某種社會整體目的有關—即是關切社會生產成果的分配依據某種已同意的模式作分配（Plant, 1991：81-82）。

　　對社會不正義的問題，依海耶克觀點，不正義的行為即是與個人個別有意的行為有關，質言之，一種不正義的行動發生於一個人干涉到他人由公平與普遍化的原則（Just and universalizable rule）所獲得保障的自由領域，因為不正義的行為是一個批判性的名詞，該名詞僅可應用於對個人的強制行動，對海耶克而言它發生於這樣

具有一般規則（general rules）的社會無法以精確的公平或不公平的描述之，因為沒有達到有意圖要件的程度。當社會被視為是一個自發的、目的自主的（purpose independent）社會時，社會中的每個個人以他或她自己的方法追求一種利益概念之際所產生的種種結果並非是有意的或由任何人可預見的。此社會所發生的種種結果，就整體而言並不是有意的，反之，個人有意地以他們自己的方法追求他們自己的目的是一種非有意的結果，依此觀點，海耶克拒絕接受因一個自由市場的運用造成個人於其中遭遇到貧窮的結果，就批評自由市場的運作，而此種運用視為是一種不正義的，依海耶克的觀點，貧窮並是不正義，因為在一個受法治與正義規則所束縛的自由經濟之中如他所瞭解，有很多的個人在買賣交易之中追求他們自己的目的，其中無疑的在財富、所得、財貨與勞務的交易中就會出現一種個別的結果，然而那不是一種所得與財富的分配，而是買賣交易過程中一種無意發生的結果。所以，社會不正義即暗含著一種錯誤的分配（maldistribution），而錯誤分配的理念本身則必須以一個分配者此一種有意的方式去行動以產生這樣一種錯誤的分配為先決條件。無論如何，這種不正義的理念並不可應用於市場的交易。所以，要談論由一個市場經濟所產生的所得、財富與勞務的分配是一種範疇的錯誤，因為它必須假定有一個分配者為先決條件，但是，在一個自由市場中並沒有這樣的分配機構存在。

海耶克在社會正義的脈絡之中有關一個分配者理念的問題可以以另一種方式來說明。就取一個先天身體健康有缺陷問題為範例，如 spina bifids 我們把有這些障礙的人視為是忍受遺傳上碰巧的惡運，而不是忍受不正義，因為忍受不正義須假設有一個分配者或一個命運的支配為先決條件。由此，我們就可把凡是忍受如自然

災害，地震所造成的結果視為是忍受不幸或惡運，而非不正義。而
不正義是係由一個個人或已把個人組織起來的一個團體，諸如一個
政府，一種有意的行動為要件，因而不正義不能被使用去描述一個
自發過程之中一種無意所造成的結果，由此可知，社會主義者或社
會的民主主義者對市場諸過程的批判，他們認為自由市場對貧窮的
人造成了不正義的觀點是錯誤的，因為他們並沒有忍受到不正義，
除非他們已遭受到種種剝奪，否則他們不會忍受到不正義之苦，因
他們有權利依他們的意願做某事，但貧窮是一個自由市場運作所造
成的結果，並不可做為案例。所以，海耶克說：

> 在利潤與負擔方面依市場機能作分配的方式，當然在許多例
> 證之中，假如它是一個有意的分配給個別的人們所造成的結
> 果，那就必須被視為是不公平的。但這不可做為案例。這些
> 分配是一個過程的分配，這樣的結果對個別人們的影響，既
> 不是有意的，也不是可以預見的，若要求從這樣的一個過程
> 之中去獲得正義，很清楚的是荒謬的，而且若更一進步的要
> 在這樣的個社會之中去選擇某些人擔任個別分配者的資
> 格，那明顯的是不公平的（Hayek, 1973：65）。

接著，海耶克把社會的或分配的正義理念和其他問題關聯起
來，而這該種社會的或分配的正義理念若和一個多元社會中在道德
的共識上如何達成的過程發生關係，質言之，就是如何使社會正義
的正義原則獲得社會全體一致同意的問題有關。面對這個問題，首
先需考慮到兩個相當一般性的正義原則。即按個人的功過（desert）
與需求的（need）原則。質言之，就是社會資源的公平分配是基於
功過或基於需求的原則之上，無論我們採取那一種的分配原則，明

顯的，都會導致各種不同的分配。因而，依海耶克學派的人認為，我們應把各種不同的分配原則，採取其公平分配的不同特性去界定，所以，採取依功過原則作分配或依需求原則作分配，那祇是道德觀點的不同而採取分配原則的不同而已。因而，什麼樣的人可以被認為他可以獲得其應得的，最後將端視其不同的道德價值和人性的不同概念而定，如格雷（John Gray）對海耶克論文有關這方面的觀點做如下有力的陳述：

> 海耶克的第一個觀察心得是不是所有的需求或功績（merits）都可以彼此用同一標準作比較的……被指責依據需求作醫療保健需求的官僚權威當局，從病患者對醫療需求曲線的立場觀點，在這樣無法用同一標準計量比較需求之間作選擇，將無可避免地會造成無可預測地與武斷地行動……分配可以由這些主觀的與天生就具有爭執性的觀念所支配的理念反映出當代思想的不切實際……企圖要強加任何其他原則於自由人的自由交易之上，包括強課一種目的與目標層系（a hierarchy of ends and goals），需求與功過種種判斷的一個等級分配與一個規則，關於此種情形沒有共識存在於我們的社會之中，及沒有理由去假定這種情形可以達成（Gray, 1984：73）。

如此可知，一方面要依功過與另一面要依需求之間作選擇是一種道德的選擇，而在做了選擇之後，仍然有種種的困難存在，因為假如我們贊同（支持）按功過作選擇，就將沒有共識的功過說明標準存在，同樣地按需求作選擇亦是如此。因而這些名詞的條件狀況僅可於人性與人的目的做一明確的說明，方可理解，而諸如基於這些基

礎之上對於分配資源的種種規則將是目的依附（purpose-dependent），所以，對於這樣的種種目的並沒有一致的觀點。由此可知，任何要使分配的正義在社會中獲得保障的任何企圖，依海耶克的觀點，由此將無可避免地會於一個自由的社會中發生兩個不良的結果，首先要尋求去獲得一個個別的正義分配中將意指，和人種種目的有關的一套價值將賦予社會中的某些人一種特權而超越社會中的其他人，這和一個自由派與自由社會之中其目的多樣性的被承認是無法相容的。第二，因為這樣的社會將會有缺乏這些價值的明確與評估標準發生，在反映社會與道德多樣性的社會中，企圖依據這些原則準繩中一個或另一個去分配財貨與所得將是一個非常不確定，而且非常艱難的工作，況且將會有很多的分配權力掌握在很多官員之手，他們必然會以一種武斷的處理方式去運用這種權力，由此可知，這種理念是如此的模糊不清與不確定。例如，以醫療保健的需求為例，我們可以想像的到，這樣一個政府基金的全國保健署（a government-funded National Health Service）就是基於和社會主義相同的需求觀點即為了滿足這些需求，他們對社會的資源產生進行分配的權利，設若他們無法滿足這些需求的話，那凡是生病的病患就將忍受一種不正義之苦。依海耶克的觀點。這樣的需求，無法與任何的決定因素發生關聯，及因為基於這種觀點，所以，我們沒有辦法以理性的方法使一個人的需求與他人的需求發生相關聯。因為醫療的需求是無法用同一標準作比較或估量的，因而在缺乏資源的情況之下，就沒有方法去衡量究竟是這一組需求或那一組需求來的重要，而值得做為分配原則的依據。由此可知，依據需求分配醫療保健被指責的官僚權威當局，將無可避免地會依據那無法用同一標準作比較或估量的病患需求曲線武斷地做為其決策行動的根據（Plant,

1991：84-85）。相同的情形亦會發生於教育、福利與國宅需求的領域。所以，依海耶克的觀點，這種依功過或需求原則作為社會財富與資源分配的依據會對社會造成不良的影響，會使社會公民的種種期望受制於一種高度不確定的生活狀況之中，與會使人民對官僚們相當武斷的權力屈服或讓步。這種武斷並不是偶然的，它將會使國家中的某一地區，或某一群人，或某一階層的人，獲得社會正義的利益。

　　依此論點，可以被通則化成，一旦社會正義的種種要求被接受的話，政府就會變成一個專制或極權的政府。在這種情形之下，政府就會被要求在個人與團體之間對保障公平的地位負有責任，而政府亦會被涉及透過所得分配的政策，以保障個人獲得公平的報酬。無論如何，假定若依前述的論點，要對社會正義作種種的判斷，若沒有客觀的與確定的標準作依據，依海耶克的分析，那將會發生利益團體以社會正義的名義去使用種種的措辭，以粉飾他們的種種要求，因而正義的角色在社會中將變成如休謨所謂的私人利益之間，為了獲得他們自己有關政治上可接受的按他們的功過或需求的主觀觀點之勝利而競爭。在缺乏有同一標準的政府作為中，如以過去死守原則或規則不知靈活變通的官員為例，他們依據個人的憑斷，做為反應利益團體種種壓力的模式。如此，假如我們接受利益團體給予政府種種壓力的理念，那超過全國人口百分之五十以上的人參加任何團體或團體聯盟，那就會造成該團體去使用它的壓力於政府身上，以產生刺激或反應，以奪取其他沒有參加團體者的權力或利益。而這種壓倒性的優勢團體勢力也將會被削減，因為沒有參加團體的人亦會嘗試去形成種種團體或暫時地加入多數的新團體聯合，以對政府產生壓力或刺激。如此，社會正義與利益團體的結合，

將會造成以上所述的惡性循環，而使社會動盪不安。而且只要政府被視為在社會正義中可扮演這種舉足輕重的角色，利益團體之間的這種利益衝突也將會發生於國家的某一地區，某一階層，或某一群人之中，就如麥克恩崔（A. MacIntyre）所指出的，政治就變成以其他手段以從事市民戰事的主要問題。同時，政府的行動就會被凡是感覺到他們的主觀願望未被政府適當重視的人，產生憤恨，因而會尋求去破壞盛行一時的社會正義體系。此時，就如海耶克所言：

> 社會已完全地變成我們抱怨的新對象（new diety），而大聲疾呼要求重新調整或匡正，假如它不能實現它已提出的種種期望的話（Hayek, 1973：69）。

對海耶克而言，這種觀點的最可取為舉證範例，也許可從 1960 年中期以來英國經濟體制中所得政策所採取的狀況為例。在這段時期，縱然當時的英國有法律的制裁威脅為背景，但英國的所得分配政策已無法持續執行下去，因工人的各種團體認為政府沒有依據他們的主觀意願獲得他們認為公平的報酬，因而各種勞工團體都致力於透過所得政策的分配以改善他們的待遇。基於這種觀點我們沒有方法去衡量在政治領域方面一位護士的公平待遇，如何和一位教師或一位麵包師的待遇比較，才算公平合理。因而，若要屈服於一個團體的觀點，那它就應該是一個特例，那將對恨憤的增加或產生方式打開開放之路。所以，依海耶克的觀點要去決定所得與政治上的地位的意圖將會導致政府的武斷與無法駕馭的可能性。因而諸如這樣的種種決定最好是聽任市場機制的運作。如此，這種自發市場過程的結果，既非公平亦非不公平（neither fair unjust），政府或政治的角色（作用）由此即在於支持正義的競爭與地位（to hold the ring and the place of justice）依此這是在於阻止個人的強迫，而不在於阻止對團體與個人保障一個公平結果的一種政治意圖。

海耶克認為現代社會正義的理念，有使自由的秩序轉變成為一種極權主義組織之虞。一個國家在利益競爭概念之間居於中性地位的自由派社會（liberal society），由兩個觀點所組成；一方面有一抽象的法律，這法律將使個人獲得最大範圍的自由及使個人的自由免於互相的強制與使一個自由市場不受社會正義的分配原則所限制。依海耶克的觀點這樣的發展在現代社會中從邏輯上推斷，會形成對利益概念多樣性與無法用同一標準做比較或估量的認知，及對人類目的範圍的認知，所以，一個政治社群肩負著提昇某些特殊人類美德的理念必須放棄；反之，自由的個人可以以他們自己的方法追求他們自己利益極大化的理念必須受到支持。

社會正義理念的訴求，依海耶的觀點，是社會主義的核心概念，因為他瞭解社會主義原動力，即訴諸於所得與財富進行公平分配的訴求。所以，依據社會主義既有理念就是對生產工具社會的與公共所有權的關切，換言之，就是生產工具進行國有化，社會化或公有化的形式，可使社會中所生產的種種財貨，獲得一種更公平的分配。而邁向社會主義的另一途徑或過程，就是透過課稅與政府的提供福利來達到這個理念。所以，依海耶克的觀點，社會正義的理念已導致在古典自由主義之內與已受社會主義影響的現代政府原則（modern doctrines of government）之內，其政府與政治角色之間有重大的差異。因而，海耶克說：

> 當新社會正在於滿足對「社會正義」的種種要求之際，前者（古典自由主義）受到公平個人行為諸原則之管理或換言

之，即前者要求依賴個人的公平行動，而後者（受社會主義
影響的現代政府原則）越來越多把正義的責任置於具有權力
的權威當局身上去支配人民去做什麼（Hayek, 1973：69）。

由此可知，基於社會正義為基礎的社會主義有恢復一種實質政
治社群（political community）理念的期望，但是這種理念無法和自
由派社會的自由與多樣性相容或比較（Plant, 1991：74-80）而所謂
政治社群就如麥克恩崔所言：

> 政治社群的觀念，如同一個共同的設計一樣，和現代自由主
> 義個人主義的世界不同……我們沒有政治社群這種形式的
> 概念，如亞里斯多德（Aristotle）說政治（politic）與生活的整
> 體有關，與這個或那個無關，但與諸如人的善有關（MacIntyre,
> 1985：156）。

當麥克恩崔在這一段說到我們時，他意指西方世界—即因為這
種設計（規劃）在世界大部分地區並沒消失。共黨國家與依斯蘭教
的基本教徒兩者即從事於這方面的設計或規則。而自由主義基於道
德與國家中性的理念，而放棄追求政治社群的理念。

因而，海耶克解決問題之道是我們應該放棄社會正義，逐漸成
長的干預與官僚化的追求，隨之，把問題由報酬、所得與財富的分
配轉向市場。海耶克認為市場的力量是一種非人的力量（impersonal
force），它的結果是無意的。所以，依此觀點，市場就不能變成為
吾人憤恨的對象或目標，反之，此是政府有意的行為。

> 我們對市場不公平的結果之種種抱怨並不可真正的斷言有
> 人不公平；與對誰有不公平的問題，沒有答案……沒有個人

> 與沒有合作團體的人反對忍受者（受害者）有一種公平的抱
> 怨，無法想像的，公平的個人行為的種種規則在同一時間，
> 既可保障一種功能性的秩序，亦可阻止這樣的挫折（Hayek,
> 1973：69）。

其結果，海耶克的論文有一種很強的市場角色主張，而反對政府的干預或管制，與反對經濟生活的政治化，此即是社會正義致力於海市蜃樓追求的一種結果，是一種幻想。

以一個市場機制的優越性做為反對「分配的政府」之進一步論點是按個人長處或按個人功過（merit or desert）進行資源分配的任何社會正義的制度，將破壞按報酬與服務以獲取其應得之間的連鎖關係，此即是經濟效率所必要的。假如人民依他們的長處或需求獲得其報酬，而不按他們對他人服務所付代價的多少，獲得其應得，此即是毫無經濟效率可言。例如：A 與 B 對一位顧客提供相同的服務項目，A 服務的相當好，而 B 服務品質相當差，但是，若我們假定按功過或需求的原則 B 是比 A 大，如此遵循一個或另一個社會的正義原則 B 的所得會比 A 多，這將會導致經濟效率的降低。像這的案例即是基於非常實際與強烈的道德訴求，而放棄公平報酬的尋求。

依以上的探討，理解海耶克的觀點可知，尋求社會正義的政府是不正當的；這樣的政府追求一種含糊的與最後的目標，即社會中沒有一致同意與沒有立基於任何理性基礎之上的目標，而這種目標的追求卻要求強課社會財富、資源與所得的分配立基於個人長處，功過或需求的正義原則之上。總之，以此方法去抑制自由市場交易與進行社會財富重分配的企圖，會有使自由秩序轉變成一個極權組

織之虞。無論如何，為了使他的理論令人信服，海耶克必須去討論有關市場秩序的正當性，與市場秩序的建立有利於社會處境不利或社會弱勢的成員。由此，海耶克必須進而討論有關市場的分配優於政治性的分配，特別是有利社會處境不利的人，他依據經濟成長的理論去說明成長所獲得的財貨，財富與所得是依自由市場經濟進行分配，他採取一種動態經濟不均等發展的理論觀點，以梯形上昇或慢慢下降（echelon advance or trickle down）說明經濟成長，而這種的成長是一種創新或革新（innovative）的發展。創新需要富者去提出新產品的需求，俟富者有消費剩餘之際，一般的消費者就有能力購買與消費。質言之，就是以富者提供市場產品需求為條件，以空中旅行、電冰箱與電視機等產品為例，這些產品發展與生產，首先以富者的消費為主，這種產品的發展與生產逐漸地「慢慢下降」普及到一般消費者或其餘的人口。這種以富者去刺激要求新產品的需求，然後普及到一般消費者的說明，就是一種消費量的梯形上昇。總而言之，富者今日消費的產品，明日將是越來越多人民所消費的產品。

　　由上述提供富者產品需求，使產品的消費「慢慢下降」，普及至一般消費群眾，接著消費量的「梯形上昇」，這樣產品與不斷創新的說明。依海耶克的觀點，若要減少不平等的發展，以追求社會正義的海市蜃樓將會影響到一個國家的經濟成長與一個國家人民的創新能力。

　　綜合以上所述可知，海耶克所謂社會正義這個概念是毫無意義的。他說；「正義是人類行為的象徵。」（Hayek, 1973：chapter II）一個社會不可能是公平的或不公平的。如果限制自由只是為了平等的關係，那麼對於社會財富，資源與所得，如何分配才算真正的公

平，當然會引起不同的爭論，海耶克比羅爾斯更進一步地把正義的追求降格視為只是一種程序（procedure）的追求。由於他不給予社會公平或不公平做名詞的界定，反之，他使用一種程序來取代之，經由這種程序來獲致一個人所意欲的正義，而與自由兼容並蓄；他認為唯有這樣，才能使機會變最大，使每個人都能根據他的知識以及他對本身利益的認知，來追求他個人的利益。海耶克相信其他任何的途徑都會導向極權主義（Hayek, 1973：chapter II）。簡言之，他對問題的解決方案是將政府的權力限於最小的範圍之內，而將最大多數的社會安排（Social arrangement）看作是一種自發秩序的結果（Hayek, 1973：chapter II）。以不具人格的或非人的（指市場）決意取代了具有人格的（指政府）安排或決意。就像某些物理現象阻礙我們飛向月球一樣，因而我們不能把這些情況都看做是干涉到了自由。總之，在一個龐大複雜的社會中，由於我們對希望獲致社會正義的立法所需預估的種種事實無法獲知，再加上我們對於每個人所追求的目的亦無法獲知，因此，希望透過國家或社會立法與經由徵稅手段來進行國家或社會財富與資源重分配以追求社會正義的任何方法都祇是弄巧成拙與幻想而已。

　　雖然海耶克的理論不會招致自由與平等之間的緊張關係，但是，他承認他的理論與大多數人對正義的直覺大相逕庭。在實際上，也祇有等到大多數的人被他的理論所說服而接受它為止，這樣自由與平等之間緊張狀態才能被消除。但是，他堅信目前很多人對社會正義理念的誤解，是基於一種幻想或一種謬見。他承認一般性正義理念只有在很小的，面對面的團體，像一般家庭的場合才是適合的，因為在家庭中，所必要的資訊是容易獲得的，而且也是人類心智所能包容的──至少在可容忍的範圍之內。但是在龐大複雜的

社會中，情形就大不相同了，因此，同樣的原則就不能做同樣的適用（Hayek, 1973：chapter II）。

依個人的研究，我認為海耶克似乎與羅爾斯一樣，都是在盼望不可能的人類自然天性出現，他忽視了人性中雙重矛盾的情感。而這種雙重矛盾情感的來源——來自人類在事實上不但是很小社會中的成員，同時也是較大社會中的成員。但是，社會並不是正好一分為二，而成為兩個可以絕對區分的社會，我們是社會的成員，它的範圍小至家庭，而大至全人類的世界，在其間還有很多無法計數的中間型的各種團體或集團在內，當我們對平等的關懷與同情，在較大的人類團體層次中逐漸的冷淡後，我們會對一種較為顧及自己利益，而對自由加以關懷的傾向就會逐漸的提昇。當然，我們都熱切的期盼我們社會或政治不希望被某些因他們的能力與運氣而取得財富及權勢者的控制，所以，可能會促使我們對平等的理念提昇到一種重要的程度。但是，反對這種平等的緊張關係與人性雙重矛盾等這種事實依然存在。無論海耶克對社會正義的理念之觀察是如何的正確，或有許多的創見或解釋力，但在個人看來，他的創見與羅爾斯、諾錫克對正義理論的創見一樣，雖然，他們的理論是針對當代的政治與社會問題，提出很多的理論創見，但是，當代社會的人們，由於他們一般的心理狀態與現實事實，對於這些理論創見無法完全接受時，這些理論創見，就往往沒有辦法達到預期的目的。

但是，海耶克的理論中仍然有一項創見-即是我們如果越擴大政府活動的角色與範圍，我們就越易招致對自由與平等需求間日益擴大的緊張關係。如果我們以犧牲自由作為代價，去尋求條件的平等（equality of condition），而超越了一種經由社會正義的應用而達成重大的一致意見時，這種自由與平等的緊張關係就會越顯著。

第四節　結論

　　海耶克從消極自由的觀點，來界定自由的概念意義就是免於強制。海耶克強調免於他人的強制與免於國家強制的觀點，是堅持基於如托克維爾（Adexis de Tocqueville）與艾克頓（Lord Acton）一樣的傳統，由此，海耶克和曼德維爾（Bernard Mandeville）和亞當·史密（Adam Smith）一樣，強調演進與自發秩序有益於社會的結果，而自發秩序的形成，是由於社會中的成員服從社會的某些行為規則，自然而然形成一種自然成長的秩序。而這種自然成長秩序，海耶克堅信祇有在自由的社會與制度之下才得發展。

　　由海耶克依古典自由主義界定自由與個人主義，而導出對自由之尊重，並且也由此體認到個人自由是創造社會進步的原動力，因而在現代自由主義的理論爭辯之中，海耶克正是代表透過典古典自由主義的重建，以展現其在二十世紀的思想活力，並由此論證正義是在於儘可能的保證每一個人得以以他或她的方法追求利益而免於他人的強制，與防礙他的自由。

　　在法治思想中，海耶克雖然沒有哈特（H. L. A. Hart）、杜爾金（R. Dworkin）與艾克曼（B. Ackerman）等法律學者在法學上的成就，但他的法治觀點，卻從法治、自由與民主政治三者之間的關聯論述，他基本上延續西方古代以來自然法的傳統（雖然他避免使用自然法的概念），強調國會立法之上應有一更高的超立法原則，做為立法之原則的衡量標準。超立法原理乃是符合社會的自然秩序，而為自由社會之憲政，法治之原則。在此一意義之下，才是真正的法治。因此，就個人自由的保障而言，法治是第一要義，而民主則

是第二要義，換言之，祇有依循真正的法治原則運作的民主政治，才足以保障自由，締造自由的社會，這樣的社會，才是正義的社會。

在自由社會中的正義論述中，他對社會正義的觀點，和羅爾斯、諾錫克、艾克曼、與吉爾斯（A. Gewirth）等現代自由主義思想家的觀點有所不同。海耶克堅持古典自由主義的觀點反對現代自由主義者傾向於企圖透過政府或社會的立法進行社會資源與財富的重分配，以達到平等價值的實現，因而在海耶克的堅持自由理念之下，對現代社會正義（social justice）、經濟正義（economic justice）或分配正義（distributive justice）等訴求，抱持著完全否定的態度，他甚至使用「海市蜃樓」（mirage）與「毒害的語言」（poisoned language）等最尖銳的言詞，來批判與駁斥社會正義追求平等的訴求。

第三章　麥佛森的「經濟正義」

　　「經濟正義」一詞，在現代的政治思想家中，首先出現於加拿大，多倫多大學的政治學教授，麥佛森（C. B. Macpherson）的著作〈經濟正義的興起與沒落〉（The Rise and Fall of Economic Justice）一文之中（Macpherson, 1985）。他的著作，就像當代的許多正義理論家，諸如羅爾斯《正義論》（A Theory of Justice）（Rawls, 1971），杜爾金的《嚴肅地享有種種權利》（Taking Rights Seriously）（Dworkin, 1977），波斯諾（R. A. Posner）《法律的經濟分析》（Economic Analysis of Law）（Posner, 1979），與諾錫克的《無政府狀態、國家與烏托邦》（Anarchy, State and Utopia）（Nozick, 1974），與彌勒（David Miller）的《社會正義》（Social Justice）（Miller, 1976）等著作一樣，對正義的界定與分析，及訴求的目標，不僅各有他們自己的方法與研究領域，而且各有他們自己的觀點與理念，以解決當前社會的分配問題。換言之，就是在於解決社會中每個人「應得的」（due）問題。例如，彌勒（David Miller）的《社會正義》一書中，就提出他的社會正義原則：即依他的權利給予每個人；依他的貢獻或功過給予每個人；依他的需求給予每個人（to each according to his right；to each according to his desrt；to each according to his need）（Miller, 1976：20），來做為判斷給予每個人他應得的標準。而麥佛森亦提出「經濟正義」，來解決有價財貨與可欲物之分配與交易是否符合給予每個人其所應得的原則。由此推論，麥佛森的「經濟正義」一詞，意含相當廣泛，其範圍含蓋經濟問題，倫理問題與政治問題等面向（Macpherson, 1985：2）。

　　麥佛森和前述當代政治思想家，或正義理論家不一樣的是，他是一位急進的政治思想家，其急進主義幾乎可與馬克思主義相提並論。所以，許多人稱他為馬克思主義者，而僅有馬克思主義者說他是一位真正的自由主義者。質言之，麥佛森的急進主要是表現於對自由派民主（liberal democracy）理論基礎與實踐，採取了批判與反動的態度，來關切當前世界的民主問題。他堅持認為政治理論家的任務在於闡揚社會思想傳統與社會變遷的相關性。他的目標是在於擴大所謂的「人文主義的政治科學」（humanistic political science），以有助於重建政治系統的道德根基，（Macpherson, 1961：106）而非單純地作觀念性的分析而已。因而，行為主義盛行後美國政治學的主流所強調的「價值中立」、「經驗研究」、和「科學化」，並不是麥佛森所希冀追求的目標（Macpherson, 1980：170）。所以，麥佛森在評論李奧・史特勞斯（Leo Strauss）的政治理論時道：「凡是拒絕探討觀念與社會變遷之間關係的人，即是以為政治理論，或政治理論史學家的問題，只是在做觀念的研究而已，而非社會的變遷面」（Weinstein, 1975：61）。進而他認為，如果遵循史特勞斯的研究途徑，「將導致人文主義政治科學的衰微」（Weinstein, 1975：61）。由此，麥佛森認為，重估政治理論的學術目的，是在於幫助我們認識到在我們運用傳統理論時，所應注意的界限與可能性（Weinstein, 1975：61）。麥佛森在試圖釐清自由主義和其思想的界限和可能性時，發展出具有特性的分析方法。這種分析方法，使麥佛森有一個廣大的民主理論視野，而認為自由主義的民主只不過是一個特殊的個案研究而已。他將此民主政治的一般理論納入於當代人類的境遇之中，並針對如何把目前競爭的社會秩序轉變增強具有創造力的自由（the enhancement of creative freedom）社會，提供了

一些轉化之道。因此，我們可以說，麥佛森是一個總體性（in the grandstyle）的理論家。

　　依此分析方法，麥佛森在《私產式個人主義的政治理論》（*The Political Theory of Possessive Individualism*）一書中，分析從霍布斯（T. Hobbes）、洛克（J. Locke）到現代二百餘年間政治理論與政治制度的發展過程，在私產式的個主義（possessive individualism）之下，自由派的民主政治（liberal democracy）與市場經濟的運作和互動關係，並指出自由派的民主政治係發軔於十七世紀私產式個人主義所持有人性觀與社會觀的假定之上（Macpherson, 1962：264-276）而這樣的人性觀與社會觀的假定，不但無法為自由派的民主所宣稱的自由做有效的辯護，而且亦無法為自由派的民主提供進一步的改良。因而，使西方近二百年來政治理論的主流，在私產式的個人主義主導之下，乃然沉溺於「自欺欺人的任務之中」（Macpherson, 1973：203）。本文將從上述麥佛森的立場與觀點出發，對麥佛森的經濟正義一文，作如下的研究。

第一節　經濟正義概念的興起、衰微與再興

　　在探討經濟概念的形成中，首先麥佛森就聲明，對於經濟正義的興起，係採取臆測的研究途徑（speculative），但是，這種臆測，若是基於歷史的根據，就不完全是隨機的（random），而無事實的根據（Macpherson, 1985：1）。質言之，麥佛森係以歷史的事實為根據，去掌握社會、與經濟發展的脈動，觀察二者發生相關性的變

遷事實，指出這種相關性的變遷不僅是經驗的，而且是互為因果的關係。換言之，就是有時候社會與經濟的變遷會造成經濟正義概念地位的改變；反之，有時候是經濟正義概念地位的改變迫使社會與經濟亦隨之而改變（Macpherson, 1985：1）。

依此種因果關係，吾人可從西方社會與經濟的變遷中，探討經濟正義概念的興起，沒落與再興。

一、早期經濟正義概念的興起與發展狀況

依麥佛森的觀點，在早期的社會中，並沒有文獻資料可顯示有經濟正義概念的存在。例如，在紀元前十五世紀的摩西的法律（Moses Law）。那是一個純樸的畜牧與農業社會，該法典就說明那社會中已有了土地與土地產物、房舍、羊群、牛群、家畜、奴僕、與金和銀做貨幣使用的私產。摩西法律禁止盜竊行為、貪婪、與錯誤的度量衡；規定公平地對待受雇的僕役，與對逃脫的僕役給予提供保護；規約債務與高利貸的關係；然而，摩西的法律，卻和我們所謂的經濟正義概念沒有絲毫的關係。又如，紀元前二千至三千年，中東的帝國與王國的高度文明，是基於農業社會的安定，因而這種文明的社會維持了大規模的商業關係與實質的商人階級，並擁有精心製作的法律寶典（legal codes），如漢尼拉比的法典（the code of Hammurabi）在紀元前 1750 年的巴比倫，它詳細記載有關出售、租約、抵押等法律，但亦缺乏任何被承認的經濟正義概念存在（Macpherson, 1985：1）。

依麥佛森的研究指出，經濟正義概念最先清晰地出現於紀元前的第四世紀，首先由亞里斯多德提出簡單市場與先進市場的區分。

前者是家務或簡單的市場經濟體制，進行財貨的生產與交易；而後者其財貨的交換由商人使用貨幣資金進行買賣交易以獲取利潤，以增加他的財富。這種先進的市場體系，係以貨幣為交易的起點與目標（Money is the starting-point and the goal of exchange）。亞里斯多德目睹他所處的社會已從簡單市場邁向先進市場經濟體制的發展。因而他強烈地指責先進市場的經濟體制是破壞社會善良生活（the good life）的因素。所以，他認為先進市場的經濟體制是人為所造成的，其毫無限制的財富累積過程，會使先進市場的經濟體制成為替代善良生活的一種手段，藉此手段使某些人以犧牲他人利益為其代價，獲取更多的利益，這種先進市場的獲利方式是不公平的，或不正當（Macpherson, 1985：5-6）。

在亞里斯多德的正義原則中亦有經濟正義概念的兩個分支淵源，即交易的（Commutative）與分配的（distributive）的正義。這兩種正義概念都淵源於中古的歐洲。交易的正義——要求以公平的價格進行交易。但是，這種公平的價格屈從於每種商品生產者依他職業或技術地位習慣上所享有的報酬比例。這種比例，即是其價格係由社會所決定，而沒有預留市場決定的空間。這種交易正義所關切的是生產多少，即是，生活物質的手段（工具）值多少錢，每個交易者依他的生產或勞力獲取其報酬（Macpherson, 1985：6）。

分配的正義——社會全體公民中整個生產分配的正義，至少要求每個家計單位對善良的生活應該有適當收得的要求。分配正義，就像交易正義一樣，其所關切的是由商業資本所產生交易新關係的結果。亞里斯多德對商人累積財富的關切，是因為商人累積財富的結果改變了交易的關係，而由此改變了所得的分配：由此財富累積

的結果會使人民的生計、物質的消費手段陷於危機之中（Macpherson, 1985：6）。

　　總之，亞里斯多德被視為是想把早期傳統社會的道德標準引用到一個公平先進的市場社會中。但是，他未能說服當時的統治者，或公民去扭轉市場所造成資本累積的弊端。所以，依麥佛森的研究，認為亞里斯多德已確實地觀察到希臘城邦國家各種積弊的根源是由於市場已從社會習慣的種種束縛中獲得自由所造成的。因而亞里斯多德引進傳統社會道德的做法，不僅在於抵制市場經濟的侵害，而且是在創造與敦促經濟正義理念的產生（Macpherson, 1985：6-7）。

　　然而，亞里斯多德經濟正義的理念，一直到西元的第十二世紀末再度出現，那時候歐洲正處於封建的社會之中，當時的理論家，阿奎納（Thomas Aquina），亦致力於經濟正義問題的探討，依他的觀點，交易正義即是要求諸物的交易應該是等值的（be of equal value），否則就是欺詐的行為。而公平的價格，即是給予生產者按他的社會身分地位與技能給予他的勞力提供適當的報酬。換言之，就是個人付出多少，即應該回收多少，此乃符合交易正義的要求。對於商人以低價買進高價賣出獲取利潤的正義問題，阿奎納似乎是比亞里斯多德持著較溫和寬大的觀點，他認為商人貿易獲利的行為，假如其獲利程度不超過商人的勞力付出，或商人投資的風險與運輸的成本中獲取適當的報酬，是被認可的。然而該認可的基礎是這樣的貿易對家計單位與社群可能是有利的。由此可知，阿奎納對貿易獲利的正義端視按照習慣的標準是否適度的公平而定，及按貿易是否潛在地對家計單位與社群有益而定（Macpherson, 1985：7）。

中世紀的市場經濟尚未完全成形。所以，社會的生產與交易組織或機構仍然隸屬於社會的種種目標。因而使這些組織的形態似乎是在於為了防止完全市場的接收而建立。因此，在中世紀對於交易行為與從交易行為中獲利的兩種概念已獲得釐清：即商品從較少需要地區移送到較多需要地區所獲的利益在倫理上是無可非難的（unexceptionable），這種貿易方式是有利於貿易的雙方。反之，由於優勢的交易地位所獲取的利益，如以高利貸與獨占價格的種種安排，是被禁止的，這些不當的獲利係由於佔了差別權力或力量之便（took advantage of differential power），而犧牲了較弱的一方。所以，依麥佛森的研究認為，中世紀這些主要仰仗教會支撐的經濟正義原則，直到中世紀末，在防止市場規避傳統社會秩序的種種束縛上，雖已發生了某些成就，但最後仍敵不過市場經濟的不斷擴散（Macpherson, 1985：7-8）。

二、經濟正義的衰微

經濟正義的衰微是由於西元 1651 年霍布斯（J. Hobbes）《巨靈篇》(Leviathan) 的發表。依霍布斯的著作內容顯示，雖然他不是商業秩序的支持者，但是他卻目睹到經濟正義衰微的現象。雖然，交易正義要求諸物的交易依等值而交易，但霍布斯卻把所有物品的交易依契約所訂而給予的價值視為是依據立約者的慾念做評估（is measured by the Appetite of contractors）：依此所謂公平的價值（just value），係依立約者的慾念去給予之（Macpherson, 1985：9）。由此，依此等值的定義，所有市場的交易，其交易價值是依交易者慾念所認定或評估的等值。而分配的定義要求一個社會的生產應該依人本

身各種條件，長處、才幹作對稱（in proportion to men's merits）的分配。然而，在一個完全市場的社會中（in a full-market society）沒有一個可以衡量個人本身各種條件、長處、才幹的標準，使市場可按此標準給予他對稱的報酬：如霍布斯指出，價值或一個人的價值就如所有其他的物品一樣，他的價格；即是說，就如賦予他權力（力量）使用之多少而定（so much as would be given for the use of his power）（Hobbes, 1929：151）所以，任何實際的分配依此定義界定是依每個人本身條件、長處、才幹做對稱的分配，依此原則，就是公平的：它不能由任何非市場的標準來做判斷。

依麥佛森的研究指出，霍布斯對經濟正義的所持觀點即成為日後所有自由派理論家的準繩。因而，洛克在經濟正義方面亦同意霍布斯的觀點，所以，洛克很明確指出市場的價格是公平的價格，而且他更進而主張任何商品的個別部分(any particular parcel commodities)可以由同一個商人以不同的價格同時在不同的市場作公平的出售（Macpherson, 1985：9）。而此時期，經濟正義的衰微是由於在大部分的先進國家中其市場性質的改變所致，即人的能力與技能，或人從事生產的工作能力，可以正常地在市場上出售或可以在市場上買賣。那時候，勞力本身，如霍布斯所目睹的，它已變成一種商品，它的價格是不具人格的市場（impersonal market）來決定（Hobbes, 1929：295）。

有某些傳統社會價值護衛者的行動，發生於英國，使英國的都鐸王朝與斯圖亞特王室（Tudor and Stuart）的政府企圖以土地圍牆的限制，以薪餉與勞動契約的規約，和各種的條款規定去抵制市場的擴大，以保障勞力免受市場物價波動所造成不良影響。然而，在

政治理論與經濟學兩方面的主流理論，從十七世紀以後，都沒有關切到經濟正義的問題（Macpherson, 1985：10）。

依麥佛森的研究，在十九世紀初期有某些急進的理論家，如所謂理查派（Ricardian）的社會主義者，如霍德斯金（Thomas Hodgskin）、湯姆森（Thompson）、布雷（Brag）在 1820 年與 1830 年所寫的著作，依據當時經濟正義條件狀況，探索分配與交易的不公平行為（Macpherson, 1985：10）。在 1875 年德國的社會民主主義者，在他們的 Gotka 計劃中，亦提出分配正義的狀況。但是該世紀最急進的理論家，馬克思認為所有理論基本上是被誤導，因為所有的理論僅注意到分配的關係，或銷售的問題，或交易的問題，而忽略到生產關係的探討。所以馬克思對「通俗社會主義者」（vulgar socialists）的尖銳抱怨是他們只關注於所得分配的問題，而對整個社會生產做「公平分配」的需求則是空洞的（Macpherson, 1985：10）。

在自由派的主流理論——政治經濟學與政治理論——從十九世紀到現在，大部分仍然無法影響到經濟正義的概念。十八世紀與十九世紀的古典政治經濟家有興趣於分析什麼決定一個國家每年的生產分配？是土地擁有者，或資本主義的企業家，或工人？因為他們相信自由競爭市場的分配理論。所以，他們就不依經濟正義的條件討論分配的問題。十九世紀後期，由於政治經濟學轉注於現代經濟學的探究，而放棄階級分配的問題。所以，依麥佛森的研究指出，後來自由派的理論家大部分已疏忽了經濟正義的理念，因為他們信賴市場的運作。如在我們這個時代最受稱讚的正義理論家，羅爾斯的《正義論》，致力於建構分配的一般原則（a general principle of distribution）。這種分配的一般原則在於辯護任何市場的社會被限制於去造成生活階級差異的正當性。依麥佛森

的研究認為羅爾斯的理論的確是分配正義的一般理論。但它幾乎無法被認為是經濟正義的理論。因為它從被分離的個人聲言要求，而不是從社會成員的個人聲言要求開始（For it starts from the claims of dissociated individuals，not of individuals as members of society），而假定極大化的行為是個人天生的，或基本的屬性。由此，經濟正義概念的純正標示（hallmark）已成為它的假定，即假定社會的規範與倫理的價值應該凌駕於不具人格（非人的 impersonal）市場價值之上，或不受不具人格的市場價值所腐蝕（Macpherson, 1985：12）。因此，羅爾斯的理論即要面對經濟正義種種標準的驗證，因為它欲使分配的種種安排隸屬於倫理原則的範疇。但麥佛森並不認為這樣的安排會受到支持，因為羅爾斯對所得再分配（重分配 redistribution）的總額提出一種嚴苛的限制，這種限制雖為倫理原則所允許，但是這種限制卻受到市場經濟的指引（Macpherson, 1985：12）。

再者，羅爾斯的倫理分配原則並不允許福利國家重分配的過分增加，如過分的加稅會妨害到經濟效率，而不利於我們這一代經濟發展的前景，因而使這一代社會最不利的成員生活無法進一步改善而日漸惡化（Macpherson, 1985：12；Rawls, 1971：286）。依羅爾斯的觀點，經濟效率的驗證（the test of economic efficiency）明顯地可被應用於競爭的經濟體制之中（Rawls, 1971：284），而且經濟效率的驗證在邏輯上必須是一種完全市場支配的經濟體制，在這樣的體制之中，增稅會對企業家產生負面反應，而減低整個經濟體的生產率。所以，經濟效率的驗證是資本主義競爭市場經濟體制的古典模型，在這種模型中不具人格的（非人的）市場力量決定投資與生產力。如此，羅爾斯的倫理分配原則就無法凌駕於資本主義市場

生產關係之上，反之，資本主義市場的生產關係會超越於倫理的分配原則之上。依此觀點，麥佛森認為經濟正義的分配正義已無法在自由派，或馬克思主義之中，受到有效的修正，而接受成為政治的理論（Macpherson, 1985：13）。

交易正義的概念，要恢復舊觀的機會亦已渺茫。依麥佛森的研究認為，交易正義已無法引起自由派理論家的興趣，在十九世紀交易正義出現於理查派（Ricardian）社會主義者的著作之中，他們對等值的衡量認為是同等勞力的投入，因而，他們依同質性勞力的條件做思考，而不依中古原則社會地位的勞動條件做思考：他們不求助於傳統層系的社會秩序，而訴諸於一個無產階級社會的構想。所以，交易正義無法令主流的民主政治理論產生令人銘心的印象。而馬克思亦以分配正義的同樣理由拒絕它。因而，交易正義，亦無法於十九世紀的種種理論之中獲得一席之地。

三、經濟正義的再興

經歷了上述歷史起伏的波動之後，經濟正義才在本世紀再度受到重視。分配的正義，從十九世紀後期開始，才為許多社會民主政黨所使用，並且更廣泛地被使用於二十世紀之中。很多的政黨採分配正義的原則，提出令人信服的政綱政策。而政府政策的受支持或受抨擊，亦都是基於這個原則的基礎之上。而交易正義的理念，亦已再次出現於諸如消費者保護的立法與不合理契約的公平原則之中。

依麥佛森的觀點，在西方二十世紀的社會中有三種變遷的力量，促使經濟正義再次出現（Macpherson, 1985：14-15）。

（一）最明顯的是工會、勞工與社會民主政黨的興起

　　工會、勞工與社會民主政黨的力量促使每個先進的資本主義國家去評估福利國家典型的種種標準，因為這些評估的標準，便是過去與現在經濟正義所訴求的原則。各政黨為了爭取選民的支持，因而都會提出經濟正義的概念，做為邁向執政的訴求。

（二）二十世紀資本經濟體制面對資本集中的發展趨勢

　　造成市場競爭的扭曲與衰微，在這樣的情況之下，經濟體制中就會有越來越多企業單位被合併，而形成少數幾個真正巨大的財團法人組織，累積龐大的資金以控制或支配市場的運作。如此就不能再說市場可機械地同等的對待買者與賣者，或不能再說每一次的交易是依正義做公平的交易。所以，依麥佛森的觀點認為，在二十世紀由於資本集中造成公司合併，市場獨佔的原因，使市場公平或完全競爭的日益衰微，促使交易正義的再興。

（三）由於市場性質的改變

　　市場已不再被預期與被認可，反之，被認為不適任於執行報酬分配的任務。所以，在先進的資本主義國家中，許多政府已介入與干預市場。政府雖然介入市場的分配，實質上大部分仍透過市場來執行，或由國家與財團法人組織透過市場的運作來執行分配，而不是受市場自發性機能的運作。

　　國家被迫去干預市場的原因,部分是由於有組織的勞工團體所產生的壓力,部分是由於要拯救該制度免於被毀滅。這些壓力的持續地發生,顯示市場的運作已被大部分先進國家、財團法人與有組織的勞力團體,廣泛地認為已無法勝任地去管理報酬的公平分配。總之,一個民主國家要達到真正民主的程度,它必須宣稱它的經濟政策是基於公共的利益:而最適合於公共利益的追求原則,對國家最迫切需求的原則,就是經濟的正義原則(Macpherson, 1985:15)。

第二節　經濟正義的功能、或任務與意涵

　　由於上述可知,經濟正義概念在歷史過程的形成中,經歷興起、衰微與再興的起伏中,和市場經濟的發展有密不可分的相關性,在市場經濟尚未成形或建立的時代,經濟正義的概念無由產生:由此可推知,經濟正義概念的形成是淵源於市場經濟的發展,一旦市場經濟成形,對社會傳統倫理,價值,生活造成衝擊時,交易與分配正義亦隨著時代的需求而相對的出現,而且依上述的探討可知每個時代或時期,經濟正義的興起都有其功能或任務需求。

　　從中世紀時代亞里斯多德目睹他所處社會,市場經濟對善良生活所造成的衝擊與危機,因而提出傳統社會道德或倫理原則,其任務在於抵制市場經濟的坐大,以創造與敦促經濟理念的產生。由此,即出現所謂的交易與分配正義的概念,使交易正義要求以公平的價格進行交易,其公平的價格取決於每種商品生產者依他職業或技術地位習慣上所享有的報酬比例。換言之,其任務是使其價格由

社會來決定，每個交易者依他的生產力或勞力獲取報酬。而分配正義，即社會全體公民中整個生產分配的正義，至少需求每個家計單位對善良的生活應該有適當所得的要求。

至中世紀，阿奎納時代亦致力經濟正義的追求，依他的觀點，交易正義的任務即是要求應該是等值的交易，其公平的交易價格是給予生產者按他的社會身分地位與技能給予他的勞力提供適當的報酬。簡言之，就是個人付出多少，即應該回收多少。總之，在此時代其經濟正義的任務，一方面要維持日益成熟的市場經濟活動合理化，另一方面則是以倫理的標準原則來限制或壓制市場經濟的坐大，以期使傳統的政治、社會和宗教秩序不致因市場的衝擊而崩潰。因此，麥佛森認為，經濟正義的概念興起於市場決定生產與分配的制度潛取了（encroached）政治決定生產與分配的制度。那即是說，經濟正義的概念，遠在私產（private property）、階級劃分，與國家出現之後（Macpherson, 1985：1）。由此可知，經濟正義的出現其任務在於反對市場侵佔傳統政治社會的一種抵制行動。

但自十七世紀以後，市場經濟不僅已成為西方先進資本主義國家經濟活動的主流，在理論上亦獲得自由派主流思想家的全力擁護，如霍布斯（Thomas Hobbes 1588-1979）的著作《巨靈篇》（*Leviathan*），洛克（John Locke l632-1704）的《政府兩篇》（*Two Treatises of Government*）與亞當‧史密（Adam Smith l723-1790）的《國富論》（*The Wealth of Notions*）等著作，都支持市場經濟（Clark, 1991：41-44）。因為經濟正義的概念無法與市場的價值概念相容。因而從那時候起，直到十九世紀中期經濟正義概念僅殘存於一小撮急進的思想家與工人階級的運動之中（Macpherson, 1985：1-2）。

經濟正義的呼聲因而遭到重創，甚至還被認為是阻撓歷史動向的反動思維。

　　從十九世紀中期以後到現在自由派思想家，雖然有斷斷續續的重振經濟正義概念的種種企圖，但仍然無法為經濟正義概念在理論界爭得一席之地（Macpherson, 1985：2）。然而，時至二十世紀之後，資本主義的市場經濟固然使人類的生產力空前未有的增加，但也日益暴露出市場經濟的缺點與失靈，而無法產生如海耶克所說自發性的市場機能（Hayek, 1967：85），因而，造成資本集中，企業併購，市場獨佔，社會貧富懸殊，勞資對立，社會動亂不安，迫使經濟正義的再興，促使政府干預市場，通過財富重分配的立法，消費者保護法，與公平交易法等。以縮短社會貧富差距，保護消費者的權益，維持社會各項交易的公平合理等都是經濟正義所發揮的功能。

　　從以上經濟正義概念的興起、衰微與再興的過程之中，我們已探究出經濟正義的功能，或任務需求，依此過程我們方可探討經濟正義的意涵。

　　「經濟正義」一詞出現於人類社會歷史的後期，在若干世紀之前幾乎陷於絕境，後經本世紀的若干修正，才出現今日的特徵或意涵（Macpherson, 1985：1）。經濟正義的意涵就如前述，是在處理人類「應得的」報酬問題，而對於經濟正義的訴求，有些學者，如信奉自由市場的自由派學者，海耶克對現代社會正義，經濟正義，或分配正義等訴求，抱持完全否定的態度，他甚至使用「海市蜃樓」（mirage）「毒害的語言」（poisoned language）（Hayek, 1988：106）等最尖銳的言詞來批判與駁斥社會正義追求平等的訴求，認為透過社會財富分配以達成平等的訴求，必須依持政府功能的擴大。如

此，其結果將必然地使國家逐漸接近成為一個極權主義國家（Hayek, 1990：212-13）。而限制人民的自由。按著彌勒（David Miller）亦說，經濟正濟的訴求只會強化國家的干預，並且使自由市場的機能受到威脅，而終必導致個人自由受到侵害（Miller, 1987：262）再如諾錫克亦認為，分配正義的要求只會使官僚化國家逐漸坐大而威脅到個人的自由，唯有干預最少的「最小政府」（Minimal state）才是唯一可以被辯護正當性的國家型式（Nozick, 1990：274）。

由此可知，有些學者認為經濟正義會使自由市場經濟與個人自由受到限制。而依麥佛森的觀點，經濟正義概念的興起也是政治單位為防範市場進一步侵佔而產生的防衛機制（Macpherson, 1985：1）。因此，經濟正義的興起是對市場經濟的一種反動，而經濟正義概念的糾正標記是認為社會規範和倫理價值應該凌駕於不具人格的市場價值之上，而不應該被市場價值所腐蝕（Macpherson, 1985：12）。再者，就經濟正義的分配正義而言，由於個人自由與自由市場經濟造成社會財富的集中與貧富的懸殊，此時分配正義就得考慮或關切平等的問題，以平等來限制個人自由與自由市場經濟的坐大，如羅爾斯就以康德的先驗真理（Kants a priori truth）擬想一個原初情境（original position），然後再以不明確的神秘的無知之幕（veil of ignorance）做假設，認為在此無知之幕之後，每位契約的訂約者無從知悉他在社會中的地位，階級或身分，也不知自己在自然財富和能力分配中的運氣，智能與力量（Rawls, 1971：12）。換言之，在此無知之幕之後我們可以做「公平」與「平等」的判斷（Rawls, 1971：60-67；302-3；311-5）。並且認為為了實現「公平」與「平等」的美德，應該使社會中處境最不利的成員獲得最大的利益，這種道德觀點與杜爾金所提出的「平等的關切與尊重」（Dworkin,

1977：277）相似，這是以道德的標準來介入經濟關係。而麥佛森的平等考慮，是依亞里斯多德的倫理學所謂平等應該是平等地被對待；而不平等應該是不平等地被對待（equals should be treated equally and unequals unequally），其有系統的程式是按比例的一種平等（Pojman, 1989：548）。例如，A 已工作了 8 小時，而 B 做同樣的工作 4 小時，那麼 A 應該接受比 B 多一倍的薪資，此就是所謂形式的正義。

依麥佛森的觀點，經濟正義明顯地與經濟關係有關。質言之，就是關涉到社會中那一種人從事於有價值財貨與勞務的生產與交易，依他們自己的能力成為有價值財貨與勞務的生產者，或所有者，或交易者的行業（Macpherson, 1985：2）。換言之，物質要求雖然是經濟正義要仲裁或介入的目標，但經濟正義的訴求乃是涉及到人成為有價值財貨的生產者，所有者或交易者的身分所產生的關係（Macpherson, 1985：2）。再者，從另一方面而言，經濟正義也是試圖從道德或倫理的原則來規範經濟關係的一種要求（Macpherson, 1973：29）。而這種道德或倫理原則可能來自於自然法，也可來自人性的假定，而不同的人性假定就由此推論種種不同的判斷標準。而就會產生對經濟正義的不同認知。所以，依麥佛森的觀點，經濟正義概念是意指要做某種倫理原則去規約種種經濟活動的正當性。所以，經濟正義就像一般的正義概念一樣，充滿著價值概念是經濟正義的最大優點。

總之，依麥佛森對經濟正義概念的意涵界定，可歸結為兩個規約條件（stipulations）。第一，即把經濟關係視為已變的不同於一般社會的關係，而且其要求要比一般的正義原則更加明確。第二，經濟正義概念尋求在經濟的關係上，強加從自然法（或神的旨意

divine law），或從假定人的社會本質中推論而來的某種倫理原則。
換言之，這種假定不是從人的本質，而是從人的社會本質假定中去
推論而來的倫理原則。反之，霍布斯或社會進化論者（Social
Darwinist）係從人不合群本質（unsocial nature of man）的基本假定
去推論不合群的人在邏輯上所要求的經濟行為，即是，純粹的個人
極大化的行為，亦就是自由市場追求經濟利益極大化的行為。麥佛
森把霍布斯經濟關係的正義概念視為至多只是遵守買賣：雇與受
雇：借與貸；交易或交換的契約行為（Macpherson, 1985：3）。而
非經濟正義的行為，綜合言之，經濟正義是市場經濟形成之後才出
現的產物，它試圖以道德或倫理原則介入於經濟關係之中，防止自
由經濟市場的坐大，造成社會人民善良生活的傷害，尤其是今日市
場失靈（market failure），產生經濟外部性（economic externality）
的問題，造成嚴重的環境污染與對人的傷害問題，促使社會各階層
與政府對這些問題的關注與改善，都是經濟正義意涵訴求所產生的
功能。

第三節　自由派民主政治的發展與本質

　　依上述的探討可知，經濟正義出現於市場經濟的發展之後，而
自由派民主的建立與發展與資本主義市場經濟的發展相結合，而自
由派民主的發展與本質又和經濟正義的前景有關。因而本節即以麥
佛森一生長期關注與研究自由派民主的發展與本質為重點，扼要地
探討如後：

　　麥佛森以建立模型的方法，去建立民主政治發展的四個模型，即（一）保障式民主的模型（protective democracy）。（二）發發展式民主的模型（developmental）。（三）均衡式的民主模型（equilibrium democracy）。（四）參與式的民主模型（participable democracy），以分析西方自由民主政治的發展（Macpherson, 1977：1-12）。

　　依麥佛森對自由派民主政治的研究，認為霍布斯與洛克首先創立了以市場為導向的自由主義。而邊沁（Jeremy Bentham, 1748-1832）與詹姆斯‧彌勒（James Mill 1773-1836）首先提出保障式的民主理論，對自由民主的基本提出說明。依據邊沁的功利理念，其核心是，第一，任何一份財富都有其相對應的快樂。第二，兩位持有不同財產的個人，擁有最多財富者有最大的快樂。所以，財富的極大化乃是快樂的極大化，或至少是功利極大化的必要條件。由此，依麥佛森的觀點，認為既不是邊沁，也不是詹姆斯彌勒對民主政治具有很大的道德熱誠，只是他們企圖以各種方法去限制它，因而他們把民主政治視為是限制政府與保證在政治市場中成為公平競爭的一種機制。其主要企圖是在於尋求一種能夠有效保障人民權利的政治設計（Macpherson, 1977：23-41）。

　　而約翰彌勒（John Stuart Mill 1806-1873），他於工人階級受到了非人的各種境遇與工人階級陷於財產窘困危機時，提出了發展式的民主理論，其目的在於把人界定為他權力與能力的發展者與享有者，使個人能夠充分實現其自我發展的目標，並進而提出了一個真實人類社會的構想。但是，他並沒有體察到所有人平等發展的民主理念與資本主義生產關係發生了衝突，而真正地認為階級的不平等是偶然與可補救的。因此，麥佛森認為，約翰彌勒對人所持的理想主義觀點顯示其主張超越了邊沁與他的父親。但是，他對社會現實

的觀察，就不如邊沁與他父親。所以，他就無法察覺到社會階級衝突的真正存在，而仍然天真地假設各種利益是可以普遍調和的。由此，麥佛森認為這種觀點亦如霍布豪斯（L. T. Hobhouse）、巴伯（Ernest Barber）、林賽（A. D. Lindsay）與杜威（John Dewey）是新理想多元主義（Neo-idealist pluralists）一樣，他們都天真地企圖把發展的民主理論與資本主義社會階級的不平等結合起來（Macpherson, 1977：44-76）。

　　至二十世紀中期的幾十年之中，麥佛森認為有一種新的均衡式民主理論由熊彼德（John Schumpeter）、達爾（Robert Dahl）、阿蒙（Gabriel A. Almond）、柏巴（Sidney Verba）與其他的學者所發展的（Macpherson, 1977：77-72）。對他們而言，民主是政府的一種型式，而不是社會的一種型式；而政治是關係到供給與需求之間一種均衡的達成，即政治利益（political goods）的均衡。依他們的觀點，群眾是冷漠的在公共事務的選擇中無法採取一個有效的與理智的一面。由此，民主的唯一真實的型式是在競爭的精英之間投票者在他們之間做自由的選擇。因而精英的主要職責是從民眾的意見分歧與一般的民意之中去設計與連結其政治目的與政策（Macpherson, 1977：77-92）。

　　在二十世紀的 60 與 70 年代，由於工人階級的興起與擴大，而興起一種參與式的民主。麥佛森傾向於支持這種型式的民主。麥佛森認為民主是一個金字塔的系統（a pyramidal system），係建立於直接自治的基礎上，在這樣的基礎上每一層級實施間接的自治。各級代表接受訓令與免職（Macpherson, 1977：93-115）。他承認參與式的民主政治無法受到支持，除了公民瞭解他們基本上是能力的行使者，及除非現行社會與經濟的不平等能夠即刻地消失。

　　由以上麥佛森以民主政治發展的四個模型，去分析西方自由民主政治的發展中，可知自由派民主係開始發展於十九世紀，而其理論模型的創立者是邊沁與詹姆斯彌勒。其自由派的民主是以一個階級分立的社會（class-divided society）去設計一種民主政府的一種政治制度（Macpherson, 1977：9）。所以，自由派的民主理論既承認階級分立的不可避免性，亦肯定其無害性。而在邊沁之前的民主理論不是以追求無階級社會為其目標，就是以追求單一階段社會為其目標的民主理論，其理想的社會係由有私產的，但私產的龐大不足以威脅到他人的單一階級所構成（Macpherson, 1977：10f）。是故，在邊沁之前的民主理論都不能歸納於自由派的民主理論之範疇。因而，當自由派的民主成為一種真實的民主成為一種真實的政治型式時，它自然而然地就兼具有自由主義和民主的成份，但在其形成的過程中，乃是先有了自由主義的成份，然而在社會下層的政治抗爭下，才逐漸發展出民主的成份。此外，一個自由主義為基礎的自由派民主的建立係在一個資本主義市場經濟已為社會經濟活動的主流之下，因而，當市場經濟發展到相當的成熟時，自由主義遂成為主導市場正常運作的理論基礎，而其民主政治的成份加入於政府的運作之中，使人民得以藉著投票權來決定政府政策與社會事務的走向（Macpherson, 1966：23-41）。

　　依麥佛森的觀點，自由派民主政治的本質，一方面可從自由社會的剝削觀點來探討，一方面也可從人類掙脫傳統經濟權威分配的集體活動中去探究。所以，麥佛森認為，每個人在市場經濟的社會中，都是己身的擁有者，都能逃避非市場因素的干擾和束縛，而個人自由的唯一可能的護衛者，是政府的強大力量，以防範市場中非整合性因素去破壞社會。但是，麥佛森還是強調以剝削的觀點來探討。

　　依據麥佛森的說法，自由民主政治是為了限制那些控制勞動工具的人之利益而產生的。起先它並不是一個民主政體，而是隨後不斷的壓力所形成的，所謂自由民主政治的本質是各政黨藉由不同的階級力量，組成政府的系統。因而，此類政體的兩種功能是，一能調解各級階級的利益衝突，並能抵制政府權力的濫用。當自由民主政治被民主化後，民主政治也隨之而自由化：「雖然容許人民進入競爭的政黨系統，但自由民主政治並沒有廢棄其本質：它只不過是對所有的個體，因應著競爭市場的產生，而開放成為競爭性的政治系統而已。」這種自由派民主的說明，存在著一個問題，即它很容易讓人推論出：當資本主義社會成熟時，勞動生產工具聚集在一個小階層的手裡時，自由民主政治所扮演的剝削角色，會遠比扮演協調角色來得重。麥佛森也承認此點，所以他於評論現代自由派民主理論的困境中道：「當市場社會結構，不能再提供維護政治義務的價值感時，我們更需要運用私產式個人主義的假定（Weinstein, 1975：68）。自由派民主所依據的私產式個人主義的人性觀和社會觀、可發現於霍布斯、洛克與哈林頓（James Harrington）等人的著作之中（Macpherson, 1962：261-277）。私產式個人主義的人性觀有五個主題：第一，認為人性（a man's humanity）是由於信賴他人意志的自由而產生。第二，信賴他人意志的自由意志和一個個人沒有義務去拯救凡是自發地蒙受自己利益的損失者。第三，個人是他身體與能力的佔有者，這些是他的本質（本性），提供這些本質使他無愧於社會。第四，雖然他不能讓渡自己身體的所有權，但他可讓渡他特別的能力。第五，每個人的自由僅受合法義務與規則的限制，而這些義務與規則就是保證他人同樣的自由所必需的。至於私產式個人主義的社會觀則有兩個主題：第一，人類社會是由一系列

的市場關係所組成。第二，一個政治社會是為了保護財產與維持個人之間正常交易關係而設計的。在這種觀點之下，私產式個人主義認為人在本質上是為效用的消費者，無限的欲望者，以及無限的佔有者（infinite appropriator）及認為人為其獨特人類特性或能力（capacity）的享受者與運用者（enjoyer and Exeter）（Macpherson, 1977：48）。而政治社會的功能即是提供做為消費者，欲望者，佔有者一個得以使個人的佔有本能獲得滿足的運作與監督的機制，而市場則被視為是達成這種功能的最有效的機制。

第四節　經濟正義的前景

從以上三節的論述我們可以看出，經濟正義的概念是興起於市場經濟的發展侵害了社會善良的生活，因而經濟正義是在防止市場經濟的坐大。至十七世紀以後市場經濟不僅已成為西方資本主義國家經濟活動的主流，在理論上亦獲得自由派主流思想家如盧梭、洛克、與亞當·史密的全力支持。至十九世紀亦和邊沁與詹姆斯彌勒提出的保障式的民主政治，約翰彌勒提出的發展的民主政治，與熊彼德、達爾、阿蒙、柏巴所發展的均衡式的民主政治相結合。儘管上述三種模式的內涵都不盡相同，但是，依麥佛森的觀點，他們都同樣地主張自十七世紀以來即成為自由主義（或自由派 liberal）私產式個人主義所假定的人性觀與社會觀，而這種私產式的個人主義不僅是一種強化的個人主義，而且亦是一種強調政治社會的市場性與工具性，以及具有佔有傾向的私產主

義。因而，使這種自由派的民主政治無法邁向更具人道的遠景
（Macpherson, 1962：261-277）。

這種隱含著市場人性觀與社會觀的自由派民主，使麥佛森認為
不僅是西方自由派民主政治無法改善其政治與經濟體制的主要障
礙，而且亦呈這些國家在全世界的民主發展中越來越處於不利地位
的原因（Macpherson, 1966：66）。由此，可從市場經濟與自由派民
主發展的脈絡中，探知二十世紀以來市場所日益暴露出的弊端，也
正是自由派民主發展無法更邁向人性化（或人道）的原因，換言之，
這亦是經濟正義再與的原因。

然而在二十世紀經濟正義呼聲再興之際，對於西方自由派民主
國家，其經濟正義的未來前景究竟如何？麥佛森仍然抱持著悲觀的
看法，首先就分配正義的前景而言，麥佛森認為，假如國家的分配
與規約功能（regulatory functions）若持續地擴大，而寡頭財團法人
的組織若持續地增加，那兩者的發展趨向如何？依麥佛森的觀點，
有兩種可能會發生。

第一個可能是會形成寡頭財團法人的組織與規約國家的結
盟，會有效地破壞民主程序來抵制社會民主的各種壓力。這樣一種
組合主義型式，或依人民投票決定政策取向的國家，在面臨經濟困
境之際，既不會同意分配正義的種種要求，亦不會依分配正義的原
則來處理經濟危機，兩者會為了經濟效率與穩定而犧牲分配正義，
以拯救國家免於經濟崩潰，大量失業與通貨膨脹。

第二可能，是民主的各種壓力與既得利益團體之間的競爭可
能走向另一途徑。即假如民主力量獲勝的話，那民主的各種力量
就可以控制資本主義國家，並凌駕於它之上，或改變現代資本主
義的管理方式。這種民主的力量一部分來自由工人階級之內，由

於他們逐漸地相信資本主義的現代管理已無能為力，及他們感覺到他們自己僅是權力中心所操縱的一個籌碼而感到憤恨不已；另一部分則來自中產階級之內逐漸地覺悟到後期資本主義之下生活品質的惡化。

假定種種的事實已促成規約性國家和資本主義市場經濟的體質已改變，而分配正義概念將會持續存在？依麥佛森的觀點，認為分配正義概念的前景仍將是晦暗的。這乃是因為這種改變無法依賴如工會與社會民主黨所訴求的分配正義來完成。然而，假如規約性國家與資本主義市場經濟的體質已改變，而這樣一個已改變的社會被達成之後，這個社會所關切的將是其他價值的提出，而不再是分配正義。這些價值可以簡括地說是生活品質的改善，不僅包括自然生態環境品質的改善，如嚴禁污染，生態的破壞，與防止城市精神的墮落，而且亦包括社會與經濟制度品質的改善，即人類能力的充分使用與發展，及人民的充分就業，如改善娛樂品質的惡化，改善大眾媒體所造成的文化惡化，改善由寡頭政黨政治操縱所造成的政策惡化。簡言之即檢驗與克服現代化的疏離與支配的現象。依此，我們可以推論，假如民主國家若能持續生存的話，那其他的價值將比分配的正義有較高的優先。因而，分配正義概念將不會被撲滅，而會自行凋萎（Macpherson, 1985：17）。

交易正義最近的發展，如美國聯邦制式商業法典（The U.S Federal uniform commercial code），其中部分在美國某些州已以立法來執行，允許法庭拒絕執行不公平的契約或契約中的條款。又如一個值得注意與具有影響力的司法判決發生於英國法院，即 Lord Dennings Judgement 發表的一般原則，規定契約在交易權力不公平的情況 Sidney Verba 之下所訂的契約是可使之無效的。最近加拿大

的案例已使弱勢團體（weaker party）解除種種契約，其交易不公平與交易權力不公平的束縛（Macpherson, 1985：17）。

由此，在政治與法律的實際應用中，交易正義的概念已呈現出採取了一種新的活動方式。這可以被視為是民主國家代表一般人民（the little man）與消費者執行的一種新的保護行動。它的確是一種新的活動方式。依麥佛森的研究認為，在十九世紀非常競爭的市場模型中，消費者與一般人民被認為是處於不利的地位，所以，他們的利益被認為在市場高度競爭的狀況下受到充分的保護，但是現在，當大的商業已變成壟斷與獨佔的形態，使市場發生求過於供的狀況，消費者與一般人民的利益受到損害而瞭解到他們沒有受到市場自發性機能的保護，因而敦促政府或國家代表他們進行市場的干預。

但是，交易正義的前景，依麥佛森的觀點，認為將與分配正義遭遇相同的處境，不是被市場所扭曲，就是被其他的價值所超越。

第五節　結論

綜合以上的論述，我們可以理解到麥佛森是以歷史的事實為依據，去掌握社會與經濟發展的脈動，發現經濟正義概念興起原因，是在紀元前四世紀的希臘，當時的亞里斯多德目睹到當時先進市場的發展已形成資本的累積、而破壞了社會的善良生活，因而認為這種先進市場的獲利方式是不公平的，或不正當的。由此，提出經濟正義的兩個分支概念，交易的正義，要求以公平的價格進行交易。

而這種公平的價格即屈從於每種商品生產者依他們職業或技術地位習慣上所享有的報酬比例。而分配的交易，要求每個家計單位對善良的生活應該有適當所得的需求。質言之，亞里斯多德想把早期傳統社會的道德標準，或倫理原則引用到一個公平先進的市場社會中，以抵制市場經濟的侵害，或坐大，而使經濟正義的理念催生。直到西元的第十二世紀，阿奎納亦根據亞里斯多德的理念，提出交易正義，要求諸物的交易應該是等值的，換言之，所謂公平價格即是給予生產者按他的社會身分地位與技術能給予他的勞力提供適當的報酬。以上都是由於為了抑制市場經濟的不斷擴散坐大，而促使經濟正義概念興起的原因。

至十七世紀霍布斯《巨靈篇》的發展，提出所謂公平的價格，係依立約者雙方的慾望去決定之，換言之，即是所有市場的交易，其交易價值係依交易者慾望所認定或評估的等值。而分配正義要求一個社會的生產應該依人本身各種條件、長處、才幹做對稱的分配。後來自由派的學者、理論家都依循霍布斯的觀點，認為人的能力與技能，或從事生產的工作能力，可以正常地在市場上出售，或可以在市場買賣，而成為一種商品，其價格係由不具人格的市場來決定。至十九世紀古典政治經濟學家的主流都相信自由競爭市場的分配理論，而疏忽了經濟正義的理念，而使經濟正義概念趨向於衰微而沒落。

至二十世紀的 60 與 70 年代，由於市場經濟的擴大，資本的集中，企業的合併，財團法人組織的興起，而以累積龐大的資金去控制或支配市場的運作，使市場公平與完全競爭機能失靈，進而使人們不再相信市場的自發性分配的機能。再加上工會，勞工與社會民主政黨的力量，促使國家干預市場，而促使經濟正義概念再興的原因。

　　由經濟正概念的興起，衰微與再興的起伏之，我們可以引申出經濟正義概念的意涵，即是與經濟關係有關，關涉到社會中那一種人從事於有價值財貨與勞務的生產與交易，依他們自己的能力成為有價值財貨與勞務的生產者，或所有者，或交易者的行業，換言之，經濟正義的訴求乃是涉及到人成為有價值財貨的生產者，所有者，或交易者的身分所產生的關係。再者，從另一方面而言，經濟正義也是試圖從道德，或倫理原則去規範經濟關係的一種要求因而認為霍布斯的經濟關係至多祇是遵守買賣；雇與受雇；借與貸；交易與交易的契約行為而非經濟正義的行為。

　　由上述可知，經濟正義概念的興起，衰微與再興，和市場經濟的發展相關聯，而市場經濟又與自由派的民主發展相關。自十七世紀，霍布斯、洛克、與亞當‧史密等古典自由主義的創始者（architects of classical Liberalism）（Clark, 1991：42-45）。依麥佛森的觀點認為他們創立了以市場為導向的自由主義，邊沁與詹姆斯彌勒提出保障式的民主理論，要求建立一個有效保障人民權利的政府。約翰彌勒提出發展式的民主理論，要求建立一個能夠充分實現其自我發展的政府。熊彼德、道爾等人提出均衡式的民主理論，希望建立一個精英統治的政府。儘管這三種理論的內涵與意圖都不盡相同，但麥佛森認為，他們都秉承十七世紀以來即成為自由主義為理論基礎的社會觀與人性觀的假定。換言之，即是私產式個人主義（possessive individualism）的人性觀與社會觀。在這樣私產式個人主義之下強調政治社會的市場性與工具性，使自由派的民主無法邁向更人道的（或人性化的）道路，而使自由派的民主（liberal democracy）仍然依持於個人自由的自我發展之最後價值之上（Macpherson, 1961：407）。

　　由此，從市場經濟與自由派民主發展的脈絡，發現二十世紀以來市場所日益暴露出的弊端，也正是自由派民主發展無法更進一步邁向人性化的原因，也正是經濟正義概念再受到重視的原因。然而在二十世紀 60 與 70 年代經濟正義概念呼聲再起之際，麥佛森對於經濟正義的前景仍持悲觀的看法，認為經濟正義雖然在本世紀的自由派民主國家再度受到重視，但是，由於自由派民主國家係建立於自由主義理論為基礎的私產式的個人主義之上，以市場的社會觀與人性觀為假定，其經濟正義不是繼續被扭曲，就是被其他的價值所超越。因而，麥佛森對於經濟正義的前景不表樂觀，認為分配正義概念將不會被撲滅，而會自行凋萎，而交易正義概念會與過去的交易正義所意涵的倫理原則判準相去甚遠，因為它只是要求以一種市場價格去取代另一種市場價格，而它仍然未能掙脫市場標準的宰制。因此，交易正義將與分配正義遭遇同樣的處境，不是被市場所扭曲，就是被其他的價值所超越。

　　從以上對麥佛森經濟正義概念的研究中，吾人可發現麥佛森的確不僅是一個總體性的理論家，而且亦是一位急進的政治思想家，對西方自由的市場經濟與自由派的民主，以倫理學的理論為依據，從市場的剝削觀點，採取批判的與反動的態度關心當前西方自由派的民主與經濟正義問題。其見解相當敏銳而有洞見。除了強調自由派的民主發展不應該被私產式的個人主義之市場社會觀與人性觀所窄化，而應該試圖以道德標準，或倫理原則，使自由派的民主更能傾向於朝人性化的格局發展。

　　總之，吾人在研究麥佛森的經濟正義概念中，發現其真正的意圖，即在於能夠「抵制市場經濟的坐大」可說是麥佛森在為自由派民主謀求改善之道。吾人從麥佛森對亞里斯多德與阿奎納提出倫理

原則去規範市場的經濟活動，以具有倫理意涵的交易正義與分配正義，來抵制市場經濟的不斷擴散與坐大。這種立場或觀點與十七世紀以來政治經濟理論的主流所抱持的市場經濟的觀點有很大的差異。尤其麥佛森於《私產式個人主義的政治理論》（*The Political Theory of Possessive Individualism：Hobbes to Locke*）一書，與〈政治理論的市場概念〉（market concepts in political Theory）一文中，認為只要市場存在就無法排除「個人自我實現政治」的障礙，而使自由派的民主無法邁向更人性化的道路。所以，抵制市場經濟的坐大，就是經濟正義的主要意涵。

第四章　羅爾斯的正義論

第一節　緒論

　　由於美國哲學家約翰‧波德萊‧羅爾斯（John Bordley Rawls）於 1972 年發表了《正義論》（*A Theory of Justice*）之後，「正義」的問題和理論再度成為當代哲學與政治社會思想關切的主題（Kukathas and Pettit, 1990：1-16）。

　　「正義」（justice）是人類文明社會夢寐以求的理想，在西方政治哲學史上，早在柏拉圖（Plato）及亞里斯多德（Aristotle）的著作中，便有許多深刻的剖析。而在實際的政治層面，它更是許許多多新興社會運動所揭櫫的理想，成為人們廣泛用來抨擊現存社會中種種缺失的主要道德依據。誠如，柏拉圖在他所著《共和國》（*The Republic*）一書陳述道：（Barker, 1947：171）。

　　　　社會正義可以定義為一個社會的原則，即各式各樣的人，由於相互的需要而連合起來，而由於他們連合而成為一個社會，以及他們的集中是由於其不同的任務分工所致，因此結合成為一個完美的整體，其所完美者，乃是由為這是全體人心的產物與表象。

　　由此可知，在柏拉圖的思想體系中，正義即是人人各盡己任，各有己物。這就是最高的道德，至善的境界，也就是國家目的的實現。換言之，就是人人能協調和諧，分工合作，便是一有秩序的整

體，是正義之德的完成（Solomon and Murphy, 1990：123-124）。所以，依柏拉圖的觀點，正義是統攝所有其他德目的「全德」；然而此後多數的學者只把「正義」列為一項相當重要的德目，在這種理解之下，因此一個合乎正義的社會，並不被認為就是全然同等於一個完美的理想社會，但是不可否認的是，正義確為人們認為建構理想社會所不可或缺的要素（Frankena, 1962：2-3）。

　　當前在我們的國家與社會之中，民意代表，一般人民與輿論界，對政府各種政策的擬定與執行，亦都以是否合乎「正義」原則來抨擊與影帶政府政策的取向。因而可知，「正義」一詞亦正瀰漫盛行於我們當前的社會之中。例如政府每年國家預算的編列對社會福利的編列是否符合正義原則，政府是否透過社會立法對國家的財富與資源做合理的分配，政府當前土地增值稅的徵收是否公平合理，國小國中教員與軍人是否應繳所得稅以合乎公平的原則等，都是正義原則的問題。「正義」之於我們社會與國家既然如此重要，而且又是當代政治社會思潮所關切的主題。那麼試問究竟何謂正義？正義的基本主題是什麼？正義的觀念是人與生俱來的嗎？正義與其他價值，諸如自由、平等、穩定、效率等又有什麼樣的關係？此外，正義祇是一個抽象的理念，當吾人運用它來評價一個社會之際，必須有更具體的準繩作為依據，而這些準繩應如何建構或尋求呢：又如何給予這些準繩合理的論證依據？最後，在實際運作上，究竟何種制度或措施方能落實正義原則？凡此圍繞著正義理念所衍生的諸多課題，不但為歷史的政治哲學家所爭議，更是近年來西方學術界及公共政策爭議最多的議題之一。此一現象，當今的學術界普遍的歸因於當代著名哲學家羅爾斯《正義論》一書所造成的（Lucash, 1986：7）。

　　《正義論》一書的出版，不僅專業性的學術刊物刊載這方面的文章，而且一些社會大眾的著名刊物，如《紐約書評》（*New York Review of Book*），《紐約時報書評》（*The New York Times Book Review*），《經濟學家》（*Economist*），《國家》（*Nation*），《新共和》（*New Republic*），《聽眾》（*The Listener*），《觀察家》（*The Observers*），《新政治家》（*The New Statesman*）和《華盛頓郵報》（*The Washington Post*）等，也紛紛載文對《正義論》進行介紹與評論。一本哲學理論書籍，能引起如此長期和廣泛的轟動，這在西方社會是罕見的。因而美國的政治哲學家布賴恩‧巴賴（Brain Barry）把《正義論》所帶來的理論界之繁榮盛況稱之為「羅爾斯產業」（Rawls Industry）。確實，這是一個以一本書為核心，由數以千計的文章，書籍組成的頗具規模的產業。所以巴賴認為《正義論》是在道德和政治理論中有著重要意義的著作，值得長時期的深入細緻的研究，這是一部可以與霍布斯（Thomas Hobbes）《巨靈篇》（*The Leviathan*）相媲美的著作（Barry, 1973：ix）。

　　為了理解這本書所產生如此廣泛，深遠影響的原因，我們必須首先從此書的理論進行探討，因而，以下的就其理論的主要內容探究如后：

第二節　正義論的結構與目的及其探討的主題

　　《正義論》是羅爾斯畢生鑽研道德和政治問題所精心創作的作品。它是一部內容相當成熟的與重要的著作（Solomon and Murphy,

1990：329）。因而他被視為是一位總體的傳統道德家與哲學家
（Parekh, 1982：154）。

羅爾斯於 1921 年 2 月 21 日，生於美國馬里蘭州的巴爾的摩城。
1950 年在普林斯頓大學獲得哲學博士學位，他的博士論文題目是《關
於倫理知識基礎的研究》（A study in the Grounds Ethical knowledge）。
該論文中他特反經驗主義的傳統，強調了理性在道德中的作用，建
立了六個道德原則來論證日常生活道德判斷的合理性。

羅爾斯在 1962 年受聘哈佛大學擔任哲學系教授，並曾擔任過
系主任。他的《正義論》大部分是在哈佛大學任哲學系主任期間寫
成的。全書共分三個部分。第一部分是對〈正義即公平〉,〈分配中
的正義：幾個補充〉等文章的擴展和延伸，在這一部分中，他提出
了正義兩原則的內容和它們的證明，對自由權的平等的重要性和優
先地位作了充分的證明。第二部分包括了〈憲法中的自由權〉、〈分
配中正義的證明〉和〈公民的抵制〉等文。在這一部分，他把關於
正義的原則運用到了更加廣泛的領域·在社會政治生活的背景中來
討論一些有關正義、容忍、法律、責任和抵制的具體問題。第三部
分包括了〈正義的意識〉。如果說前兩部分是宏觀的理論，那最後
一部分就是微觀的理論，它從社會個體的生活和個性發展過程來探
討正義觀念的起源，性質和意識。總之，這三部分形成了一個相互
關照，彼此補充的完整體系。

羅爾斯著作正義論的主要目的，在於企圖為現行的民主社會
建構一個合理的正義原則，作為社會基本結構的規範，以替代功
利主義（Utilitarianism）。所以，在《正義論》的前言之中，羅爾
斯就開宗明義地宣告，他要建立一個新的理論體系，以取代在政
治學和道德哲學領域中佔主導地位的功利主義，唯有如此，新的

理論體系才能為民主社會建立一個最適合的道德基礎（Rawls, 1971：8）。他說：

> 在大多數的現代道德哲學中，佔主導地位的系統性理論是某種形式的功利主義。造成這種發展趨勢的原因是功利主義受到一些傑出著作家的支持，那些偉大的功利主義者，休謨（David Hume），亞當·史密（Adam Smith），邊沁（Jeremy Bentham）和穆勒（John Stuart Mill）都是第一流的社會理論家和經濟學家，他們將所建構的道德理論去迎合了他們廣泛興趣的需要，並將其道德理論置於一個綜合的模式之中。而功利主義的批評者卻經常持著狹隘的觀點去反對功利主義。批評者指出了功利原則的模糊性，也注意到功利原則所意涵的觀念和我們的道德情趣有著明顯的矛盾。但是，我相信，批評者並未能建構一個有效而有系統的觀念來反對功利原則。其結果使我們不得不在功利主義和直覺主義中作出選擇（Rawls, 1971：7-8）。

羅爾斯發覺到，持著於直覺主義的觀點並不能抵禦功利主義，以前的哲學家在倫理學領域所犯的一個錯誤，就是在功利主義和直覺主義之間作非此即彼的選擇，而沒有考慮到採第三種選擇的可能性。這個第三種選擇即是以曾在近代顯赫一時而現在已被大多數人淡忘的「社會契約論」作為他自己反對功利主義的理論基礎。他說：

> 我努力把洛克（John Locke）、盧梭（Jean-Lacque Rousseau）和康德（Immanuel Kant）所代表的傳統的社會契約理論普

遍化，並把它提升到一個更為抽象的程度。以這種方式，
我希望能夠發展成一種理論，使之不易再受到一些明顯
的，通常被認為是致命的反對意見之打擊。同時，或許我
可以證明這個理論似乎能夠對正義提供另一種有系統的
觀點，使它高於佔主要地位的傳統功利主義（Rawls,
1971：8）。

　　羅爾斯強調他的正義論是從抽象的社會契約理論出發去公平
的與合理的建構社會基本結構的規範，以替代功利主義。規範之所
以必要，一方面是由於客觀條件上，人類社會及社會資源大都相當
有限，因此由社會合作所產生的利益，勢必無法使每個人的要求獲
得滿足：而在另一方面，現行的社會大體上是一個多元的社會，每
個人的人生觀，價值觀難免有所歧見。而對這樣的社會，如果要人
們可以彼此和諧與容忍的共同營生，勢力要有一共同的基本規範，
作為彼此之間權利義務的準繩。然而在任何社會中；負責職司基本
權利與義務分配，及決定社會合作所產生的利益應如何分配的機
構，是政治結構和重要的經濟與社會建制等等。因此，這些即是羅
爾斯所謂的「社會基本結構」（the basic structure of society）。諸如，
憲法、法律上所認可的財產形式以及經濟組織等（Rawls, 1977：
159）。而社會基本結構之所以如此重要，是由於某種制度的建立深
深影響到人們權利的享有與義務的負擔，因此一種制度的建立所產
生的影響不止某一個人的生活遠景（lift prospect），甚至左右了個
人對自我的期許與實現，所以「社會基本結構」乃是正義的基本主
題（Rawls, 1971：7-8）。

第三節　正義原則的建構及訂立

　　由於正義原則的建構，其目的在作為社會結構的規範，然而人生於社會，長於社會，從生到死，我們的觀察：價值判斷，好惡等無不深受基本結構的影響，試問我們如何能在不受基本結構種種偶然因素（Contingencies）的影響下，去建構一個彼此均能欣然同意的正義原則呢？羅爾斯試圖憑藉著由傳統民主政治文化對人與社會的理念為核心，再將傳統上由洛克、盧梭、康德所建立的，為人們所熟悉的社會契約論（Social Contract Theory）提升到一個更為抽象的層次（Rawls, 1971：11）。以作為建構合理正義原則的途徑。

　　羅爾斯的社會契約論也是從「自然狀態」（state of nature）出發的，祇是他把對於自然狀態的解釋名之為「原初情境」（Original position）。換言之，羅爾斯的社會契約論所建立的不是歷史上最初存在的社會和政府，其社會契約所依賴的環境和條件也不是歷史事實，而是他們所說的原初情境（Rawls, 1971：12）。在原初情境中，每個訂約者都被假定是自由平等的道德人（free and equal moral persons），而且這些訂約者彼此係處於對稱的（Symmetrically）的情境中；再者，為了確保參與訂約的每個人都處於公平的地位，羅爾斯又假設訂契約者都處於「無知之幕」（Veil ofIgnorance）之後，由於這層無知之幕的限制，因此每位訂約者無從知悉他在社會中的地位，階級或身份，也不知自己在自然財富和能力分配中的運氣、智能與力量（Rawls, 1971：12）。換言之，無知之幕所遮掩的是決定人們能力和身份的自然事實和社會環境以及造成人們地位不平等的各種因素。而且亦可剝奪人們對自己所處有利地位的優越感，

促使人們能夠立於平等的基礎上考慮問題，作選擇，從而滿足了達成正義分配原則的先決條件。

由於無知之幕的限制，訂契約者對自己的興趣及人生計劃都一無所知，那麼他們在談判時所想獲得的是什麼呢？他們參加訂約的動機雖然是自利的，但當一個自利者不知道自己所欲的是什麼時，他也不知道怎樣去為自己爭取利益了。這即是無知之幕的設計給羅爾斯的社會契約論帶來的困境。為了突破這種困境，羅爾斯提出了基本利益（primary good）的理論，而這個理論是根據單薄的價值論（thin theory of good）所推演而來。它所討論的乃是非道德性的問題。基本利益是每個具有理性的人都想要得到的東西，這些東西是權利和自由，權利和機會，收入和財富，自尊等（Rawls, 1971：32；92）是對任何一種人生計劃都是有用的東西。無論你想從事那種行業與活動，基本利益都是你所不可缺乏的。其次，訂約者總希望盡可能獲取較多的基本利益。這個理論的建立，使訂約者能夠在談判時知道什麼是對自己所要的以及什麼東西對自己有利的。

在現實世界中，自然資源是有限的，它無法使每個人所有的慾望都可得到滿足。因此，羅爾斯認為當人的自私性及物質的有限制同時出現時，我們就會面臨到正義原則的問題。

依羅爾斯的觀點，正義原則既非上帝所賦予，也非從歷史的法則，宇宙的結構或人永恆的理性（Man's immutable reason）中推論而來：正義原則是人作選擇的種種結果。假如這種選擇在理論上是依公平的條件之下所作的選擇，那這種選擇就很可能產生公平的種種原則。換言之，這種選擇除了受制於道德原則所固有的約束之下，不受任何的約束（Rawls, 1971：130f）。所以，正義原則在本

質上是倫理的，與有意應用於人的生活規範上。如此，正義原則的選擇即涉及三個相互關聯的組合。

第一，依羅爾斯的觀點，正義原則必須具有一般性，普遍性、公共性、程序性和終極性。一般性是對正義原則的內涵而言。原則內容所涉及的是一般的權利，而不是個別人的權利。對個人的權利所作的規定是依據慣例或特例，而不是根據原則作出的。普遍性則是原則的外延的性質。原則所適用的是全體社會成員，如果它祇適用於一部分而不適用於另一部分人，它將是自相矛盾的。公共性是指這些原則具有為社會成員所了解，接受並遵守的性質。原則的公共性並不在於說明它的正義性。在一定的社會歷史條件下，社會成員會處於除了接受不正義原則之外，沒有其他更好選擇的餘地。程序性說明了這些原則的作用和功能；它們必須能夠在人們相互衝突的要求中找到一個秩序，規定一個按照先後、輕重、緩急順序排列的權益系列，以滿足不同社會成員的要求。最後，終極性樹立了原則的權威。原則好像是最高法院的終審結果，它規定了什麼是正義，什麼是非正義。具體的法律和法令條文祇有符合關於權利的原則才具有正義性。

第二、依羅爾斯的觀點，正義原則是道德的原則，及必須依道德的原則作選擇。對羅爾斯而言，依道德作思考（to think morally）即可超越人為的不公與偏見之上，及會依一種不偏不倚與公正無私的方式作考量。在理論上依道德作考量就會不去理睬吾人社會的種種條件，利益與觀點，的確區分吾人與他人不同的每一件事情（everything），它會由此產生一種偏見（Rawls, 1971：19；252；253；255）。依羅爾斯的觀點，依道德作者且即是在無知之幕之後作考量一樣。因而，在正義原則之中的一個道德原則要求凡是選擇

正義原則的人應該超越他們自己特殊的身份與社會條件，依不偏不倚與公正無私的立場考量有關正義原則的問題。

　　第三、正義原則被設計去規範人與人之間的關係。人並非如康德所想像，是「純粹的理智」（pure intelligence），人具有天賦上特殊的慾望（specific natural desires），愛好（interests）與能力（capacities）。他們對正義的選擇，依此必須基於有關人類種種基本事實的相關知識為基礎。他們的知識不必太明細與明確，因為人類的知識有偏袒於特殊的一代，社會結構，歷史紀元或社會團體之慮。所以，依羅爾斯的觀點，我們應該僅以有關人的種種事實作考量，換言之，就是考量到性質的一般性與所有人的真實性。這些事實包括：諸如人生存於現實中其生活資源的有限性，人人追求他們自己的利益，及人人尋求把他們的利益極大化，人人心存各種美好生活的概念，及人人都同意諸如權利、自由、機會、權力、所得、財富與自尊的基本利益（primary good）是每個理性的人都想要的。

　　依羅爾斯的觀點，正義原則必須依據以上所述三個約束的組合作選擇。羅爾斯提出原初情境把「倫理的約束」（ethical constrains）結合成為整體的概念。如此，那道德原則的選擇乃是正義原則的主題（Rawls, 1971：92）。因而，要從原初情境的觀點研究一個社會的結構，制度或實況即是以一種真正公平的方式去作推論。誠如，羅爾斯所言，就問題的事實而論，當我們嘗試以道德的論點去引導我們自己時，我們時常把原初情境擬態於我們每日的生活之中（Rawls, 1971：584）。

　　羅爾斯使用原初情境的程序設計以達成他的正義原則之後，他繼續去辯護與證實正義原則的正當性，對於他的辯護方式不易去遵

循，但是他求助於不同的與相當差異的考慮，其中他並沒有建立任何清楚的或系統的關係（Rawls, 1971：147；255-256）。

第一、他認為正義原則必須配合我們已深思熟慮判斷的不變觀點，基於我們作種種選擇，及必須引導我們去依現狀的反映，以更令人滿意的方法去修正與推延。

第二、羅爾斯認為原則應該和我們的性質（our nature）如藉純粹理性直觀的人性（as noumenon beings）相連貫。人是藉純粹理性可直觀的生命，依此意義，人人就具有理性自我實現的能力，享有免於受偶然因素與意外事件之害的（freedom from contingence and happenstance）自由，他們可以超越自然的意外事件與社會意外事件。當由他們天生稟賦與社會地位所呈現的，與他們可以自由地依據他們的行為原則作決定。當人們選擇原則不符合個人與團體利益時，他們行動就像是他律的（heteronomous）及屬於一般較低的規則（to a lower order），反之，當人們採取選自他們現象特徵的整體無知之原則時，他們依他們應得自由的方式與自律的道德本性行動。依羅爾斯的觀點，他的正義原則就符合這種條件。他們在原初情境中處於無知之幕作選擇，是有意去草擬自然與社會偶發因素的知識，及作為人可藉純粹理性作直觀瞭解其性質的一種象徵式的表現。

第三、羅爾斯認為正義原則必須符合穩定的準繩，依此意識，由正義原則所提的社會合作計劃應該證明其穩定性與長遠性，依羅爾斯的觀點，假如正義的道德概念是清晰的，其理想是吸引人的，那正義的概念就會符合這個標準，其概念會訴諸於共同的與合理有力的傾向，與它可以引出每個人的合作意願，因此，羅爾斯認為他的正義原則擁有這種特徵。

　　第四、羅爾斯認為社會生活，不僅要求正義，而且亦要求效率、和諧、文明的友誼（civil friendship），社群的意識（a sense of community）等等。我們不能僅依正義的分配角色來判斷一個正義的概念。由此，亦必須考慮正義對社會生活其他優良上流社會（the other desirable qualities of social life）發生影響。如羅爾斯所指出的，如果其他條件都一樣，當正義的影響更悅人心意時，正義的概念就會較符合他人之心意（Rawls, 1971：175f）。依羅爾斯的觀點，他的正義原則使這種準功利主義（quasi-utilitarian requirement）的要求更符合大部分其他主義所作的要求。

　　第五、正義原則必須是「可實行的」或「可行的」，至少人人應該能夠在完全合人意的與可預見的環境中遵行正義原則過生活。總之，依羅爾斯的觀點，他的正義確實可符合這個要求。

　　綜合以上所述的訂約情境及無知之幕的假定，當然只是一種虛擬的狀態，我們只能說這些純粹是羅爾斯心智試驗（mental experiment），其目的在於試圖建構一個為人人所能同意的正義原則。

第四節　正義原則的意涵

　　羅爾斯堅信，在原初情境的人將選擇下列的一般正義概念：

　　所有社會的基本利益－自由與機會，所得與財富與自尊的基本原則是同等地被分配，除非對任何或者所有這些利益的不平等分配將對處於最不利地位的人有利（Rawls, 1971：6）。

　　由此可見，正義原則的基本出發點都是把保障貧者，弱者和失利者的權益當作正義社會的先決條件，這也是羅爾斯批判功力主義的主要依據。羅爾斯的正義論一般而言涉及到下列兩個正義原則。第一個原則是關切自由的區分，第二原則則關切到其他的基本利益。羅爾斯把第一原則有系統地陳述如下：

> 每個人都有權利擁有最適度的自由，而且大家擁有的自由在程度上是相等的。一個人所擁有的自由要與他人擁有同等的自由能夠相容（Rawls, 1971：303）。

　　社會與經濟上的不平等必須滿足下列二項原則：

（一）便社會中處境最不利的成員（the least advantaged）獲得最大的利益（Rawls, 1971：303）。簡稱為差異原則（different principle）。

（二）各項職位（Office）及地位（positions）須在公平的機會均等（fair equality of opportunity）。

　　條件下對所有人開放。（簡稱公平的機會平等原則）。因而羅爾斯在《正義論》一書的開始便陳述道：

> 正義是社會制度的眾德之首，每個人在正義的基礎上，便擁有不為他人侵犯之權，即便以社會總福利為由，也不得有所超越。因此正義不允許以犧牲某些人的自由權利為代價，以便讓另一些人得以享受較他人還要多的利益。換言之，正義不允許為了使多數人有較多的利益，而以犧牲少數人的利益為其價。因此一個合乎正義的社會，平等的公民所享有的各項自由權是不可動搖。況且，為了正義而確立的各項權利不

可以被當作政治談判及計算社會利益的籌碼（Rawls, 1971：302-3）。

從這段陳述當可推知，羅爾斯建構正義原則的主要目的，除了消極性的批判功利主義之外；其積極性的目的：即企圖建構一個合理的正義原則，調和長久以來存在於自由及平等間的衝突，以為現行西方的民主社會提供一個穩固的道德基礎。因而羅爾斯在他的正義論中，以兩項原則為自由與平等定位。第一項原則為自由的優先性（the priority of liberty）原則（Rawls, 1971：302-3），強調優先性（the priority of liberty）原則，強調平等的基本自由權利（equal basic liberty），以字典式的排列次序（lexical order），優先於第二項原則即差異原則。羅爾斯所謂基本自由權利，包括政治自由（即選舉權與被選舉權），言論與集會結社的自由，良心自由（特指宗教信仰自由），思想自由，以及在法治保障之下免於被任意逮捕拘禁之自由（Rawls, 1971：61）。這些基本的自由權利，在一個合乎正義的社會中，每個公民皆必須完全平等。這些基本的自由權利是否可剝奪，不可讓渡，不可侵犯的權利，不得以任何其他理由，包括促進經濟繁榮或社會及經濟不平等的改善等為由，而侵犯了這些基本的自由權利。

羅爾斯對基本自由權利優先定位的問題，可以說羅爾斯繼承了古典自由主義的傳統，使自由價值在十九世紀中葉以來遭逢各種社會思潮的挑戰之下，陷於混沌猶疑與日趨沒落的困境中。重新在理論的基礎上獲得澄清與定位。在賦予基本自由權優先性的理論定位之後，羅爾斯對於社會與社會經濟不平等的問題，以第二原則提出深入討論。他的基本觀點是，社會與經濟上的不平等，必須合乎下列兩項條件：

（一）使社會中處境最不利的成員，獲得最大的利益。

（二）社會的各項職位與地位必須在公平的機會等情況之下，對所有的人開放（Rawls, 1971：302）。

　　第一項條件是容許不平等（差異）的條件，因此有時差異原則專指此一原則，而把第二項原則稱為「公平機會平等原則」。羅爾斯認為就這兩項條件而言，第二項條件應優先於第一項條件，即公平的機會平等原則優先於差異原則（Rawls, 1971：303）。不平等的分配，如果能夠使社會中的弱勢階級獲致最大利益，則是容許的，但是前提條件是不能因此而限制或阻礙某些人或團體公平參與職位或地位（選舉產生之外的政經職位）之競爭。

　　羅爾斯根據容許不平等的兩項條件，提出「民主主義的平等」（Democratic equality）觀念，認為既能滿足使社會中處境最不利的人獲得最大利益，又能符合公平的機會平等原則。在此一觀念之下，羅爾斯強調所有社會職務對所有人公平的開放，不論他們的社會地位，階級出身、種族以及能力。而為了達成公平的機會平等，有必要對造成機會不平等的因素加以清除（Rawls, 1971：73）。對於社會地位，階級出身以及種族等人為因素造成機會不平等的情況，應加以消除。至於才能（talent），羅爾斯認為以能力為標準，固然比較接近正義原則，然而仍然不合理。蓋就個人能力的形成而言，其實深受後天因素的影響。因此諸如自然的，社會的與家庭的環境、包括營養狀況、生活方式、文化氣氛以及受教育的機會等等，都對個人能力的形成造成重大影響，使得社會弱勢階級處於不利的地位。因此，民主主義的平等觀念主張消除造成個人能力差異的根源與條件。政府應致力於縮小貧富之間的差距，改善社會弱勢階級的生活條件（Rawls, 1971：5；74）。質言之，不應由社會的或自然

的機運來決定個人在社會中利益與負擔的分配。因此除了應消除影響個人能力形成的人為因素之外，羅爾斯認為為了使社會職位與地位向所有的人平等地開放之原則得以落實，有利於先天的潛能較優越者之措施，亦應加以調整。因先天的潛能乃屬於「自然的機運」（natural contingency），其與後天的環境機運（social fortune）一樣，所造成人與人之社會差異的影響，應儘量減輕（Rawls, 1971：96）。基於此一原因，他認為社會建制還應本基於此一原因，他認為社會建制還應本著「損有餘以補不足」的精神，使先天條件較差的人，亦能獲得真正的公平的機會平等。羅爾斯這種以後天的社會建制彌補先天潛能差異的觀點，就近代以來的平等訴求而論，可謂又向前推進一步。

第五節　正義論的修正與發展

　　1971 年羅爾斯發表《正義論》一書以來，到現在已有三十多年了。在這三十多年中，有超過一千五百篇以上的論文及好幾本專書討論及批評他的理論。然而，羅爾斯對於這些批評卻很少直接作出回應。到目前為止，桑岱爾（Michael Sandel）的《自由主義與正義的種種限制》（*Liberalism and the Limits of Justice*）一書對於羅爾斯的理論作了最深刻及最徹底的批評（Sandel, 1982）。羅爾斯對於這些批評，雖然很少作出直接的回應，這不表示他對這些批評沒有好好思考。實際上，從 1980 年以來，他確實發表了一系列的論文，這些論文係針對這些批評，經過省思之後，對他原來的理論作

出了種種的修正（這一系列的論文包括：Rawls, 1980：515-72；Rawls, 1982：1-89；Rawls, 1982：159-85；Rawls, 1985：226-51；Rawls, 1987：1-25；Rawls，Rawls, 1988：251-76；Rawls, 1989：233-55）。這些修正不僅只是枝節的小修補而已，而且是相當根本性的修正。因此，《倫理學》（*Ethics*）這份刊物就出版了一期專集來討論羅爾斯正義論的最新發展。以下就個人對羅爾斯對他的正義論提出那些修正與發展，提出如下的探討：

在〈Justice as Fairness：Political not Metaphysical〉一文中，羅爾斯即說到他對於自己的理論所作的一些修正與改變：

> 的確，在某些觀點上，我已經改變了我的看法，無可置疑地，在其他的一些觀點上，我亦已經改變了自己的看法，但我卻沒有意識到些改變（Rawls, 1985：223-4）。

然後，他在一個註釋中指出他所作的一些改變與修正。例如，對於基本利益（primary goods）說明的改變。這種改變使得這種說明不再只是心理學、社會學式的說明。其次，他指出，他不再認為正義概念（conception of justice）所提出的理論根據是一種知識論或形而上學的理論，而是一種實用性（practical）的理論。質言之，羅爾斯的理論究竟有那些改變？艾爾內森（Richard Arneson）在《倫理學》（*Ethics*）專集的導論中就指出了有三個改變。而袁爾斯頓（William A. Galston）則指出有四個改變（Arneson, 1989：686-7）。而依個人的研究認為羅爾斯理論有四個重大的改變，即（一）是，對於原初情境的訂契約者之動機作了某些的修正。由於這種修正，對於基本利益說明亦作出了相對應的修正。（二）對於正義原則的普遍性（university）觀點的改變。在《正義論》中，

羅爾斯認為由原初情境所推論出來的正義原則是放諸四海皆準而有效的，但是現在羅爾斯對於正義原則的普遍性卻不再認為具有普遍的有效性。羅爾斯不再把他的理論視為是一種一般的（general）與綜合的（總括的 Comprehensive）理論，而把它視為是一種政治概念（a political conception）的思想體系。而什麼是一般的與綜合的理論，將分別討論這些修正時再作解釋。由於羅爾斯現在認為正義論所提出的理論依據是一種實用性而非知識論的理論，而且，由於他所要建構的祇是一種政治性的理論而非綜合性的理論。因此，他提出一種新的方法。他把這種方法稱為迴避法（The method of avoidance）。以下我將從四個觀點分別討論這些修正與改變。

　　第一點，在正義論中，訂定契約的人在原初情境中並不知道自己具體的人生計劃是什麼。他們只知道自己在回到現實的世界之後會有一個人生計劃。因此，促使原初情境中的訂契者去訂立契約的動機很可能使得他失去自律（自主 autonomy）這個人生的重要目標。在羅爾斯的正義論中雖然談到自律的重要性，但是，他卻未說明處於原初情境中的訂約者如何能夠擁有自律（Rawls, 1971：251-57）。原初情境中的訂契約所追求的祇是基本利益，但是追求基本利益並不一定就表示他擁有自律。因而，在「Dewey Lectures」，中羅爾斯指出，自律與否需端視一個人其人生目標的內容而定。如果參與者只是被一種較低層次的衝動，例如食物與飲料，或者是被某種人或某一個團體，或某一個社群的愛好而推動的話，而認為這些衝動是他律的而非自律的（Rawls, 1980：527）。由於要保持自律，而《正義論》中又無法做到這點，因此羅爾斯在「Dewey Lectures」中對於訂約者們的動機提出了一種新的構想。

他首先指出，任何一個有道德的人（moral person）都會具有兩種的道德能力（moral power）。一種是正義感（sense of justice）的道德能力。此種能力使得他能夠瞭解，應用與遵循道德原則去行動；另一種是一種能夠建構、修正，與合理去實現一種價值概念（利益概念 Conception of the good）體系的道德能力。相應於這兩種能力，訂契者就擁有兩種最高優先序列興趣（highest-order interests）。而這兩種最高優先序列興趣就是去實現上述的兩種道德能力。在這兩種最高優先序列興趣之外，訂約者還有一種較高優先序列興趣（higher-order interest）。這個較高優先序列興趣就是去推動他的價值概念。而這種興趣之所以只是較高優先序列的而不是最高優先序列的，乃是因為它是從屬於最高優先序列興趣的（Rawls, 1980：525）。

雖然羅爾斯在《正義論》中也再三地提到，在原初情境中的訂約者具有兩種能力，同時他們是自由與平等的。但他卻沒有提到訂約者們的最高優先序列的興趣乃是在於發展這兩種道德能力。由於沒有提到這點，所以訂約者在追求基本利益之際，就無法保證他們一定會保持自律。因此，發展道德能力這種構想仍是為了保證訂契者們自律而提出對原來構想的修正。但是，為什麼要把自己的目標訂為發展道德能力才能保持自律呢？而所謂自律即是一個人可以決定他自己的目標。換言之，假如我的目標不能依恃自己的能力而發展，而必須依賴外在的條件，例如我想出名，然而卻必須依賴他人的承諾，就不是自律；反之，只有當我把自我當作對象時，這時候我才不必依賴外界。當然，人是否能充分地自我發展，或多或少需要依賴外界。但是，基本上在追求自己目標這點上，一個追求自我發展的人，已經是無待於外界了。這是康德所謂的自律之意義

（Ellington, 1983：44f）。依羅爾斯在此所提出的構想，正是繼承康德對自律的構想。

　　由於訂契者的目標是在於發展自己所擁有的兩種道德能力，但基本利益是發展這兩種目標所不可或缺的東西，因此，訂契約者對於基本利益的追求也是為了完成一種道德人格的工作。由於這個目標的改變，對於基本利益的追求就不再可能把訂契者牽引到他律的情境中去。由此可知，羅爾斯在這裡所強調的是一種道德人格的實現，也是一種目的論的構想。

　　第二點，羅爾斯所作的第二個修正是正義原則的普遍有效性。從這方面的修正，帶動了政治哲學目的的改變，在《正義論》中，羅爾斯指出，他的正義原則與理論對於所有社會與所有時代都是有效的，換言之，我們可以以正義原則作為判斷任何社會正義的標準。質言之，就是一個社會的基本結構若能符合羅爾斯所提出正義兩原則，則社會的任何分配就越公平，反之就越不公平。依此推論，正義原則具有普遍有效性，所以，它具有客觀性。由於越不公平。依此推論，正義原則具有普遍有效性，所以，它具有客觀性。由於正義原則有客觀性，因此，政治哲學的目的就在正義原則有客觀性，因此，政治哲學的目的就在於了追求真理。但是，自從 1980 年以來，羅爾斯就放棄了對正義原則作這種普遍性有效性的要求。依他的觀點，認為政治哲學的目的端視它針對社會的目的而定。因而羅爾斯說：「政治哲學的目的端視它面對社會的情況而定，在一個立憲的民主社會中，它的重要任務之一是提出一個有關正義的政治思想體系。」（Rawls, 1987）而他所提出的正義就是公平的（justice as fairness）理論。換言之，就是他面對立憲民主的社會所提出的一個正義論。至於這個理論是否可適

用於其他社會，羅爾斯不敢預先作判斷。他說：「公平性的正義是否可以被擴及到不同歷史與不同社會條件之下不同種類社會的一個普遍的政治思想體系，則完全是另外一個問題。」（Rawls, 1985：225）所以，羅爾斯指出：

> 我相信，以哲學作為追求一種獨立的形而上的與道德秩序的真理，並不能為一個民主的社會提供一個可行的，大家可共同接受的與基本的正義的政治體系（Rawls, 1985：230）。

如果在一個民主社會中，政治哲學的目的不再是追求真理，那麼它的目的是什麼？羅爾斯於是提出了「交疊的共識」（Overlapping Consensus）這個概念。由於在一個開放的民主社會中的人民有不同的宗教信仰、哲學主張、及人生目標與理想，要在這樣一個多元的社會中建立起一種統一的思想體系是不可能的，只能靠一種政治上正義的思想體系，而這種正義的思想體系必須得到不同宗教信仰、哲學與人生理想倡導者或主張者之支持，才能達到某種程度上的共識。因為持有各種不同宗教信仰、哲學與人生理想的人，各有他們所堅持的教義與理念。因而，要他們放棄他們的堅持而要他們在所有的事情上達成共識是不可能的。因而，依羅爾斯的觀點，認為他們的共識只能限於政治正義的共識，而這種共識稱之為交疊的共識（Rawls, 1987：1）。

什麼原因促使羅爾斯由普遍原則轉為特殊原因，以及由真理的追求轉為交疊共識的追求？羅爾斯認為由於不同的時代與社會背景，及不同的文化與歷史條件所形成。因而處於不同時代與社會，及不同的文化與歷史條件之下，就有不同的正義觀點。由於政治哲學的目的是在於其實用性的追求而非知識論或形而上學的

追求，因此，從事政治哲學的研究者所致力追求的只是交疊共識而非真理。其次，有一個更重要的原因使我們放棄傳統哲學所追求的普遍性及真理之理由，是我們當代的人不再把政治秩序視為是自然秩序的一部份。而把政治秩序的建立視為是人們所創造的。如果政治秩序是客觀地存在於這世界上的話，它就具有客觀性與真理性才對。但是，當代的人卻不再接受這種客觀的、獨立於人而存在的政治秩序之觀點。因此，依此觀點認為，不同的時代與社會背景，及不同的文化與歷史條件之下可能有不同的政治秩序才是合理的。基於這個原因，我們最多只能追求一般的共識，而無法追求普遍的真理。現代的社會究竟有什麼樣的特徵，令政治哲學的研究變得祇在於追求交疊的共識？羅爾斯舉出了五個事實，他認為一個社會若能具備這些事實特徵，及若我們想要建立社會的統一，我們至少祇能要求交疊的共識。這五個事實是：（Rawls, 1989：234-5；238）

（一）現代民主社會中呈現了許多不同的甚至不能用同一標準作比較或衡量（incommensurable）的總括性的宗教、哲學與道德的理論。這是現代民主多元化社會中一個永久存在的特性或事實，這個事實是不易消失的。

（二）採取什麼樣的手段，才可能使得大家都相信及接受同樣的宗教、哲學及道德的理論？吾人相信只有採取壓制的手段方可與道德的理論之團體的話，也唯有採取壓制的手段才能達成這個目的。而這種壓制的手段，在一個自由民主、多元的社會是不允許的。

（三）在一個自由民主，多元的社會中，每個人都必須志願地與自由地共同支持一種政治體制。換言之，在一個民主社會中，

雖然許多人接受不同的宗教信仰，道德理論及人生理想，但是每個人都必須自願地共同接受它的政治體制。

（四）在一個相對穩定的民主社會中，它的政治文化通常都包含了一些根本的直觀上的觀念。從這些觀念中我們可以建構一個政治上的正義思想體系，以適用於它的民主立憲制度。

（五）在一個民主自由，多元的社會中，每個遵循自己原則與充分理性的人所作的何任判斷很難都是完全一致的。這就是羅爾斯所謂的「理性之負擔」或「推論之負擔」（The burden of reason）。質言之，就是每個人都遵循自己原則與理性，但由於立場或出發點的不同，就往往會得到不同的結論或結果（Rawls, 1989：235-38）。依羅爾斯的觀點，由於現代的立憲民主社會中，具有上列五項特點，而該社會又必須追求某種形式上的統一，因此，我們所能追求的，至多只是一種交疊的共識，而非具有客觀普遍有效的正義原則。上述五個特點中，最根本的特點就是第一項。在一個現代民主自由，多元的社會中，其成員有不同的甚至不可用同一標準比較或衡量的人生觀、宇宙觀與價值觀，所以，在一個多元主義的社會中，我們無法指出那一種價值觀較好或較高。因而，接受某一種人生觀與宇宙觀的人，無法用理性的方法來辯護或證明自己的價值觀才是真理，因為自由主義最根本的信念就價值的主觀主義。由於持有這種價值的觀點，它必然地會引導到把價值的命題歸為是沒有真假可言的立場。但是，某種方式的統一卻是構成任何社會所不可或缺的條件。倘若一群人不接受任何的共同標準，則它就不能構成一個社會。這就誠如社會學家涂爾幹（Emile Durkheim）為什麼說：「任何社

會都是一個道德的社群」。古代社會的統一性是建立在一個
共同的價值體系及人生觀，宇宙觀之上。但是，由於現代自
由主義者堅信價值的主觀主義，因而，認為古代的那種統一
性在現代的民主自由社會已經不可能達成，因此，我們必須
另外找到一個適合於現代民主社會的統一基礎，這個基礎就
是一個正義的思想體系。祇要大家都能接受一種共同的正義
原則，那麼雖然人們擁有各種不同的價值觀，但他們仍然可
以共處於一個社會之中。換言之，這就是自由主義在倫理學
中，「對」（right）「價值」（good）兩個概念所作的區分。前
者是大家必須有共識的，而對於後者，他們允許有分歧的觀
點。這兩種對於社會統一的不同觀點也代表了古代人與現代
人對於社會統一的不同觀點（Rawls, 1985：248-9）。

第三點，現代的社會既有以上所述的五個事實，因此，在一個
民主、自由、多元主義的社會中，就無法建立一個全社會都能接受
的一種總括性（comprehensive）與一般性（general）的正義論。所
說總括性的理論是指一個理論它統攝了人生的價值是什麼，個人德
性與性格的理想準繩是什麼，這些理論內容指引我們應該採取什麼
樣的行為取向。所謂一般性的理論則是指，這種理論可以被應用來
對不同的主題做評估。

羅爾斯於〈Dewey Lectures〉一文中提到最高優列興趣這個概
念時，指出它是一個總括性理論的一部份（Rawls, 1980：525）。而
於《正義論》一書中指出，他的公平式的正義這種契約論是一般性
的理論（Rawls, 1971：8）。但是，自 1985 年以來，羅爾斯就明顯
地放棄了建立一個總括性與一般性理論的企圖。他把政治哲學的目
的改變祇是為了建立一個交疊的共識。依吾人的探討，促使他改變

的最主要原因係受到桑岱爾（Michael Sandel）的批評。桑岱爾指出，羅爾斯的理論是一種義務論式的自由主義（deontological liberalism）。這種理論的主旨就是在於認為「對」（right）優先於「價值」（good）。這種優先可區分為：第一，道德意義的優先，第（good）。這種優先可區分為：第一，道德意義的優先，第二，基礎性或知識論意義的優先。而所謂道德意義上的「對」優先於「價值」的意思就是指，正義的價值高於或優於其他價值。因而，任何人對某一項慾望的滿足，假如與正義的原則發生衝突時，滿足這項慾望所獲得的價值就不被承認。這就是由於義務論式的自由主義者認為，只有當一個社會是正義的時候，其他的價值才有可能得利充分的實現。換言之，這就是義務論的自由主義者堅信「對」優先於「價值」的理念所致。因此，一個正義的架構即是其他價值實現的必要條件，倘若沒有這樣的正義架構，處於霍布斯式的自然狀態中的人們，就沒有實現其他人生價值的機會。所謂基礎性或知識論的意義是指「對」乃是獨立於「價值」而被界定或被建構起來的理論。這種理論與目的論的觀點正好相反。目的論的理論（例如功利主義）認為「對」乃是由「價值」來給予它定義。桑岱爾指出，這種對於「對」優於「價值」的觀點，預設了一種對於自我的觀點。而這種觀點是一種形而上學的理論。但是這種形而上學的理論卻受到許多提倡社團主義者（communitarians）的抨擊（Sandel, 1973：137-69）。

依羅爾斯的觀點，為了要達到一種交疊共識這個目的，唯一的辦法是避免總括性的與一般性的宗教、哲學及道德的理論。換言之，就是在於建立一個政治性的正義思想體系。而這個體系要做到如下三點：（一）它本身不是一個總括性與一般性的理論；（二）它既不是某一個總括性或一般性理論的一部份，也不是由某一個總括

性或一般性理論所推導出來的；（三）它必須與多元社會中的各種
總括性或一般性的理論相容。質言之，羅爾斯認為他建構理論的方
法，與他所建構的公平式的正義理論是完全符合這三項要求，換言
之，它只是一個政治的正義體系，而不是一個總括性與一般性的理
論，因此，它不會像其他總括性的道德正義論，永遠無法得到多元
社會中各種不同宗教、哲學、道德教派的支持。總之，依羅爾斯的
觀點，認為在建構這樣一個政治的正義思想體系時，我們所能用的
概念只是政治性的概念（Sandel, 1973：19-21，42-59）。於受到這
個限制，我們不能從總括性的理論中取出資源來建構這個思想體
系，因此，在建構這個理論時必須另闢資源。羅爾斯指出，這個資
源就是隱藏在立憲民主的文化中，大家所共同接受的一些觀念。由
此出發，我們可以建立起一個政治自由主義的理論。

　　第四點，在《正義論》中，羅爾斯採用了兩種方法來建構他兩個
正義原則的理論依據。第一個是契約論的方法（The contractarian
method），第二個是反思的均衡法（The method of reflective equilibrium）。
契約論的方法，就是指一套有效的原則，乃是由訂約者們所同意的
結果，在原初情境中的的訂約者們，大家都處於那種條件的情況之
下，為了達到自己的目的，共同去訂立一個契約。然後以該契約所
訂立的一套原則來建立社會基本結構的原則。而反思的均衡法則較
為複雜。任何契約論都是以自然狀態（state of nature）這個概念為
出發點。但自然狀態不可能包括所有的自然情狀，因為一方面自然
情狀是無窮無盡的，我們不可能把它們全部都包括於自然狀態之
中；另一方面，每一種契約論都有它的不同的目的。因此，每個理
論家都會採用一些與它的理論相干的事態，然後把它們放進他所描
述的自然狀態之中。因而，羅爾斯即是於他的《正義論》中企圖建

立一個正義理論，於是在他設計自然狀態時，他就把與正義理論不相干的因素排除出去，而只選擇從道德觀點看來是相干的事實。這就是為什麼在原初情境中會有一層無知之幕所擋住的理由。無知之幕把那些與道德不相干的因素排除了。然而，我們怎樣才能知道那些因素是相干的，那些因素是不相干的？這時候反思的均衡法就採用了「深思熟慮的判斷」（considered judgement）這個概念。而深思熟慮的判斷在於為我們建立道德或正義理論提供一個出發點。然後將深思熟慮的判斷現為臨時性的定點（provisionally fixed point），再從原初情境的條件來看這些條件是否與這些臨時性的定點相符合。前者相符合是指，從原初情境中所推演出來的正義原則與我們那些深思熟慮的判斷相一致，就是兩者相符之意。這種相符合情況，羅爾斯稱之為均衡（equilibrium）。但是，事實上兩者很難在一開始的時候就完全相符。若不相符時，訂契約者必須做選擇，例如修正那些正義原則與自然狀態中的條件，以使得它們能與深思熟慮的判斷相符合。但是，如果訂約者對自然狀態所推出的原則很有信心，他們也可以修正那些直觀給予他們的深慮熟慮的判斷，以期達到兩者相符的目的。

前述羅爾斯已不再認為政治哲學在所有社會中都具有相同的目的。及對於正義原則是否具有普遍有效性也持存疑的態度。因而就與他所描述的反思的均衡法相衝突。因為根據這個方法，那些臨時性的定點並非只是限於某一個文化或某一個時代人所提出的深思熟思的判斷，而是所有時代與所有文化中的人所共同擁有的共同點。因而，相對主義者提出這樣的質疑：究竟有沒有這樣普遍的道德判斷？從經驗上看來，我們似乎找不出這樣一套所有社會的人都共同接受的判斷。就如「奴隸制度是不道德的」這個

命題，雖然在現代社會中被認為是天經地義的事情，但是在希臘文化中的人們就不接受它。由於這個事實，反思的均衡法似乎也應該做出相應的修正。其次，現代的社會主義者桑岱爾也一再地指出，羅爾斯的理論蘊涵著一種對自我的觀點。這種觀點認為自我完全可脫離他的目的，目標而獨立存在。這種自我桑岱爾稱之為選擇的我（choosing self）（Sandel, 1973：19-21，42-59）。此外，還有許多社團主義者對於原初情境亦提出了一些嚴厲的批評。他們指出，處於原初情境的訂約者完全是非歷史的（a-historical）與非社會的（a-social）。這種非歷史與非社會的存在都是虛幻的。因羅爾斯把訂契者描述成這樣一種非歷史的與非社會的存在，以為這樣可以保持一種客觀的出發點，實際上他對訂約者的描述，本身已經具有現代自由主義與個人主義的偏見。總之，羅爾斯的這種非情境中的自我（unsituated self）與我們的道德經驗極不相符。所以，社團主義者對於這種完全脫離情境中的自我是否能做為建立道德理論的出發點，深表懷疑。

面對上述這兩點困境，羅爾斯對於反思的均衡法作了一些修正。修正後的方法仍然保留臨時性的定點，深思熟慮的判斷等方法的基本要素。其中唯一修正的衹是把深思熟慮的判斷之範圍縮小。其判斷不再是所有時代，所有社會中人的判斷；而僅是處於民主立憲社會文化中人們的判斷。羅爾斯認為在現代民主立憲的社會文化中，由於大家處於共同的政治文化之中，對於民主政治的實施已有了三個世紀左右的經驗。因此才有這樣一套為大家所共同接受的判斷。依此，羅爾斯認為，從這樣一種縮小的判斷範圍出發，與由於反思的均衡法奠基在這種具體的民主文化之上，似乎可以避免社團主義者所指的困境。

　　除了將反思的均衡法作了上述的修正之外，羅爾斯提出了一種新的方法來達成他企圖所建立的一種交疊共識的目的。這種新方法他稱之為迴避法（method of avoidance）。依羅爾斯的觀點，由於現代社會中具有多元主義的種種事實，使我們無法建立一個共同的價值觀與宇宙觀的統一社會，因此，統一的社會必須建立在另外的基礎上。因而，政治的自由主義者深信在多元主義的社會中，唯有建立一種正義的思想體系上，統一才有可能。所以，羅爾斯道：

> 社會的統一與公民對他們共有的制度的忠誠，不是建立在他們全體所同樣肯定的價值體系基礎之上，而是建立在公民全體公開地接受一個規範社會基本結構的政治正義思想體系的基礎之上（Rawls, 1985：249）。

　　同時，由於在多元主義的民主立憲社會中人們價值觀的不同，人們所能要求的祇是一種交疊的共識。然而，用什麼樣的方法才能達成這種交疊的共識，羅爾斯提出了迴避法與容忍原則，做為達成交疊共識的方法。他說：

> 為了達成協議，我們必須盡可能地嘗試去迴避哲學，道德與宗教上有爭議性的那些問題：就哲學上來說，公平式的正義即刻意地只停留在表面上（Rawls, 1985：230）。

　　如我所說過的，我們把容忍原則應用到哲學本身上去。我們所希望的是，使用這種迴避的方法，對於爭議性的與不同的政治觀點中所存在的岐見，雖然不可能完全地被消取，但是卻可得到舒解。這種建立於相互尊重基礎上的社會合作得以維持（Rawls, 1985：

231）。遵循所謂的迴避法，我們就可以盡可能地嘗試著不去肯定，也不去否定任何宗教的，哲學的或道德的觀點（Rawls, 1987：249）。

> 由於哲學，道德與宗教等問題從古至今都沒有什麼定論，而在多元主義的民主立憲社會中，不同的人持有不同的哲學觀、道德觀與宗教觀，因此，要建立一個社會的統一，唯一的辦法是把這些有爭議性的理論放在括弧中，在我們建構正義理論的過程中，完全不使用到它們。這就是迴避法的作用與目的。

第六節　結論

在西方的哲學界，一部知名度很高的著作，通常和它所遭受的批評，成正比例的關係而增加。因此，《正義論》一書在七、八〇年代受到來自各方面的批評，吾人並不感到奇怪。然而，不論人們的批評激烈到何種程度，他們都從未否定《正義論》的重要性和深刻性。例如，諾錫克（Robert Nozick）在對羅爾斯理論進行批判之前就認為：

> 《正義論》是一部有影響力的，深刻的、精緻的、內容廣泛的系統性的著作。自約翰‧斯圖阿特‧穆勒（J. S. mill）的著作以來，在政治和道德哲學領域中還沒有出現過這樣一本書。現在的政治哲學家們必須和羅爾斯的理論相配合，或者說明為什麼不和它相配合的原因（Nozick, 1974：183）。

　　我們從羅爾斯《正義論》發表後，學者們對該書進行研究，詮釋與評論的盛況可知，羅爾斯的《正義論》已被宣稱為二十世紀中在道德與政治哲學方面最令人印象深刻與最有成就的著作之一。它的分析範圍與層次已超越該研究領域的其他大部分著作（Parekh, 1982：174）。羅爾斯指出，道德與政治哲學不必，實際上亦不能仍然停留於形式上的分析與有關種種概念的探究；而必須與能夠轉變成實質上的探究，去捕捉由道德與政治生活所引起的若干問題。因而，他認為，這些實質上的問題，若沒有系統的去探討人種種的能力、熱望、感情與價值，與若沒有人們界定與表達他們道德本質，保持他們尊嚴，及建立一個大家共有價值世界的方法之結構，就無法去回答這些問題。質言之，羅爾斯以深思熟慮的哲學方法探討所有令人感到深奧的與發人深思的問題。然後，他採取超越傳統學科的研究途徑，要求哲學家去吸取諸如哲學、邏輯、倫理、道德理論、心理學、社會學、政治理論與經濟學等不同學科的理論，以擴大哲學家的視野。依此，羅爾斯慎思遠慮地把他的所有創見合併在一起，然後編纂成一個合於邏輯連貫的與發人深省的理論結構。在《正義論》中，羅爾斯以一種有系統的與邏輯上連貫的手法去思考有關道德與政治生活的問題，企圖以正義原則去規範人的生活與社會財富的分配。依此可知，羅爾斯的著作，是從偉大的道德與政治哲學傳統之中，再次去確認傳統道德與政治哲學的重要性與連貫性，並加以充實其內涵。

　　至於，羅爾斯的道德與政治理論，縱然有很多發人深省與令人感興趣，或吸引人的地方，但是，總有些地方無法令人信服。例如，原初情境的概念提供一種栩栩如生與吸引人的道德推論，其中，他對人道德本質的分析，自我的廉潔（the integrity of the self）與人具

有道德之特性與本質的觀點是具有敏銳力與說服力。而他對自由與平等，容忍的種種極限，政治權威的本質，公民不服從與政治抗爭的種種理論基礎，法治等等之探討是完全令人耳目一新的創見（Parekh, 1982：175）。

此外，羅爾斯的最大貢獻之一是給予自由主義一種新的理論基礎與一種新的活力如羅爾斯指出，自由主義包含有很多思想上不協調或無邏輯連貫性的領域。自由主義談論有關個人的發展缺乏個人如何發展的一種連貫性理論，它論自由，卻以一種狹窄的，消極的方式去界定自由，而未能察知自由的社會基礎與其結果。自由主義論道德，但卻未能去體現，其狹窄的個人主義與消極的自由所導致的一種平等地狹窄的與消極的道德理論的產生。質言之，羅爾斯完全地體驗到與考慮到自由主義有這些缺失或限制，因而企圖提供至少可以克服這些缺失或限制的一種理論。他把自由置於人的道德本質之中，而顯示自由與人自己的價值與自尊意識之間的密切關係。所以，羅爾斯尋求自由的自我，在本質上顯然亦是一種道德的自我，因此，他認為自由與道德是不可分離。所以，羅爾斯能夠給予自由主義賦予一種它本身一直缺乏的一種道德深度的內涵（moral depth）。進而言之，羅爾斯指出人不僅是在物質上，而且亦在道德上，是和本體論相互依存的。因而，依羅爾斯的觀點，認為人們在一起生活，一起成長，彼此有一個完整的發展必須於一個公平式的正義社會之內才有可能。所以，羅爾斯能夠去把自由、平等與正義連結在一起，去解釋自由主義的急進觀點。簡言之，羅爾斯改良了自由主義的內涵與呼吸了一股清新的精神注入於自由派的思想之內，而使自由主義的思想能在二十世紀的社會中仍然存在與發展。儘管，羅爾斯的《正義論》有以上的重要成就與貢獻。但亦受很多

學者的批判，諸如：諾錫克的《無政府，國家和烏托邦》一書，提出最小政府，分配的正義論，反駁模式化與結果性原則與財產權的資格理論等來批判羅爾斯正義論。政治哲學家巴賴（B. Barry）以上三個階段為線索來歸納和概述批判羅爾斯的正義論；而桑岱爾則以〈對與價值的比較〉（The Right and the Good contrasted）為題，認為《正義論》蘊含著一種對自我的觀點，而這種觀點是一種形而上學的理論，或是一種道德的知識論，或是一種對人性的理論，或是一種道德主體的理論，或是一種哲學的人類學（a philosophical anthropology）（Sandel, 1982：49-50），誠如本文前述，一部知名度高的著作，通常和它所遭受的批評成正比例的關係而增加，因而對《正義論》的批評，在古卡沙斯（Chandran Kukathas）與彼第德（Philip Pettit）所著作的《羅爾斯：與它的評論》（*Rawls：A Theory of justice and it critics*）一書之中，對於自由主義者（libertarian）的批評、社團主義者（communitarian）的批評，與羅爾斯的自我評論等，都有詳盡的論述（Kukathas and Pettit, 1990）。但是，這些評論都無損羅爾斯對當代政治思想與自由主義的貢獻，尤其是，羅爾斯根據正義原則賦予西方政治思想方面，自古以來一直處於衝突的自由與平等思想，給予適當的定位，他把自由區劃出來，予以人優先保障。在不影響基本自由保障的前提之下，對於社會與經濟平等的訴求，賦於合乎正義的理論定位。因而，平等價值在羅爾斯的自由主義理論定位。因而，平等價值在羅爾斯的自由主義理論體系之中，獲得了堅實的道德理論根據。

第五章　諾錫克的正義理論

第一節　緒論

近二十多年來，在政治哲學領域的討論中，由兩本明顯差異與對立的兩本著作所主導著：羅爾斯於 1971 年所出版的《正義論》（*A Theory of Jstice*），與諾錫克於 1974 年所出版的《無政府狀態、國家與烏托邦》（*Anarchy, State and Utopia*）（Wolff, 1991：1）。

諾錫克是和羅爾斯一樣具有同等影響力的政治哲學家。他生於 1936，於 1950 年代後期進入哥倫比亞大學，後入普林斯頓大學研究所，1963 年獲得博士學位，並留校任教，1965 年轉到哈佛大學任教，1967 年還不到三十歲就升為哈佛大學的正教授，並曾擔任過哲學系系主任。《無政府狀態、國家與烏托邦》是他的政治哲學的代表作，在他 36 歲那年出版（1974 年），次年即被授予美國國家的圖書獎。該書在學術界所引起的轟動並不亞於《正義論》（Solomon and Murphy, 1990：130）。

接著，諾錫克又致力於認識論的探究，而於 1981 年又發表了《哲學解釋》（*Philosophical Explanation*）一書（Nozick, 1981）。

其內容更為廣泛，除倫理學、人生哲學外，還涉及到一般哲學的認識論、本體論等方面，也對美國學界產生了深刻與重要的影響，不久就出現了專門的評論文集，並獲得愛默森獎。總之。這兩部著作的發表使他得以躋身於著名哲學家的行列。於 1989 年又發表《檢驗的生活》（*The Examined life*）一書，再次探討有關《無政

府狀態、國家與烏托邦》所探究的主題，及修正他的觀點（Nozick, 1989）。

　　諾錫克的《無政府狀態、國家與烏托邦》一書共分為三個部分，換言之，就是按無政府狀態、國家和烏托邦三個概念分成三篇，第一篇探討無政府狀態即是「自然狀態」，探究國家是否可能從不違反個人權利的方式中產生之，然後，依此推論而認為一個最小的政府（Minimal State），管事最少的政府才是合乎道德的要求；第二篇再進一步地探究國家或政府，除了管理防止暴力、偷竊、欺詐和強制履行契約的執行之外，是否還能管理更多的事，諾錫克探討的結果認為國家或政府的功能除了管理上述的職務之外，不可再擴大政府的職能，若再擴大其範圍的話，就會侵犯到個人的權利，而不符合道德的要求。第三篇是在探究最小的政府是否枯燥乏味，對人是否具有鼓舞的作用與吸引力，由此諾錫克提出了政治理論中最引誘人與最令人嚮往的烏托邦傳統，指出這一傳統所留存下來的唯一合理因素就是一種他所描述的「烏托邦構想」，亦是最小政府的構想，這種構想最能激發與鼓舞人們自願的去探索、冒險與合作，而實現烏托邦的理想與精神。因而諾錫克認為最小的政府才是最能鼓舞人、振奮人發展與進步及最能保障個人權利的政府形式。

　　從以上的簡述與諾錫克《無政府狀態、國家與烏托邦》一書中，吾人可發現，諾錫克和羅爾斯一樣，將權利的問題列為政治哲學的首要問題。但是，兩人的著眼點卻有所不同：羅爾斯關心社會權利的分配，並以正義原則來保證社會權利分配的公正性。而諾錫克的權利概念是基於個人主義之上。他認為任何權利都是個人的權利，個人權利不是對社會權利的分割，它是個人在發揮他與生具來的能

力的過程中所獲得的。國家的功能祇限於保護個人業已獲得的權利，而不能對個人權利進行再分配。

　　諾錫克的《無政府狀態、國家與烏托邦》與羅爾斯的《正義理論》建立了美國政治哲學中並駕齊驅的兩種模式。有很多的人普遍認為，若對這兩種模式的研究，祇知其一而不知其二的探討是對美國現代政治哲學的片面認識，無法探究其全貌。因而，個人於〈論羅爾斯的正義論〉一文發表後，隨即著手研究與撰寫〈諾錫克的政治思想〉一文作一個比較有系統與完整的專文，研究於后。

第二節　最小政府

　　政治哲學最根本的課題之一是為國家的成立找尋理論根據。因而政治哲學家一方面會提出國家的成立乃是為了達到某種目的所必要的，另一方面，他會提出某種理論來支持國家的成立並沒有違反任何的道德原則。所以，不同的政治哲學學派會提出各種不同的理論來辯護他們所支持政體的正當性。無政府主義的根本主張認為，任何形式的政府都會或多或少地違反了一些道德原則。因此，國家的成立，在道德上是無法找到根據的。諾錫克面對無政府主義的論旨，他最後所得的結論是，某種形式的國家組織並不會違反任何的道德原則。他將這種形式的國家稱之為「最小政府」（Minimal State）。諾錫克的政治理念即是最小政府。在《無政府狀態、國家與烏托邦》一書中，他就開宗明義的道：

> 我們關於政府的主要結論是：衹限於反對暴力、竊盜、詐欺
> 和強制實施契約的狹隘保護功能的最小政府被證明為是正
> 當的。任何比這更為廣泛的政府都將因為侵犯人們的自然權
> 利而被證明是不正當的。所以，最小政府不僅是正當的，而
> 且是鼓舞人心的（Nozick, 1974）。

這種最大的個人利益和最小政府的理想反映了諾錫克著作中無政府主義的特徵。所以，他的著作的第一部份就是在辯護最小政府的成立，從道德的觀點來看，是正當的，因此，無政府主義是錯的。第二部份，論證用那些正義、平等及其他道德理念來支持非最小政府的理論是站不住腳的，因為他們的正義論本身是不正當的，是無法被接受的。第三部份則在辯護為什麼最小政府是正當的，是一種值得我們去奮鬥與追求的理想。

關於政府或國家的起源學說，諾錫克和羅爾斯都是社會契約的理論者（Steiner, 1978：295-316）。但是他和羅爾斯的起源論是不同的（Kukathas and Pettit, 1990：295-316）。諾錫克所謂最小政府，是從洛克（John Locke）的自然狀態為出發點。但是，諾錫克與洛克不同之處是，他並不像洛克那樣認為國家的成立乃是依據參與者所訂的契約為其依據。依據洛克的〈勞動引致財產權的理論〉（labor theory of property），其論要旨說，雖然上帝把世界給全人類去享用，從其中取得維持生命及享受生命的必需品，但是，上帝並沒意思限制人類建立私有財產的制度。把公有財產變為私有財產的既充分又必要條件是，人們在一項東西中加入了自己的勞力，也就是說，個人使用自己的勞力製造出來的成果，是屬於他自己的，沒有別人對該東西有權擁有（Locke，in Lastett ed, 1964）。由此可知，

依洛克的觀點，財產權是起源於勞動。在沒有法律規定的自然狀態中，誰通過勞動直接或間接地改變了自然界中的事物，誰就在道義上具有佔有這些事物的理由和權利。

諾錫克同意洛克關於政府起源於保護財產權的需要之觀點，他具體地描述了自然的無政府狀態向政府管理過渡的過程。在自然狀態中，基於保護人們勞動成果和財產權的需要，很多保衛機構（Protective Association）應運而生。這些機構提供委託保護的服務，負責委託者的財產不受他人侵佔（Nozick, 1974：23-24）。這種保衛機構的生存受市場供應關係的支配。基於商業性的競爭，其結果導致一些服務較好的機構會持續擴張與成長，一些服務較差的機構會遭受破產或被兼併的惡運，而在某一些地區終將會產生一個權威性的保衛機構。這種機構代理個人行使保持委託人財產權的權利，它不能，並且也沒有必要去干涉個人的權利（Nozick, 1974：23-24）。

這種保護機構滿足了最小政府的兩個條件：（一）在某一地區中擁有合法使用武力的壟斷權；（二）它保衛該區域中所有人的權利（Nozick, 1974：23-24）。有關這個保衛機構的最重要問題是，它究竟有沒有違反人們所擁有的自然權利？如果它違反了自然權利的話，則國家的成立就道德的觀點來看是不能被接受的。諾錫克指出，這個保衛機構很顯然的並沒有侵害到人們的自然權利。因為人們是出於自願將自己在自然狀態中所擁有的對侵害他自然權利的懲罰權交給了保衛機構。保衛機構的權利及權力是奠基於參加者的自願行動之上的。因此，它是有權懲罰委託者的侵害者。如果國家是建立在這種基礎之上的話，那無政府主義的指責國家會侵害人權就無立足之地。其次，這種最小政府的職責與功能，顯然的祇是防止暴力、竊盜、詐欺等違反自然人權的事。除此之外，國家並沒

有權利對個人作任何要求或強迫他做任何事情。祇要一個人沒有侵犯到他人的人權，國家就不應該對他進行任何干涉（Solomon and Murphy, 1990：132-33）。

第三節　分配的正義論

　　分配的正義一詞並不是一個中立的名詞，以分配一詞為標題，大部分的人會推測某事或某機構（Mechanism）使用某種原則或標準去做諸物的分配標準（Nozick, 1974：149）。在一個自由的社會中，各種行業的人控制各種不同的資源。而新的財產項目的出現引發了新興行業的交易與活動。整體活動的結果是許多個人從事各行業做種種決策的成果。而從事各行業的個人所涉及新產業的紛紛出現，即產生了產權擁有與持股等問題。接著分配問題亦隨之出現（Solomon and Murphy, 1990：313）。

　　分配的正義論，依諾錫克的觀點，是要處理某一個人應該得到些什麼？這是一個規範倫理學中的問題。解決這個問題的辦法是指出一組原則，根據這組原則，進行分配。但是，分配的正義問題，並非一個中央機構如何統籌把已有的東西用什麼道德或正義原則分配給個人的問題，而是個人根據什麼原則而能獲得權利或資格擁有某些東西。在這種取得擁有權或資格的過程中，祇有個人與個人之間的交易是否違反了道德原則的問題。

　　諾錫克認為，本世紀以來，西方政治哲學的最顯著特徵是分配主義（distributivism）或再分配主義（redistributivism）這種理論主

張透過政府權利的運用對財產權進行重新立法，對個人的財富進行重分配，以求達到拉近社會貧富之間的差距。這種理論指導政府的政策取向和措施中表現為社會福利政策與國有化經濟。針對這種發展傾向，諾錫克提出，任何妨礙個人追求自己利益與目標的政治權力和社會立法與秩序，是侵犯到人權，是不正義、不正當的。因為依據他的「自然狀態」理論，財產佔有人的資格和個人權利行使是同一的。那些更有效和更努力地實現了個人權利的人也具有獲得更多財產的資格。因此，財產的私有與個人資產的增值和個人權利一樣是自然的權利，換言之，財產的私有與個人資產的增值是正當的。所以，凡是主張取消或限制私有財產，個人資本的增值和財產轉讓的再分配理論，是不正當的做法，因為判斷一種政治權力和社會制度是否正義的標準不是端視它們是否最大限度地滿足人們的需求，而是端賴它們是否尊重與保護每個人的權利。諾錫克把自己的分配正義論稱為關於財產權的資格理論（entitlement theory）（Nozick, 1974：150），並把依據一定的模式對財產權進行再分配的理論稱為模式化理論（patterned theory）（Nozick, 1974：150-60）。例如「根據各人的需要」，「根據各人的優點長處」，「根據各人的努力」，「根據各人對社會的貢獻」，以及「平等原則」，都是模式化的原則。反之，一個非模式化的分配原則則可被界定為一個不是模式化的分配原則。

接著，諾錫克更進一步認為，分配正義的資格理論是歷史的；一個歷史性的分配原則。一個分配是否正義與該分配如何發生有不可分隔的關連（Nozick, 1974：153）。反之，非歷史性的原則並不理會一個分配是如何得到的。這種原則所管的祇是最後的分配結果是什麼。功利主義（utilitarianism）所提出的效益原則（The principle of utility）是典型的非歷史性原則。根據效益原則，兩個不同的分配，如果它的效益總和是相等的，則它們是同樣的合乎正義（Nozick, 1974：153-54）。例如在一個分配中，如果甲有 60 元，乙有 40 元，另一個分配中，甲有 40 元，乙有 60 元，從功利主義的觀點來看，它們是一樣地合乎正義。因為它並不考慮甲和乙所作的貢獻與需要如何，而祇有當兩個分配在效益總值上相等而其他方面有異議時，功利主義才會考慮用平等原則來打破僵局。同樣的，平等原則也是一個非歷史性的原則。根據非歷史性的原則，無論一個人過去做過什麼，或是別人做過什麼，它們對分配是否正義都有影響（Nozick, 1974：153-54）。而分配是否正義，完全看它的結果而定。諾錫克將這一原則名之為「結果性的原則」（end-result principle）（Nozick, 1974：153-54）。

　　結果性的原則與模式化的原則並不相同。它們的相異之處是：前者認為在分配問題中最重要的並不是每個人應該得多少，同時大部份的時間，它對每個人實際上可以獲得多少的問題也無法決定；但後者卻可以針對這兩點為分配的主要依據。總之，根據歷史性與模式化和結果的概念，我們可以將所有的分配原則劃分為下列各種類型：

一、歷史性且模式化的原則

二、歷史性且非模式化的原則

三、結果性且模式化的原則

四、結果性且非模式化的原則

　　以上四個分配原則，依據諾錫克的觀點，祇有第二個類型，歷史性且非模式化的原則才合乎分配的正義原則，是可以被接受的。

　　諾錫克在反駁模式化原則與結果性原則中，他再三的強調與堅持歷史性的原則，主張利益的分配應體現在實現個人權利的歷史過

程中，誰在此過程中更充分地實現了自己的權利，誰就佔有更大利益的資格（Nozick, 1974）。資格不是分配的產物，也不需要在某種人為的結構中被重新審定。為了達到某種結果而對個人持有財產的資格進行限制，並對私有財產進行再分配是不正義的。依諾錫克的觀點，不管按照什麼樣的模式對財產進行分配，其結果都會在歷史過程中發生變化：為了維持分配的最終結果，政府不得不經常干涉人們的活動，阻止這些變化發生。換言之，如果要維持一個分配樣式，則政府或其他的個人一定會侵犯到財產所有者的自由與人權（Nozick, 1974：4）。

模式化原則最嚴重的問題，在諾錫克看來就是它會造成國家或政府不斷地去干涉個人權利，侵犯個人權利。而由於他認為幾乎所有的分配正義原則都是模式化的，為了證明這種觀點，他舉例說：假定根據某一個原則，某一種模式的分配 Dl 是合理的正義分配。再假定在 Dl 模式的分配下，每個人所得到的是相等的，也就是說，我們用 Dl 的分配模式是依據平等原則進行分配。現假定美國著名運動員維爾特‧張伯倫（Wilt Chamberlain），在一個依據平等原則（或平均正義）分配的社會中表演籃球，大家都欣賞他的球藝，張伯倫瞭解到這點，因此，當他與某一籃球隊簽合同時，提出每張所售出的入場券中，他要抽取二毛五分錢歸他所有。該籃球隊由於瞭解到張伯倫的吸引力，就答應了他的要求。球迷們也樂意多付出二毛五分錢的代價去看張伯倫打球。一個球季過後，若有一百萬人看過球賽，張伯倫就賺了 25 萬元。假定在球季結束後的分配狀況為 D2。則我仍要試問的是，D2 是否是正義的分配？如果根據平等原則，D2 是不正義的分配因為在 D2 這種分配下，有的人變得比別人擁有更多的錢（例如張伯倫），而根據平等原則，祇有 Dl 才是正

義的分配。但是在張伯倫看來：D2 才是正義的分配，因為 D2 表示的分配是觀眾和張伯倫之間的一種自願交易，觀眾有花錢看表演的權利，而張伯倫有憑本事賺錢的權利，他們之間的交易與第三者無關。但是，政府為了維持平等（平均）分配的模式，會向張伯倫徵收重稅，使其祇能得到相當於平均分配的收入，張伯倫當然不再情願的去表演，觀眾也喪失了一部分娛樂的權利（Nozick, 1974：153-64）。所以，諾錫克說，這個例子在於說明。「為了維持一個模式化的分配，我們必須要不斷地干涉人們以禁止它們做他們所希望的轉讓，或不斷地（或定期地）將某些別人轉移給他的東西取走。」（Nozick, 1974：160-64）這些侵犯了個人權利的原則實質上是不正義的：因而，諾錫克認為我們顯然是無法接受這種後果。因此，諾錫克的觀點，我們必須放棄模式化的原則。

由上述可知，諾錫克認為，模式化的原則忽視了給予的一面，而祇注意到接受的一面，它看到了接受者的權利，卻忘卻了給予者的權利。不管是通過所得稅、消費稅、遺產稅等稅收制度，還是直接徵收企業利潤，模式化的分配正義原則都涉及到對他人活動的擅自利用，都等於是擁有對他人的部分所有權，而這種所有權是沒有根據的，是違反了道德的邊際約束。（moral side constraints）

第四節　財產權的權利資格理論

從諾錫克最小政府至分配的正義論中，我們可以知道，其主要論證的核心就是權利。最小政府的職能只限於防止暴力、盜竊、詐

欺與保證契約的履行而已，反之，政府的職能是在於保障個人的權利與財產，就不可使用非歷史的，結果性的與模式化的分配原則，若用模式化的分配原則，就會侵犯到個人權利與財產，是不道德的，是不正義的。所以，諾錫克認為正義的分配必須是透過兩方自願的交易。而此自願交易的行為涉及到物品和利益所有權或擁有權的不可侵犯。對物品與利益所有權或擁有權的權利，諾錫克除了使用一般的權利（right）一詞之外。特別用一個更具有經濟和法律意涵的一詞 entitlement（權利、資格）來強調這方面的權利。質言之，就是提出關於財產的資格（entitlement）理論，來確立物品與利益所有權或擁有權其自願交易或轉讓的正當性。在諾錫克提出關於財產的資格理論時。首先對「正義的擁有」（justice in holding）提出了一個歸納的定義：（Nozick, 1974：150）

（一）一個人在符合有關佔取的正義原則（The principle of justice in acquisition）下獲取一項財產，那他就有權利擁有這一項財產。

（二）一個人在符合有關轉讓的正義原則（the principle of justice in transfer）下獲取一項財產，那他就有權利擁有這一項財產。

（三）除了（重覆地）運用（一）、（二），沒有人有資格擁有這一項財產。

　　諾錫克依據正義的擁有之定義，認為合法的財產權就是佔有財產的資格（Nozick, 1974：150）。如果資格不是通過人為的分配，而是在歷史過程中自然產生的，那麼，依據何種意義我們可以說，合法的財產權是由分配得來的呢？因而，諾錫克對於正義分配的兩種意義提出澄清如下：

　　第一、自然賦予人們不同的能力，人們運用這些能力創造財富，這是一個將生產能力分配於自然資源之中的過程。貢獻出較大的生產能力的人有資格獲得較多的財富。人們最初財產權的合法性是由生產能力的發揮來界定其定義的。每個人發揮出的生產能力就是他在生產過程中所付出的貢獻。因此從此觀點上的意義來說，他所取得的財富是在一種特殊的分配過程中，將自己的生產能力分配付出於自然資源的人力創造中所取得的。

　　第二、財產的轉讓和繼承也是一種分配。如果最初的財富是合法的，擁有這一財產的人自願將它轉讓給另一個人，那麼，後者由於前者的轉讓而獲得的財產也是合法的。並且，財產轉讓的合法性具有連續傳遞的特徵：如果甲自願將他的合法財產轉讓給乙，乙又自願將其轉讓給丙，那麼丙對於這一財產的擁有也是合法的。財產在轉讓和繼承過程中可能會集中在少數人的手中，但是祇要被轉讓和繼承的財產最初是合法地取得，並且轉讓和繼承的過程也是合法的，那麼，少數人佔有很多財產的合法性便是無可非議的。換言之，擁有財產的資格是在歷史的過程中形成，並且不受這一過程的最後結果所影響。

　　由上述可知，依諾錫克的觀點，一種分配是否正義取決於轉讓和繼承合法財產的過程是否合法，而不取決於這一過程所造成的財產集中的程度。因而使諾錫克的理論成為在為造成社會和經濟不平等的制度與成為在造成社會貧富差距懸殊的社會制度做辯護。諾錫克認為，經濟上的不平等是不平等地行使個人權利所造成，消除或限制經濟不平等必然會侵犯到個人的權利，而侵犯到個人權利的制度都不是正義的。為了避免不正義的制度和政策，政府的權利應嚴格限制在保護合法的財產權和其他個人權利的範

圍之內。這種保護的功能體現在承認並且保護人們擁有財產的資格，並且保證財產轉讓和繼承的合法性。反之。政府干預的目的是在於防上財產在轉讓和繼承過程中被強佔或詐欺。他要求政府不應限制個人擁有財產的數量。由此，政府徵收高累進的所得稅和高額繼承稅，在諾錫克看來都是濫用政治權利，干涉合法的財產權之不正義措施。

第五節　對羅爾斯、平等主義者與馬克思的駁斥

我們探討了有關諾錫克的最小政府、分配的正義、與財產權的權利資格理論之後，可發現以上述三個理論，都以如何保障個人權利與財產為其核心，並且以上三個理論為基礎，進行批判或駁斥羅爾斯的《正義論》平等主義者的平等論，與馬克思的剝削理論。以下就依次探討諾錫克如何對他們進行批判或駁斥。

一、諾錫克對羅爾斯的駁斥

羅爾斯認為一個公平的社會應該以兩個正義原則來規範之。其原則為：（Rawls, 1971：302）

（一）每個人都有權利擁有最高度的自由，而且大家擁有的自由在程度上是相等的。一個人所擁有的自由要與他人擁有同等的自由能夠相容。

（二）社會與經濟上的不平等必須滿足下列二項原則：

使社會處境最不利的成員（The least advantage）獲得大的利益（Rawls, 1971：302-3）。簡稱為差異原則（difference principle）。

各項職位（office）及地位（position）須在公平的機會均等（fair equality of opportunity）條件下對所有人開放。（簡稱公平的機會平等原則）

羅爾斯在他的《正義論》中，以這兩個原則為自由與平等定位。第一原則為自由的優先原則，強調平等的基本自由權利（Rawls, 1971：302-3）。以字典式的排列次序，優先於第二原則，意指在我們注意到經濟正義問題之前它必須獲得滿足。換言之，就是不能基於更大的經濟福利之理由而減少人們的基本自由。因為這些基本的自由權是不可剝奪，不可讓渡、不可侵犯的權利。所以，不得以任何其他理由，包括促進經濟繁榮或社會及經濟不平等的改善為由，而侵犯了這些基本的自由權利。

羅爾斯對於社會與經濟不平等的問題，以第二原則提出深入的討論。他的基本觀點是，社會與經濟上的不平等，必須合乎下列兩項條件：1.使社會中處境最不利的成員，獲得最大的利益；2.社會的各項職位與地位必須在公平的機會均等情況之下，對所有的人開放（Rawls, 1971：302）。第一項條件是容許不平等（差異）的條件，因此有時差異原則專指此一原則而言。而把第二項條件稱為公平機會平等原則。並以第二項條件應優於第一項條件，即公平的機會平等原則優於差異原則（Rawls, 1971：303）。不平等的分配，如果能夠使社會中的弱勢階級或弱勢團體獲致最大利益，則是容許的，但是前提條件是不能因此而限制或阻礙某些人或團體公平參與職位或地位之競爭。

　　羅爾斯根據容許不平等的兩項條件，提出「民主主義的平等」
（Democratic equality）觀念，認為既能滿足使社會中處境最不利
的人獲得最大利益。又能符合公平的機會平等原則。而為了達成
公平的機會平等，有必要對造成機會不平等的因素加以消除
（Rawls, 1971：73）。至於本能（talent），羅爾斯認為以能力為分
配的標準，固然比較接近正義原則，然而仍然不合理。蓋就個人
能力的形成而言，其實深受後天因素的影響。因此諸如自然的，
社會的與家庭的環境、包括營養狀況、生活方式、文化氣氛以及
受教育的機會等等，都對個人能力的形成重大影響，使得社會弱
勢階級處於不利的地位。因此，民主主義的平等觀念主張消除造
成個人能力差異的根源與條件。政府應致力於縮小貧富之間的差
距，改善社會弱勢階級的生活條件。總之，不應由社會的或自然
的機運來決定個人在社會中利益與負擔的分配（Rawls, 1971：
74）。因此除了應消除影響個人能力形成的人為因素之外，羅爾斯
認為為了使社會職位與地位向所有的人平等開放之原則得以落
實，有利於先天的潛能較優越者之措施，亦應加以調整。因先天
的潛能乃屬「自然的機運」（natural contingency），具與後天環境
的機運（social fortune）一樣，所造成人與人之社會差異原則，應
儘量減輕（Rawls, 1971：96）。

　　綜合諾錫克對羅爾斯理論的批評，其主要目標是差異原則。因
為差異原則正是縮小社會貧富之間差異的措施所依據的理論基
礎。然而，諾錫克和羅爾斯都是繼承了自由主義的傳統，他們都把
個人的自由權放在高於經濟利益和社會福利的地位。他們都反對功
利主義，因為功利主義主張最大多數的最大快樂（The greatest
happiness of greatest number）（Bentham, 1970：1-2）。換言之，即

在政策的取向上贊成為了多數人的利益而犧牲少數人的權利，或者為了社會功利而犧牲個人自由權（Plant, 1991：140-47）。

羅爾斯的正義平等原則規範了公民政治權利的平等，而其正義的兩個原則第一項是自由的優先性（The priority of liberty），強調平等的基本自由權（equal basic liberties），及規範了自由權高於經濟與社會利益（Wolff, 1977：85-93）。而諾錫克提倡的個人權利是絕對不可侵犯的（Plant, 1991：123），這一立場雖然比羅爾斯的觀點更為激進，但兩人尚無明顯分歧之處。但是，當他們的理論涉及到經濟上的不平等，涉及到各階級不同的經濟利益時，他們之間的分歧觀點就立即顯現出來。

羅爾斯認為正義的社會應當對經濟的不平等進行種種的限制，並推行福利政策以保護社會中處境最不利的成員。及透過社會立法以拉近社會的貧富差距（Campbell, 1988：85-95）。而諾錫克則認為，正義的體現在於過程，而不在於結果之中；祇要個人的權利能夠充分的實現，那無論什麼樣的後果都必須承受。諾錫克雖然承認，經濟和社會不平等本身並不具正義的性質；但是，他又辯護說，任何取消或限制經濟不平等的制度必然會侵犯個人權利，因此承認和保護這種不平等對一個正義的社會是必要的（Plant, 1991：122-29）。

諾錫克把羅爾斯的差異原則解釋為平均主義模式：這種模式完全忽略到財富的創造過程及在此過程中佔有財富資格的獲取。反之，卻把財富比作從天上掉下來的，待分配的與無主的東西（Solomon and Murphy, 1990：320-23）。所以，諾錫克對差異原則的公平性持懷疑的態度，認為在差異原則之下，有利於社會處境不利的人，而使社會處境不利的人坐享社會利益的分配而喜悅於差異

原則（Rawls, 1971：312）。反之，社會處境較好的人或團體，在正義的分配概念之下，雖然可繼續累積財富而努力，但其努力累積的財富，祇是在於提升處境不利者的利益。如此，差異原則對處境不利者是快樂的，而對處境較佳者就感覺憤恨不平的被對待。因此，諾錫克認為，羅爾斯所建議以差異原則去分配社會合作生產所產生或創造的利潤剩餘，是一種不公平的分配，因為它是偏袒於社會處境不利者的一方。

對於天賦差異的問題，羅爾斯認為天賦是不應得的，從道德觀點來看是偶然任意的因素，因而分配不能受天賦的影響，應當從分配中取消天賦差異的因素，應當把天賦看成是一種社會集體的資產（Nozick, 1974：189-204）。處理天賦差異的方法，依羅爾斯的觀點，就是遵循差異原則，在社會經濟利益領域中盡最大的努力去促進社會處境不利者的利益。對於此問題，諾錫克認為羅爾斯不能用道德「應得」（desert）的論據來辯護這種觀點。質言之，諾錫克駁斥羅爾斯的錯誤是，雖然羅爾斯僅把差異原則的應用限於在經濟利益分配的領域，但若不承認人們對其天賦擁有其權利，那麼就可能會有把差異原則擴展到其他領域（如政治、人身）的危險。例如，會有可能擴展到人的身體，即人身器官移植的領域，就可以把人的器官也用來促進最不利者（社會境最不利成員）的利益，換言之，假如你的眼睛已看了五年，現在應當把它移植分配給某位盲人了（Nozick, 1974：189-204）。依此，諾錫克認為羅爾斯的差異原則是令人無法接受，甚至是非常可怕的原則。

最後，諾錫克指出，羅爾斯把天賦視為是集體資產的觀點，即暗示著可把天賦做為征收人頭稅的合法性。依此觀點，那麼利用自己天賦條件在努力辛苦去創造發明的人，不就是在貪污、濫用和揮

霍公共資產嗎？依此，天賦就必須被強行套上為他人服務的名詞？
難道不應當鼓勵天賦較高者自願去為他人服務嗎？為什麼要禁止
人們用天賦來為自己或自己所喜愛的人謀福利呢？這種禁止之後
不是隱藏著嫉妒嗎？（Nozick, 1974：189-204）因而，諾錫克認為，
天賦差異是一種事實，一種道德上中性的事實，我們並不去褒揚
它，但也不要去貶抑它，我們祇需去承認這一種事實。然後，去想
辦法或緩和這種事實所帶來的不幸，但決不可以通過國家用強迫的
辦法來解決，這只會造成社會新的，或許是更大的不幸。而且利用
國家使用強迫的辦法，是侵犯個人權利的行為，是不正當，不允許
的（Nozick, 1974：189-204）。

　　總之，我們把諾錫克的理論體系與羅爾斯的理論體系作比較，
我們可發現諾錫克的觀點是屬於天賦自由權或天賦的財產權，天賦
的財產權意味著，當我得到某種東西，而其他人對它並沒有優先的
擁有所有權時，我們能夠完全保有它的權利（Solomon and Murphy,
1990：320-323）。所以，這一種理論體系對天賦的能力不加任何的
限制，以至由於偶然因素造成的社會和經濟差異就會越來越懸殊，
而終將會造成社會的不穩定與不安。反之，羅爾斯所鼓吹的是福利
自由主義，因而其理論體系可促使社會的穩定（Nozick, 1974：
177f；Tuck, 1979：58f）。

二、對平等主義的駁斥

　　我們由諾錫克的財產權的權利資格理論中，可發現其正義資格
的概念係在駁斥或抨擊平等主義（equalitarianism）。這種駁斥或抨
擊並不意指諾錫克贊成或支持不平等。反之，這種駁斥或抨擊係針

對他反對任何模式化的資源分配之利用而發（Wolff, 1991：123）。因而，依諾錫克的觀點，經由某種中央的重分配計劃，如經由「社會計劃」（social planning）來促使平等是有異議的，因為這會違反或侵犯到人民對他們財產權資格的擁有（Wolff, 1991：123）。

在諾錫克的《無政府狀態、國家與烏托邦》一書中，提到許多著作者，在他們的著作中就假定一個不平等的社會，就等於是一個不公平的社會；所以，依此推論，假如自由主義會導致社會的不平等，那它亦會導致社會的不正義（Wolff, 1991：123）。因而，諾錫克問及，為什麼我們總是會把財富的平等與財富擁有的正義關聯在一起呢？這是什麼觀點呢？諾錫克認為這種觀點來自於威廉斯（Bernard Williams），他不精確地推論認為，人們應讓接受一種資源的平等分配，並認為社會的重要利益（vital goods）應該基於需求作分配。這是平等主義的重要論點之一。例如，英國國家衛生保健署（British National Health Service）就依這種需求原則作醫療的服務。質言之，威廉斯環繞著醫療保健的主題與範例來建構他的論點（Williams, 1973：240）。他「把預防醫學置一邊」（Leaving aside preventive medicine）的想法，而論證醫療服務應根據其「內在目標」（internal goal）再按照需求來分配，由此，那些生病的窮人和生病的富人應得到同等的服務（Williams, 1973：240）。

依據諾錫克的觀點認為，威廉斯的論點係假定如果有一個行動其中有一個「內在目的」（即使人們在醫療的保健之下使人民健康），那麼該行動就應該被安排去盡力地實現這個內在目的，這就是一個必要的真理（This is a necessary）（Nozick, 1974：232-235）。依此，國家或社會供給利益（goods）基於需求似乎就是滿足這種需求的方法。但是，諾錫克指出，假如醫療服務應該基於醫療需求

的理論根據之上是一種必要的真理的話，那麼假如理髮師的服務是基於理髮需求的基礎之上，與花匠的需求是基於草地的需要修剪基礎之上的話？這是非常荒謬的（Russell, 1987：205-6）。因為，諾錫克認為，理髮師也許是以理髮謀生，因而理髮謀生就是他從事這種活動的目的（目標）。難道理髮師從事理髮活動，除了謀生之外，還有其內在目的嗎（如滿足理髮需求）？使他必須按這一內在目的分配他的活動嗎？同樣地，一個花匠必須把他的服務分配給那些需求草地修剪者嗎？諾錫克認為，威廉斯祇有看到分配的外觀和現狀，而沒有注意到分配的東西是從那裡來的問題，祇看到接受者的一面，而沒有看到給予的一面，這對給予者而言是不公平的（Nozick, 1974：232-235）。

對於需求的問題，華爾熱（Michael Walzer）企圖以「社會目的」（social meaning）取代醫學的「內在目的」去確立以需求為基礎的供給是適當的（Walzer, 1983：88n）。他認為，在我們的社會中，健康對我們是如此的重要，因而對於健康的醫療應該由公共所提供，而這種供給基於需求是可靠的。所以，華爾熱更進而認為，假如好的理髮服務被視為是社會所不可或缺的，那麼去基於社會目的的需求而提供或供給理髮的服務就是對的（Walzer, 1983：88n）。總之，對於威廉斯以醫學的內在目的與華爾熱以社會目的做為需求的基礎之觀點，諾錫克都是持反對的態度，因為他認為，無論醫生、理髮師或花匠，從事他們的事業，大多都是以賺錢或營生為目的。

當然，還有其他平等主義的辯護，就是利用自尊（self-esteem）與嫉妒（envy）的概念。依諾錫克的觀點，認為一個嫉妒的人，假如他不能擁有其他人所擁有的東西（例如才能等），他寧願其他人亦無

法擁有它（Nozick, 1974：239）。所以，平等主義的反對者時常指出平等的問題基本上是基於嫉妒的考量。依此，假如窮人不能擁有的東西，基於平等的考量，富人亦不能擁有，如此，就沒有人應該擁有。這就是為什麼平等主義被貶抑為「拉低水平」（leveling down）的一種主義，所以，諾錫克認為出於嫉妒心理而訴諸的反對，被認為它含有正義的訴求，是一件不可思議的事（Wolff, 1991：125）。

至於平等與自尊的相關問題，有些平等主義者認為要使社會所有的人都有自尊，那首要的工作就是促成社會物質的平等。諾錫克首先指出這種主張的弱點，而認為自尊並不端視鑑於自己與他人的平等而定，而是端視吾人評估自己獲利比許多人或大部分的人多或少而定。所以，諾錫克認為自尊必然是一個比較的概念（Wolff, 1991：126）。因而，諾錫克認為以資源的平等分配來發展一般人的自尊，既不是必要，也不是足夠的。反之，要發展一般人自尊之道，可以鼓勵一般人朝多方面的發展，使每個人依自己的能力及程度，做合理的發展。

三、對馬克思的駁斥

我們都知道，資本主義的發展，帶來了工商業的發達與社會的繁榮，但也產生了社會貧富的差距與社會的動盪不安。如自由主義被廣泛地認為是導致一個不受限制的資本主義所以形成的原因（Wolff, 1991：126）。從馬克思傳統思想之內對資本主市場的兩個重要批判是在資本主義之下工人是異化的（alienated 疏離的），及工人是受到資本主義的剝削。然而，諾錫克卻從他理論觀點去駁斥馬克思對資本主義的這種批判。

　　諾錫克含蓄地認為馬克思對異化問題有三個指責，其指責為：
第一、資本主義未能提供有意義的工作；第二、資本主義阻止「工
人掌握」（worker control）他們自己的經濟活動；第三、資本主義
時常不允許工人對其切身的問題有其發言權。面對馬克思的這三個
指責，諾錫克首先對「有意義的工作」（meaningful work）界定其
意義為：（一）有意義的工作是一種可發揮自己本能與潛力，面對
挑戰，而有創意與自主活動的機會。（二）個人認為處於這種的工
作活動是有價值的。（三）在這樣的工作活動中，個人知道他在達
成某種整體目標中他扮演何種角色。（四）這樣，他有權在決定他
的活動時，必須考慮他所致力的偉大事業。依此，一個人就能對他
所從事的工作與其間的表現感到驕傲，而能夠感覺到他是一個有價
值的人，做了一種有價值的貢獻（Nozick, 1974：247）。但是，馬
克思認為，在資本主義之下，很多人就無法去運用他們的技術與本
能，以發揮個人的能力與潛力去從事有意義的工作，致使對個人的
發展受到限制，而造成個人很大的傷害。

　　諾錫克對馬克思的這種論點，提出駁斥道，無意義的工作所造
成的不幸對資本主義而言是由於特殊原因所造成。依事實而言，經
驗告訴我們這是任何工業社會，資本主義或社會主義社會所產生的
負作用（副產品 by-product）（Wolff, 1991：127）。因而，諾錫克認
為資本主義的市場決不會造成不可能提供有意義的工作。假如有意
義的工作就是有效率的，那依市場的標準，有意義的工作就比無意
義的工作較有效率。所以，有意義的工作在市場上是有效率的。因
而，假定某人是準備為了從事有意義的工作而願意支付代價，換言
之，假如工人真正地想要從事於有意義的工作，那他們的心理就應
該有所準備，儘管他們準備從事的工作其工資較低，如他們仍然願

意屈就的話，就須接受較低的工資。如此，工人基本上就須面臨優先選擇的問題：即無意義的工作與高工資，或有意義的工作與低工資的選擇問題。

假如上述的選擇似乎完全地與自由市場的理論相符時，就有兩方面的問題。第一個令人注意的事實是，眾所週知的，大部份低賤的與令人喪志的職業或工作，時常其工資是較低的。其理由是有很多的工人只適合於從事低賤的工作。這個事實足以顯示出有意義的工作與高工資的工作之間，對祇適合於低賤工作的工人而言，並沒有兩者可選其一的機會。第二，凡是為了維持他們自己與他們家庭生計的工人必須面對一個嚴重的兩難，即為了從事有意義工作而接受低工資的代價就必須犧牲其家庭的生活水準。如此，對許多工人而言，這是一個慘酷事實的選擇。面對這兩個問題，進而一步的去假定，假如效率時常是工作專業化與重複的一個直接結果，那有意義的工作就比純化單調的工作更無效率似乎是可能的。同時假定我們決定要去把一個社會轉變成一個有意義工作的社會。以上這兩假定的結果，依諾錫克的觀點，這種的結果將會使人民的平均生活水準降低，因而使社會的生產力降力。依此推論，若每個人想要去從事有意義工作的話，就須過著較低生活水準為其代價。因而，理想的解決之道，似乎成為諾錫克的理念，即凡是想去從事有意義的工作的人就得選擇較低的工資，反之，凡是想過著一個較高的生活水準的人就得從事於最好待遇的工作（Wolff, 1991：128）。

對於資本主義不允准工人掌握他們自己的經濟活動之問題。雖然某些廠商對工人的民主做了某些讓步，但這些讓步是非常有限的。如此，很多工人的生活就得生活於去遵循他人的工作命令，而

沒有發言的權利，或甚至沒有權利去發現與瞭解執行那些工作命令的理由。但是，諾錫克指出，假如工人想要去掌握他們自己的命運的話，為什麼不能發動或進行工人們自己的合作企業？依理論，這些的合作企業在市場經濟中應該可以經營的很好，因為股東可以從合作的企業中獲得其利潤，而減低成本（Walzer, 1983：177-178）。但是，無論如何，諾錫克對於工人長期從事於合作企業的成就並不表樂觀，因而他指出如此可能會發生經濟的種種問題。因為合作企業有支持每個工人對整體利潤做平均分配的傾向，如此這種合作企業就會維持於較小與較低的效率，而且，合作企業對長期的投資計劃缺乏刺激力或沒有增加投資的意願（Nove, 1983：133-141）。依此，在本質上相同的問題亦會如有意義工作中所發生的問題一樣會在合作企業中發生。況且，雖然合作企業若被認為是重要的，但與資本主義企業相較它就比較缺乏經濟效率。所以，合作企業開始經營時，其支付它成員的工資就會低於市場的工資（Wolff, 1991：128）。總之，雖然合作企業有如諾錫克以上所指出這些缺失，但諾錫克亦認為祇要工人經營的合作企業一旦可聚集資本而成立，而且經營得法而興隆起來，並能回報最初的工人投資者，及能在一個市場的經濟中生存。依此，工人在資本主義之下，祇要他們合作，他們仍然可以掌握他們自己的經濟活動。

　　馬克思指責資本主義時常不允許工人對其切身問題有其發言權。因而，馬克思認為在資本主義之下人們就變成外國力量的玩物（the plaything of alien forces）。吾人的生計就須依賴吾人服務公司的管理決策，例如，公司可以決定去進行自動化的生產，那就會暫時解雇成千成萬的人。那我們的命運與生計就受制於公司的營運與管理決策之中。對於馬克思的這種指責，諾錫克就以「旋律交響樂」

（Symphony of the Air）為例指出，旋律交響樂的存在，有賴於托斯肯尼尼（Toscanini）是否繼續做該團的指揮，如果他退休，其他音樂家必須尋找另一個工作，他們大多數人將只能找到一個較差的工作。由於托斯肯尼尼的退休決定將嚴重地影響到其他成員的生活，在這個交響樂內的所有音樂家都將對這一決定持有發言權嗎？依諾錫克的觀點。這不是資本主義市場經濟應該給予人們對於影響他們切身利益問題時有其發言權的問題，因為資本主義是假定於無政府主義的結構之上，所以，這是不可能的。反之，一個社會經濟組織的新型式被要求建立，在此新型式之下的活動就會經由民主的方式所規劃，而對於人民權益給予關切。如此該社會經濟組織的新型式自然地就會給予人們對於影響他們切身利益問題中有發言權（Nozick, 1974：254）。

馬克思對資本主義市場批判的第二個重要論點是，資本主義市場的存在是依賴資本主義者對工人的剝削。事實上，吾人可以注意到在馬克思的剝削理論之中有兩個重要的問題要去說明；即去解釋資本主義者如何去製造利潤，與去證明資本主義對工人是不公平的。馬克思很清楚地宣稱剝削理論首先就是被要求去解釋的問題，但是，他亦企圖去把資本主義對待工人的問題視為是不公平的問題，已是一個爭執性的問題（Lukes, 1987；Geras, 1989：211-267）。因而，隱藏在道德的剝削理論之後的一般理念是，剝削的被使用是去做為達成另一目的手段或工具是不公平的或錯誤的。如此，剝削就被視為是不正義的一種形式，而且更重要的是，剝削顯示是未能把他人視為是一個人。

諾錫克對於馬克思的剝削理論持有異議。諾錫克認為馬克思主義解釋剝削現象是根據工人無法擁有生產工具（Means of production）（生產因素），因而，工人不得不向資本家出賣他們的勞

動力（labor or labor power），由於工人沒有生產工具，無法從事生產活動。依此可知，工人為了謀生就不得不和資本家打交道，因而，就形成所謂的剝削（Nozick, 1974：5）。所以，諾錫克認為，如果一個公共所擁有的與所控制的生產機構，其規模很大，任何希望加入該種公共機構工作的人都可志願加入該機構工作，那麼就足以排除所謂勞動的剝削問題。特別是，如果除了公共機構之外，還有一部分私人擁有的生產企業機構，雇用志願在私人機構工作的勞動者，那麼，這些工人也就不是被剝削。儘管有人試圖說服工人不要在私有制的企業工作，但工人們還是選擇在私人企業工作，這也許是因為工人在私人企業中能得更高的工資或報酬（Nozick, 1974：5）。實而言之，諾錫克對資本主義的辯護是在於企圖去凸顯工人並沒有被迫去為資本主義者工作。簡言之，假如工人不是被迫的為資本主義者工作，那麼，對工人而言就沒有所謂被迫的與不公平的問題。

第六節　結論

　　從以上諾錫克的最小政府、分配的正義論，財產權的權利資格理論和對羅爾斯、平等主義者與馬克思的駁斥觀點觀之，可發現諾錫克是一個自由主義者（libertarian）（Wolff, 1991：133）就整體而言，自由主義已認同於一個極端放任自由的資本主義形式。其主要主張是堅持私有財產的權利與市場的經濟。人民的選擇不受任何中央與權威當局的約束。人民可隨他自己的意志去出賣他自己所擁有的東西，與隨人民的意志去買人民他能夠付得起的東西。依自由主

義的觀點。很明顯它是有意於去允許不受拘束（放任的）的資本主義，但它並沒有強烈地去推薦資本主義。因為，當代的資本主義有若干重要的觀點（aspect）與自由主義發生矛盾。諸如，法人組織的人格是什麼？貨幣供給的規定與管理如何？都是資本主義所必要建立的理論。然而，這些理論是否完全地和自由主義的原則相符就令人質疑（Hayek, 1960：Chap.15）。

就如，依諾錫克的闡述，最小政府的存在，祇是為了維護人們在自然狀態中擁有的洛克式權利（Nozick, 1974：Chap.5）。依諾錫克的那種洛克派理論的變動，這些權利中包括不可侵犯的財產權，或一種不受到所得稅侵犯的權利。在諾錫克看來，所得稅形同強制勞役。那麼，最小政府的財政開支從何而來：不是來自於諸如消費稅（user fee）或國家彩券（state lottery）之類的非強制性手段，因為，正如諾錫克所指出的，（Nozick, 1974：25）它們祇要為國家所壟斷，就會提高必要的稅收，從而必然侵犯權利。事實上，正如諾錫克的批評者所指出的（Rothbard, 1982：chap.29），由於它的最小國家理論中並沒有提到稅收理論，因而其最小政府的理論是無法成立。所以，依格雷（John Gray）的觀點，認為任何洛克派的最小政府理論，有一個不可避免的缺陷，是它不能按照洛克式基本權利的不容侵犯之精神，來解釋其稅收的必要性（Gray, 1986：77）。這種最小政府理論之必然不能成立，明顯地表現於諾錫克所提出的下述方案之中，即以國家履行保障權利的職能，來補償個人所喪失的洛克式自然狀態中人們自行懲處違規行為的權利——這是一種不攻自破的方案，因為事實上，這種權利的轉移可能得不到人們的同意，而對那些不同意的人來說，這便意味著剝奪了諾錫克的理論所推崇備至的那些權利（Nozick, 1974：30）。所以，諾錫克理論的不足之處，正如斯賓塞（Herbert Spencer）《社會靜力學》

（*Social static*）（Spencer, 1970：Chap.xix）初版中所包含的那類更早的理論一樣，表明了最小政府的構想是站不住腳的，而且確實祇能部分地自圓其說。

其次，在諾錫克的最小政府理論中，提供人們對烏托邦心懷幻想，人們可依志願組織形成的形式，擬想社群或共同體（Community）的建立。而且，依諾錫克的最小政府理論，並不是，一個單一化構想的烏托邦，而是一個多元主義的烏托邦。因而，在這樣的烏托邦構想之下，人們可隨他自己的意願去參加或離開一個社群。如此，吾人為什麼要認為一個社會應該被建立於資本主義或共產主義的理論基礎之上。假如這個社會的資本主義者可隨他自己的意願離開而去做他們想要做的，而共產主義者亦可隨他自己的意願離開去做他們想做的（Nozick, 1978：22-23）。像這樣多樣性與流動性的社會，其社會如何運作與生存？實令人存疑。總之，諾錫克對烏托邦的描述發生了一個嚴重的困境，即是在烏托邦這塊擁擠的土地上是否有足夠的空間提供每個有能力的人去做他們想做的事，而不會擾亂到他人，或至少不會傷害到人們的財產權利。雖然諾錫克承認過份的擁擠將會導致社群之間種種關係的維繫發生問題，但他的理論僅顯示於有充分的空間，而沒有許多人的土地上，才可適用。由此可知，諾錫克的烏托邦架構，如上所述，顯然比任何其他的烏托邦構想更不真實。

依諾錫克的理論觀點，基本上，吾人亦可把諾錫克視為是一位自由派的政治哲學家，在各種不同的生活方式之間堅守中性的學者（Jones, 1989：9-34）。但是，依烏爾福（Jonathan Wolff）的觀點，諾錫克應該被標榜為一個保守主義者（Conservative）似乎是更為普遍的看法。對於這種看法，烏爾福並沒有提出證據去佐證它。然

而，他祇是提到在政治上把種種觀點過份簡化的分類，可能會導致把種種觀點置於政治光譜中的某一種觀點上，由此，可能把諾錫克視為是接近於右派而非左派的一位保守主義者（Wolff, 1991：136）。但是，諾錫克卻從未聲言他是一位保守主義者，況且，依理論上的分析，保守主義的主流並不歡迎諾錫克加入他們的行為。依史克魯東（Roger Scruton）對保守主義的辯護，在他的《保守主義的意義》（*The Meaning of Conservatism*）一書中，認為「保守主義者強調權威、憲政、制度、傳統、習慣與忠誠是完全地與自由主義者的最小政府主義無法相容。」（Scruton, 1984：31）況且，關於諾錫克的「租稅只是被迫的勞動與由此在天賦上是不公平」的觀點，史克魯東認為，「倘若我們有意於去承認這樣的一種論點的話，那麼我們就完全破壞保守主義者的事業，而終止去承認受彼此與國家束縛的人民種種義務的網狀組織。」（Scruton, 1984：106）而許多傳統保守主義者的信念－在其設計的社會中就有諸如：自然的階級層系、國家主義、神聖的意旨等信念（Kirk, 1953）。這些信念對諾錫克而言，完全是無法接受的。

　　依諾錫克對自由放任的強調，諾錫克的觀點被認為，似乎是更接近十九世紀自由主義的精神，而甚於任何其他的政治運動。無論如何，在實際的政治狀況發展中有許多的理論無法去匹配於每個對立的、單一的，右派的與左派的政黨，而認為當前的右派政黨已逐漸地轉化為現代的自由主義者。因而自由放任原則就注入於傳統保守主義的原則之中。由此我們可以理解到有一種不安的，潛在的不穩定發生。即老右派（Old Right）與新右派（New Right）觀點的混合就逐漸地主導了一直被稱謂的保守主義的思想。

　　老右派與新右派之間的主要相關觀點是立於辯護私人財產的理論基礎之上去有效地反對社會主義與平等。但是，它們在有關什麼樣的財產權利型式是值得辯護的問題上有歧見。在傳統保守主義者的思想之中仍然保留有封建財產理念的一種形跡，其中財產的擁有者所關切不是個人，而是關切家族的政策取向。因而，這種貴族出身職責束縛的理念仍然保留部分的傳統保守主義的思想。這種非志願的責任之認知與自由主義者的財產權利觀點相對照可知，自由主義的財產權利是著重於擁有者的選擇權利，而對財產權利使用的唯一限制是它絕對不可違反到他人的權利（Schlatter, 1951）。兩者之間的這種差異無可避免地會導致在政策取向的判斷上採取不同的考量。考量到一個擁有土地的家族是否應該被允許去破壞他們家族所傳下來具有偉大建築學與歷史意義的鄉間大廈，與出售場址給工業主義者去建立一個安全，但是卻令人厭惡的化學工廠。如此可知，雖然傳統的保守主義者與自由主義者可以形成一個政治的聯盟，但在其重要理論的問題上卻使它們區分的很清楚。

　　事實上，在自由主義者或自由放任的思想之內亦可敏銳地去以兩個立場（strand）去區分之。第一是諾錫克以權利為基礎所持的立場；假如我們有意於去尊重人民的權利，那麼我們就必須心存自由主義，而不論它更進一步的種種結果如何。第二是在於主張自由放任的自由市場，其辯護是基於經濟效率的功利主義理論基礎之上。這種研究途徑特別地呈現於佛利德曼（M. Friedman）與海耶克的著作之中（Wolff, 1991：137）。由於立場的不同，所以，古卡沙斯（Chandran Kukathas）與彼踢特（Phillip Pettit）就依其立場把自由主義區分有實用的自由主義者（Pragmatic libertarians）與原則

的自由主義者（Principled libertarians）。實用的自由主義者如海耶克就認為，假如我們希望去使人民的欲望獲得滿足，最好的方法是給予政府一種較小的角色，如此規定的被執行就透過市場對資訊的充分利用使個人的欲望獲得滿足。換言之，就如其他的實用的自由主義者所主張，唯有那一種安排承諾去提升最大功利的生產，以達到巴瑞圖最適狀的滿足（the satisfaction of the Pareto-Criterion）：即最大效益的生產（Kukathas and Pettit, 1990：75）。而原則的自由主義者，如諾錫克的立場就基於權利，而非基於經濟的效率。

最後，《無政府狀態、國家與烏托邦》這本書的成就如何？我們都知道諾錫克在學術性政治哲學的門徒很少，但是，在過去十多年之中每本和正義、財產，或政治義務有關的出版著作都會討論，或至少涉及到諾錫克的著作。由於羅爾斯與諾錫克的著作從 1970 至現在都持續地主導了政治哲學的發展。為什麼會有如此的影響？以下吾人就針對這種原因探討如下。

《無政府狀態、國家與烏托邦》一書的第一個長處是它在政治哲學方面強力地凸顯出一種引人注意的、強有力的、不妥協的與新穎的觀點或立場。這樣的觀點或立場至少已有一個世紀未再出現。不僅成為當代學術性哲學的主流。而且其所呈現出的活力與氣勢、寫作風格或方法使本書充滿著令人嘆為觀止與新奇的論證。這種的論證方式不僅是政治哲學以前未曾出現的，而且亦很少有如此抽象與敏銳的論證方式。尤其是本書對於對立的觀點所提出的辯護，不僅充滿了睿智，而且亦充滿了刺激。簡言之，這樣一個單一的著作不僅對現世已被接受的觀點造成很大的挑戰，而且亦造成如此引人注意與關切，是因為它代表一個極端的觀點或立場。所以，它是政治哲學方面劃時代的一部巨著，而令人如此地去關注它與研讀它。

　　總之，諾錫克的極端主義是基於隱藏於自由主義的自由概念的假定之上。這種自由概念即是你的自由是你的權利，你可依道德的法則（規範）去行動——去做你有權利去做的事。而這些權利是基於所有權理念的基礎之上。如此可知，諾錫克的政治哲學是在於採取吾人有自己私有所有權的絕對權利之理念，採取吾人正當地擁有或占有的絕對權利。這就是為什麼所有權的修辭與辯護在諾錫克《無政府狀態、國家與烏托邦》一書中所佔有的重要性。由此對各種福利措施或政策的提供都基於使他人的東西變成你的東西的理論之上去進行批評，並進而提醒一些功利主義者、平等主義者與福利經濟學家對私人所有權的尊重、對所有權獲得的歷史過程給予考量。這些都充分地凸顯出諾錫克的主要成就就是希望把權利的概念很堅定地帶回到政治哲學中來探討。

第六章　杜爾金的正義權利理論

　　政治道德與社會選擇是否完全地或部分地基於個人權利為考量的理念是西方政治學中一個為大家所熟悉的研究或探討的主題。我們發現這個理念很清楚地被探討於洛克（John Locke）與伯尼（Thoma Paine）的自由派理論之中，暗含於康德（Immanuel Kant）的道德與政治哲學之中，至少有疑問地被探究於羅梭（Fean-Jacques Rousseau）與彌勒（John Stuart Mill）的著作中。在實際運用的層次上，個人權利的理念在美國與法國革命的憲政改革中，就看到該理念的被提出。此後，每個政治性的社團（association）都會提出「每個人都有其自然的與不可侵犯的權利」為其保護與追求的目標（Waldron, 1984：1）。

第一節　功利主義與自由派的權利觀

　　由此，侵犯權利就時常被許多學者引述為不正義的一個標準範例。所以，許多權利的理論家，諸如：麥克都納德（Margaret MacDonald）〈自然權利〉（Natural Rights）福拉斯托斯（Gregory Vlastos）的〈正義與平等〉（Justice and Equality），哈特（H.L.A.Hart）的〈有任何的自然權利〉（Are There Any Natural Rights？），吉爾斯（Alan Gewirth）〈有任何的絕對權利？〉（Are there Any Absolute Rights？），李昂斯（David Lyons）的〈功利與權利〉（Utility and Rights）

一史乾隆（T. M. Scanlon）的〈權利、目標與公平〉（Rights Goals and Fairness），杜爾金（Ronald Dworkin）的〈權利就是王牌〉（Rights As Trumps），馬克（J. L. Mackie）的〈可以有一種以權利為基礎的道德理論？〉（Can There Be A Right-Based Moral Theory？），雷斯（Joseph Raz）的〈權利為基礎的道德〉（Rights-Based Moralities）（Waldron, 1984：1），諾錫克（Robert Nozick）的《無政府狀態，國家與烏托邦》（*Anarchy, State and Utopia*）（Nozick, 1974）與羅爾斯（John Rawls）的《正義論》（*A Theory of Justice*）（Rawls, 1971）。他們的著作都單純地以權利的方式去分析正義，認為正義是在於尊重種種權利，並對侵犯權利或妨礙權利的行為提出種種補救的方法。但是，由於他們界定權利與正義，給予不同的概念或意義，因而就給予爭議中的種種權利產生了不同的詮釋與內涵。這是由於權利理論家，在論證權利中其哲學理論的基礎不同而有所不同。例如，功利主義者，休謨（D. Hume），亞當‧史密（Adam Smith），邊沁（Jeremy Bentham）及彌勒（John Stuart Mill）等建立了一套很有系統而且又可以涵蓄各領域的功利主義。其理論一方面可以做為個人道德行為的指導原則，另一方面它又可成為社會、政治、經濟及法律等領域的建構原則，因而羅爾斯說當代的許多哲學家指出，自從十八世紀以來，功利主義主導了西方的倫理、政治、經濟及法律等領域的思想（Rawls, 1971：vii-viii；Dworkin, 1977；vii-ix）。但是，功利主義卻有著它本身所無法克服的困境。最嚴重的困境是它與洛克自由派的自然權利理論無法相容。例如，自由派的傳統之中，就有某些哲學家堅信，假如權利的被理解是基於社會的與政治的道德的一個先前的理論（a Prior theory），諸如功利主義的理論基礎之上，那權利就可真正地被享用（Waldrom, 1984：1）。因此，功利主義者與自由派自然權利理

論家之間對於人權可以作為提供政治道德的一個起始點（a starting-point for Political morality）之理論的問題上，就引起了邊沁和其他的功利主義者把它視為是野蠻的與有害無意義（wild and pernicious nonsense）（Bentham, 1824，in Bowring, 1943：491ff；Stark, 1952：332ff）。由此可知，功利主義的鼻祖邊沁已清楚地看出功利主義與自然權利之間的不能相容性。邊沁的功利主義認為苦樂是可以計量的。所以，他提出一套「快樂的數學」（the calculus of pleasure）做為計算行為結果所產生快樂數學的標準，以決定一項行為是否當為（Bentham，in Burns and Hart, 1982：38-42）。根據這套數學，我們可以把行為所產生的快樂與痛苦加以合計，使苦樂互相抵銷，然後計算行為結果的苦樂數量。如果行為結果為快樂，則取其最大者；行為結果為痛苦，則取其最小者。總之，以追求最大數量的快樂為吾人行為之標準。換言之，最大數量的快樂，必求諸於「最大多數人的最大快樂。」（the greatest happiness of the greatest number）。邊沁本此功利原則，做為政府立法之原理；進而批評當時流行的自然權利理論，毫無經驗事實依據，不過是「架空的胡說」（nonsense upon stilts）（. Hart, 1983：182-3）。所以，傅利德曼（W. Friedmann）認為：「苦樂不啻邊沁之自然法。」（Friedmann, 1967：312）實言之，依邊沁的觀點，權利，就是法律的結果，是法律的唯一結果。若沒有法律就沒有權利（Miller, 1976：55）。簡言之，邊沁認為並沒有道德或自然權利這種事實存在：所以，道德權利祇是虛構的（Miller, 1976：55）。由此可知，功利主義敵視道德權利的存在（Lyons, 1984：112）。

　　自由派的自然權利學者，自二十世紀 70 年代以來，就有幾位傑出的哲學家，如羅爾斯（John Rawls），諾錫克（Robert Nozick）與杜爾金（Ronald Dworkin）等學者以權利為理論基礎，對功利主義提出

了極為尖銳的批判，並進而建立一套理論與功利主義相抗衡。這些理論都是一種杜爾金所謂的以權利為基礎的理論（right-based theory），和功利主義所謂以目標為基礎的理論（goodbased theory）有很大的差異。以權利為基礎的理論是假定個人有一些自然權利（或稱為人權），這些自然的權利不容許被功利主義所謂的集體目標與效益所否決。基於以上功利主義者與自然權利理論家之間，各以其不同的理論依據論述權利的方式，造成對權利與正義界定和詮釋的不同。

筆者於研究兩位聞名的反功利主義的傑出學者：羅爾斯與諾錫克的正義理論之後，現擬著手探究第三位傑出的反功利主義學者杜爾金（Ronald Dworkin）的權利與正義理論。杜爾金是哈佛大學的法理學法律哲學（jurisprudence）教授與紐約大學的法學教授（Pojman, 1989：611）。所以，他是以法理學聞名於世，在政治哲學方面的重要著作有《嚴肅地採用權利》（*Taking Rights Seriously*）（Dworkin, 1977），〈自由主義〉（Dworkin，in Hampshire, 1978），〈平等是什麼〉上下兩篇，（What is equality）（Dworkin, 1981：185-246；Dworkin, 1981：283-345）、〈權利就是王牌〉（Rights as Trumps）（Dworkin, 1984），等著作。使他不但成為法理學家，而且亦是政治的哲學家。所以，他的權利與正義理論即以法律哲學與政治哲學為基礎。在當代美英法律哲學以哈特（H. L. A. Hart）為代表的法律實證法（legal positivism）為主流的發展趨勢之下，杜爾金採取所謂的自然法理論立場以批評法律實證論，成為攻擊哈特法律哲學的主要勁敵。哈特繼承了邊沁、奧斯丁（John Austin）以來強調實定法（positive law）的傳統，認為法律乃是一種規則（rule）之事，此為經驗事實之存在，無關乎任何「應然」的原則規則的理論依據，無須依賴規則之外的原則，而在於依據規則本身。哈特把規則區分為兩種：一為關於行

為的規則，例如禁止殺人、偷竊或交通號誌等規則，稱之為第一規則（primary rules）；二為關於規則的規則，例如如何制定、修改解釋規則，以及如何承認規則為有效規則——即哈特視為規則之終極理論依據的「承認規則」（rule of recognition）——此為第二規則（Secondary rule）（Hart, 1961：91-3）。其次，哈特把法律與道德做嚴格的區分，視法律為純然的經驗事實之規則。對於此一種觀點，杜爾金抱持反對的立場，認為法律乃是原則的問題（A matter of principle），而非純然地是規則的問題（A Matter of rule）。原則在規則之外，事實上與法律實證論同樣以邊沁為起源的功利主義，即是一套以普遍福利為群體目標之原則。然而杜爾金的原則並不是建立在功利主義的理論基礎上，反之，他反對功利主義以群體福利為原則的思想主流，而把原則立基於個人權利之上。去建立他自己所稱呼的「普遍的權利理論」（general theory of right）（Dworkin, 1977：277）。這個理論的核心所在就是在於對平等概念的詮釋。而這種對於平等概念的詮釋，杜爾金將它稱之為自由主義式的平等（Dworkin, 1977：272-73；Dworkin, 1978：122-28）。然後依序，以平等的概念為核心，去推論出各種的自由權利，以建構正義的權利理論。

第二節　權利理論、形式正義、實質正義與人權

在權利理論的探討中，依一些正義的權利理論家的觀點，他們把正義視為是權利問題即在於強調對個體或個人利益的重視與關

切，而這種對個體利益的重視就在於凸顯正義論述的一種特徵。雖然集體利益的關切亦可以被視為是種種權利的問題。但是，正義理論家心目中的權利基本上是在於保障個人以對抗大量累積利益的個個人，以防止社會財富集中於少數人或利益團體的手中。杜爾金的權利與正義觀點，大部分發表於他的著作〈權利就是王牌〉(Rights as Trumps)一文中。在杜爾金的心目中權利就如個人有言論自由與法律之前人人平等的權利一樣。這些權利應特別地被置於司法權之中並給予立憲的保障。如此，杜爾金的「正義的權利」理論為題，就頗具有正義的反功利主義的特性。

每個人都有其權利的理念，可使每個權利的持有者堅信他具有尊嚴與受到尊敬（尊重）(Feinberg, 1970：243-57)。如此，對人尊重的理念，就時常被認為是基於公平待人的中心概念。而許多正義的權利理論家就環繞著此中心概念，來論述他的權利理論。如何使人受到尊重？如何可以使人受到公平的對待？除了正義與權利概念的結合之外，必須還有法律的保障。因而當正義即是權利的理念和法律的正義結合在一起之際，即可提供一個現成的解釋，為什麼法院被視為是正義的法院。所以，為什麼正義的訴求時常即是要求種種法律的建立，而法律的實施可由法院來監督而不是聽任官僚組織行政裁量權的行使。如此，才能符合法律的正義，換言之，就是符合形式的正義 (Campbell, 1988：23-31)。因此，如何使權利能符合形式正義，然後使正義可以被界定為對待人人以符合他們現行社會所承認的積極權利 (positive rights)。這是一個正義的權利理論家所欲達到的目標之一。但是，無論如何，要依正常的與技術上的法律術語，想把所有的規則或種種的規範都具體表現於權利的形式，是不可能的。所以，如何使所有規則或種種規範都能見諸於權

利表現的形式，就須有一個提供賦於權利規則（right-conferring rules）的一個理論依據（或理論基礎），而該理論依據即是正義的權利理論主題的核心所在。為了探討該主題的核心，權利的研究途徑就須擴大去接納人人同等價值（The equal worth of person）的理念，做為把社會置於一個規則系統的管理之下，提供一個辯護其正當性的理論依據，那麼正義的權利理論的主題才可獲得充實的內容。由此，正義即是權利，就涉及到承認人人同等價值的一個承諾。

人人同等價值的理念本身可以以權利的種種理論為依據來詮釋，使人人成為潛在的權利擁有者或詮釋權利的主題是什麼。為了符合權利的「意向」（will）理論，把權利界定為控制他人行為的規範性權力，換言之，即是權利的持有者可以運作，或他或她不可隨意運作的權利（power which the right-holder may exercise or not at his or her discretion）（Hart, 1973：171-201）。依此推論，權利的主題就可以被解釋為個人應該有這樣的權力，而這些權力的被建立與受到法律或社會傳統習俗所支持時，正義就發生了作用。所以，這樣的自由裁量權力（discretionary power）可以辯護為個人自主性的表現與為了保障個人利益而設計以辯護其正當性。由此，形式的正義就可以被視為是對這些道德上認為值得要的種種權力發生影響。

假如我們採取種種權利的「意向」理論去包括人類有，或應該有他們理性行為者所具有本能的權利之命題，那麼我們就有某種道德權利內容的一個先於法律概念（a pre-legal conception）的起源（beginning 萌芽）。這樣的一個概念，吾人可回溯到康德（Kant）所言，由吉爾斯（A. Gewirth）的論文中所提出的「人人有權利提供人類行動的必要條件」（persons have rights to the necessary condition for human action）（Gewirth, 1978：chapter 2）。當這種觀

點，和人類行動的本質與經驗的先決條件之某些公認的真理
（truism）相結合時，就賦予種種的權利內容給予重要的意含，由
此，就能使形式的與實質的正義本質得以實現。這樣可完全地促使
正義的兩個類型「形式的與實質的正義」併成一種解釋方法，因為
兩個類型都涉及到尊重個人為自主性的選擇者。

　　然而，使用意向理論，來界定或分析權利有很大的限制。譬如：
種種的權利是例行地意含著，諸如年幼的兒童，與心智有障礙者的
權利主題，但是，他們卻缺乏理性選擇與自主行動的能力。
（MacCormick, 1977：189-207）所以，當意向理論包含著正義就是
權利的主題時，意向理論就無法解釋為什麼規則的形式主義不能保
障種種權利或選擇。因而有些學者，諸如：李昂斯（David Lyons）、
雷斯（Joseph Raz）與馬科克爾米克（Neil MacCormick）就採用權
利的利益理論（interest theory of right）（Waldron, 1984：9），該理
論假定利益的保障僅可視為是一個權利的問題，假如權利是如此被
界定，以便去包括所有由規則所保障的利益的話，那人民就可依據
規則去固守其利益。換言之，權利的利益理論，就是一項權利就如
有一項受規則所保障的利益一樣（a rule-protected interests）（Campbell,
1983：92-102）。

　　因為權利的利益理論的確可作更廣範圍的解釋，所以，比意向
理論更適合於去做為權利分析的理論，這種理論分析使聲言要求形
式正義可正常地使用於所有的，或至少大部分的，社會的種種規則
之中，似乎是合理的，此係因為這樣的規則通常特別地強調人的種
種利益。然而，這種理論亦有其缺點，因為它可作更廣範圍的解釋，
所以，雖然權利的利益理論在產生權利規則的內容上做了某種的限
制，但是它仍有力所未逮之處。例如，它仍無法區分種種規則那些

賦予權利而那些沒有。總之，這種可做廣泛解釋的權利利益理論不僅可解釋為什麼形式正義的種種會出現在正常的社會與法律規範的一個整體範圍上，而且亦有利於意識形態的中立。即它並不假定個人選擇要求對一項權利的法律地位之保障，更甚於個人痛苦的解除。依上所述，雖然種種的權利理論有助於使人人同等價值的理念之內容更充實到某種程度，但是權利理論在提供解釋方面似乎有其可信度，然而卻因祇適合分析形式正義的理論體系，換言之，它的確有助保障與增進人類的利益。然而，假如我們希望去促使一個理論，能夠有一個充實實質正義內容的考慮，就須要有更明確的指引，以便對所謂「道德」的種種權利之本質有更明確的體認。由此可更進一步的要求對種種規則內容的正義評估提供種種的標準。

為了擴大正義就是種種權利，從形式到實質正義的假設，我們可訴諸於道德權利的普遍理念（the general idea of moral rights）與這些道德權利的次級範疇之間做區分，這些道德權利的次級範疇之權利，被視為是「自然的」權利（natural）或「人」權（Pojman, 1989：590-596）這樣權利的個別本質之確認是一項困難的與爭執性的工作，而且對於什麼樣的條件之下才可構成一項人權的問題，缺乏一致的共識，因而對人權的真正概念產生懷疑。所以，在分析人權中，大部分的嘗試都從一般的觀點（general Position）出發，即人權是道德權利的一個次級範疇，因為道德權利是普遍的（universal）（道德權利隨時可應用於所有有人之處），不能讓與的（它們既不可被剝奪，又不可被放棄）與具有凌駕的重要性（所以它們超越所有其他的考慮）。

要去辨明道德權利是積極的權利（positive rights），或是消極權利（negative rights）的問題，其處理的標準如何，如何劃分，有

其爭議性。例如，假如要把「社會的」與「經濟的」種種權利，諸如受教育或醫療照顧的權利都列入在人權的項目之內的話，這些權利依它們依某些方式被對待的意義而言是積極的，進而要求積極的行動於其他部分權利的要求時，通常就須端視稀少資源的如何分配而定，因為有限的資源，如何規劃分配並不能於隨處、隨時被保證做到滿足其他權利的要求，因為聲言要求達到完全普遍的程度，不能全然地忽略一個國家個別經濟環境的條件。換言之，對於人權項目的要求，不能忽視個別的經濟條件。

無論如何，假如要達到一個可接受的人權定義是可能的話，那麼實質的正義就能夠保證以這樣的基本權利或人權條件界定之，或以對侵犯基本人權或違背基本人權提供種種補救方法的條件界定之。這個有利於使正義成為許多考慮之中的唯一考慮，而導致我們去制定積極的種種資格（Positive entitlements）與給予人權賦於重要意義。

一般而言，正義就是人權的課題，是要使人深刻印象的形式，把正義和任何種類的權利發生關係所產生吸引之處與所造成的困境呈現出來。例如，把人權對正義與效益（功利 Utility）之間的衝突凸顯出來，使人權不能為了總快樂（the general happiness）而被犧牲，因為人權被界定為凌駕的權利（overriding rights）。因而，人權研究途徑的缺點，即在於它從一個實證主義者對種種權利的解釋依據係以現存社會的或法律的種種規則方式界定的解釋中退卻下來。由此，正義就是人權，就沒有足夠的力量去解釋法律對正義的支持。當然，要去把人權付諸於法律的形式就需要有很久的時間去做種種的嘗試。但是，一般而言，推動人權所做的種種的嘗試更有助於政治的修辭（political rhetoric），甚於法律的設計規劃與判決。所以，

人權的措辭表達了種種的理想與種種的熱望，而理想與熱望需要有志竟成與堅忍不拔地付諸於具體的行動，如落實目標的實現。

　　人權，依據傳統分析所想像的，是無法辯白的評論，因而，被人認為人權的發展與有實際運作的傳統習俗與權利法案對嚴重地有害於個人任何行動可訴諸於各級法院之司法發展的經驗來看，是背道而馳的。所以，縱令這些司法權是與被制定的國內法一致。然而，依歐洲人權法院（The European court of Human Rights），或美國聯邦最高法院的經驗是否可說明實定法（positive law）賦予人權理念實施的能力與狀況。

　　有一個明確立憲地位的權利觀念，使諸權利，縱令由政府使用其他合法（法律所許可的）的種種行動亦不能推翻或阻止人民行使其權利。所以，種種權利的觀念的確已成為既成的事實之後，許多政治的觀察家即樂意接受為對民主政府所造成的種種失誤與過當的行為，及對於易於被認為是不正義的問題，進行查核。因而，假如人權被界定為基本的種種權利，一旦具有明確立憲保障的種種權利，那麼人權的理念似乎可付諸於法律的應用。這個僅經由實證主義者公開地依據人權同等於由人民決定所制定的種種規則之分析來達成之，此案例即可透過正當的立憲條款的制定即可。那麼由此，人權就變成立憲上已制定的種種規則，而由專業的法院，正常地擔任種種規則的執行，因而，人權就不是祇是在人權傳統習慣與特殊法院訴求辯護道德權利的正當性而已。由此，人權可以要求被證實，於人權法案的裁判官在做裁判之中，運用先前存在的（Pre-existing）與先前的法律人權之明確觀念（specific notions of pre-legal human rights）。

　　而凡是以人權的方式提出正義觀點的學者，必須提出他的正義權利理論，界定其人權的定義，並提出一個合於邏輯的解說，與指

出那些違背權利的行為是不正義的。例如，有某些事我們應本著彼此不加害的觀念，諸如刑求的問題，像這樣的刑求是錯的，並不因為刑求是不正義，而是因為基於道德的理由，認為刑求是不人道，而被視為是不正義的。在此案例之中普遍權利理論可供解決道德上的歧見，而有助於解決我們注視權利的種種理論。然而，吾人注意種種權利的理論家，諾錫克，僅僅假定人人有某些自然的權利，然後繼續於這種基本上無法被證明的基礎上建立他的正義理論（Nozick, 1974：chapter 2）。其他的理論家，諸如吉爾斯（Gewirth, 1978）與菲恩尼斯（J. Finnis）（Finnis, 1980），無論如何，對這些問題給予更加的注意。吉爾斯，如我們已看到的，依自主的方式發展一個康德的種種權利基礎，而菲恩尼斯則遵行亞里斯多德（Aristotle）與阿奎納斯（St. Thomas Aquinas）的自然法的傳統。一個特別重要的權利理論著作，由杜爾金所著作的正義基礎，他於《嚴肅地接受種種權利中》（*in Taking Rights Seriously*），提出一種受到認可的努力去於道德的權利觀點與一種積極的權利的縫隙之間建立橋樑，假如成功的話，將對正義的權利理論一文提供一個正義的基礎。

第三節 強烈意義的權利概念

杜爾金是一位正義的權利理論家，其權利理論是權利、正義與法律的結合，為了使其權利具有形式與實質正義的內涵，而努力去於道德的權利觀點與積極的權利（positive rights）之縫隙間建立了橋樑，使他的論文「正義就是權利」的主題之中，權利的概念充滿

了「正義」，而凸顯出其強烈意義的權利概念。然後再推論出權利就像王牌一樣勝過所有其他的政治考慮（Dworkin, 1984：153-4）。由此權利就像王牌這句話就可看出或道出杜爾金心目中的「權利」一詞是多麼具有強烈意義概念。為了理解杜爾金的權利概念，我們首先必須釐清他如何去詮釋「權利」一詞的意義。對於「權利」一詞的意義，我們詮釋的第一個步驟可引自像「P 對 X 有權利」的曖昧含義的界定方式。在 1919 年何菲爾德（Wesley N. Hohfeld）給於這一句曖昧不清的措辭做了很精確的說明，而使「權利」一詞有了更精確的定義（Hohfeld, 1964）。因而本節亦以此種方式來詮釋杜爾金的權利概念。

（一）在大部分的情況下，當我們說其人有權利去做某件事時，我們意指的意涵是，干涉他去做那件事情是錯的，是不對的。或者至少我們要提出特別的理論依據才能去做任何干涉（Dworkin, 1977：188）。

（二）假如某人有權利去做某事的話，如果政府不讓他去做那件事將是錯的，是不對的，即使政府這樣做是合乎普遍的利益（general interest）（Dworkin, 1977：269）。

（三）當我們說在某意義之下某人有權利去做某件事時，它與另外一個意義有著明顯的不同，這個意思是，這是一件對他而言是對的事，或者，他那樣做並沒有錯，某人可能有權利去做一件對他而言是錯的事，例如賭博。反過來說，某件事情對他而言可能是對的，而他卻沒有權利去做那件事，因為別人干涉他做那件事時並沒有犯錯（Dworkin, 1977：188-89）。

就最後這個權利的觀念，杜爾金使用強烈意義的權利概念指出，你有權利去花錢在賭博之際，雖然有人建議你應該以一個更有

價值（值得）的方式去花錢而不要去賭博花錢。但杜爾金認為任何人去干涉你賭博是錯誤的。反之，某件事對他而言可能是對的，而他卻沒有權利去做那件事，杜爾金舉出，假如我們的部隊捕俘到一個敵方的士兵，我們可以說對這位被俘的士兵而言，他想要逃跑是對的事，但是對我們嘗試去阻止他逃跑也不是錯的事。

（一）及（二）可說是強烈意義的權利概念，這個概念使得一個權利的擁有者在擁有某項權利時可以阻止別人對他的行動進行干涉或限制。同時由於他擁有這項權利，他就可以對別人的行動作出限制。所以，當這個強烈意義的權利概念被接受時，一個人可以說別人如果干涉他去做他有權利去做的事情時，這個人在道德上是犯了錯誤，因此，該權利的擁有者可以做一些事來限制那個干涉他的人，而權利的擁有者這樣做的時候，是有其道德上的理論依據。這個強烈意義的權利概念，就像在橋牌中王牌的地位一樣，王牌可以壓倒其他非王牌的牌。同樣的權利可在道德上壓制其他的理論依據。例如以集體目標為政策取向的功利主義。

（三）所說的權利則沒有以（一）及（二）的性質及作用。在此吾人會懷疑，杜爾金舉例戰場的那種狀況中，談權利究竟有何意義存在。兩個交戰國的士兵，在戰場上談權利不知有何用處。同時，杜爾金在談到這個權利概念時，他提出一個人有權利做錯誤的或不對的事情，但是，對於錯誤一詞的意義他卻沒有說明，究竟是道德性的錯誤還是非道德性的錯誤。如果是前者，則吾人會認為沒有權利去做那樣的事情（如果我們把道德瞭解成現代人對道德的瞭解）：如果是後者，則強烈意義的權利概念就已經包含了它。即使吾人故意做錯一件事，如果吾人有權利去那樣做的話，別人也沒什麼權利根據來干涉吾人這項行為，例如，賭博，因此，談權利時祇

要有強烈意義的概念已經足夠了，而且，也祇有強烈意義的概念才有用。

　　從杜爾金持有強烈意義的權利概念看，其主旨在表達個人與政府權利運作的對與錯之觀點，在什麼樣的狀況之下是對的？是錯的？從法律與道德之間的融洽之觀點來論述人民是否有道德權利來抵制政府。因而他更進而提出一個美國人有違背一項法律的道德的權利？對於此論證，他舉出保守主義者與自由派的相同與不同立場。兩方都認為在一個民主政治之中，一個民主政治依原則都尊重個人的權利，每個公民都有服從所有法律的一般道德責任，縱然他所喜歡的法律之中會有些改變。凡是由於他對他的同胞負有責任的人，會服從他們不喜歡的法律，但是這樣的一般責任（general duty）不能成為一個絕對的責任，因為縱然依原則是公平的一個社會也會產生不公平的法律與政策，而一個人除了對國家的責任之外，一個人必須以他對上帝與對良心的責任為榮，假如這些責任與對國家的責任發生衝突之際，那麼他就有資格，在最後，去做他判斷是對的事。假如他決定他必須違背法律，那麼，無論如何，他就必須服從國家強使於他身上的制裁與懲罰，承認他對他同胞有責任的事實是勢不當的，而無法依他的宗教或道德責任而有所作為（Pojman, 1989：614-18）。兩者之間不同之處就是人民對抵制運動（civil dis-obedience）而違法的不同認知。換言之，保守主義者採取法律的觀點來看待人民的抵制運動，而自由派則採取法律與道德融合的立場。

　　對於人民採取抵制運動而違法的問題，依杜爾金的觀點是要去理解人民採取抵制運動而違法的事件中，他是否是道德上的錯誤；及在法律方面他是否有權利而定。像美國憲法賦予其人民有所謂的

基本權利，是被建議去表示以強烈意義的權利概念去對抗政府的權利：其要點為，美國的法律系統一向尊重人民的基本權利。假如人民有言論自由的道德權利，那麼美國政府若撤銷第一修正案（the first Amendment）就做錯了，換言之依據強烈意義的權利概念，人民有權利於對抗政府是假如人民有言論自由的道德權利，他就有權利違犯政府沒有權利採用的法律（Pojman, 1989：614-18）。

第四節　正義與權利理論的建構

　　一般的學者不把杜爾金視為重要的一個正義理論家是基於考慮到杜爾金所謂的社會正義已經分離出法律系絡的範圍，但是，依他所發表的政治哲學方面著作，已表現出他甚為關切社會正義的廣泛問題，就如同他關切法律正義的明確本質一樣。所以，杜爾金認為，他的權利分析在於實現正義係在決定人人有什麼樣的權利與保證人人的被對待以符合這些權利的問題。同時他又認為法官處理法律權利所造成的錯誤，是一件不正義的問題（Dworkin, 1977：130）。接著他堅信種種權利的制定係基於一個相對地重要權利的侵害信念之上……是一個嚴重的不正義（Dworkin, 1977：190）。因而，依杜爾金的觀點，種種權利都特別強調人的尊嚴與人人平等的維護，所以，正義才是推動這些權利實現的真正原動力。由此可知，有了正義與權利之間的互動關係，而後才有諸如實際的差別待遇（positive discrimination）的實際應用是否是一個不公平的問題，而被視為是有關實際應用是否違背正義所影響的這些權利問題發

生（Dworkin, 1977：22, 198，231）。基於此，杜爾金堅定地投入於一個正義的權利理論的創作，或建構。

　　杜爾金把政治的種種理論，包括正義的種種理論在內，區分成三個種類。第一種是由目的論的種種理論（teleological theories）所組成，該種理論最終係基於種種目標之上（由政治的種種行為所提升與維持的諸事物之狀態），功利主義就是這樣的理論之一。另兩種理論是義務論的（道德學的 deontological）理論，其理論係基於行為者自己行為的對與錯的信念之上，而與行為者未來的行為結果無關。在義務論的理論中，有一種是基於權利（right-based），而另一種是基於責任的（duty-based）理論。在這種理論系絡中他說一個人對一個個別的政治行為有一項權利，在一個政治理論之內，假如行為者要求權利時，權衡該理論的目標會受到該行為的傷害，而未能提供它，就是不正義（Dworkin, 1977：169）。反之，一個人有一項責任依個別的方式去行為，在一個政治理論之內，假如限制這樣一種行為的一個政治決定，在該理論之內，雖然沒有系統（或制度 System）的目標受該決定所服務，然而該決定仍是正義（Dworkin, 1977：170）。

　　由上所述可知，杜爾金認為所有的權利理論，包括有以目標、權利與責任為基礎的理論，所有的理論因其規範類型的（type of norm）的不同而不同，其最終辯護的觀點才是基本的。如此，種種目標可以辯護其正當性，係因為種種目標提高種種的權利與種種的責任，同樣的種種權利與種種責任亦可以辯護其正當性，以一種規則的功利主義方式（in a rule-utilitarian manner），在其理論依據上，它們可以提倡某些目標。同樣的種種權利可以基於它們相互關連的責任基礎上辯護其正當性，而種種責任亦可以以它們與權利的相互

關連的方式辯護其正當性。因而，對於目標、權利或責任理論的取
捨，可參考其他更基本的目標，權利或責任以辯護其理論的正當
性。另一方面，各種理論都可堅持它們自己的正當性，而不需要進
一步的去辯護。

最後，無論如何，種種的辯護必須被基於一個或另一個考慮的
類型。每一個政治理論將不僅有它自己個別的種種目標、種種權利
與種種責任的組合，而且最後將榮耀的正當地位給予這些概念之中
正當的一個。因而，每一個政治理論將採取某種凌駕的目標（some
Overriding goal）或某種基本的權利組合，或某種超凡責任的組合，
為基本的，而指出其他的種種目標、種種權利，與種種責任為次要
的與引申的（Dworkin, 1977：171）。如此，所有的各種理論，除了
「直覺主義者的各種理論」之外，所有的各種理論最後都呈現出以
一個多元主義為其理論基礎，所以，它們既是基於目標的（像功利
主義），基於責任的（像康德範疇的令人必須服從的理論），或基於
權利的（像湯姆巴尼 Tom Panine 的革命理論），杜爾金容許政治理
論的所有三個類型都擁有一個正義的概念，所以，三個類型的研究
途徑都可產生積極的各種權利（positive right），然而，他卻把以權
利為基礎的理論視為是有系統的陳述正義概念中較令人合意的研
究途徑。

杜爾金的權利理論研究的焦點，並不取向於普遍的積極權利，
他依據意向理論（the will theory）的取向把普遍的積極權利解釋為
和權利的擁有者可以或不可以要求如他所選擇的行動發生關係，及
他假設在正常的環境條件中正義要求這些權利的執行。無論如何，
他相當關切「歷史背景的」（background）各種權利，這樣的權利
可充當為普遍的積極權利提供最終的辯護，而且亦以歷史背景的各

種權利嚴格地限制於可以被認可的任何目標的正當行為之上。所以，他承認不是所有的目標可以依權利的條件被辯護其正當性，而且堅持不追求一個目標就可成為違反一項基本權利的一個形式。（No pursuit of a goal may be a form which violates a basic right）基本的各種權利是產生各種資格的道德權利或政治權利；假如某一個人對其物有權利，那麼政府否認他的資格即是錯的，縱然政府是依普遍利益而如此如做（Dworkin, 1977：269）。

依杜爾金的觀念，各種的基本權利可以抑制各種的行為，包括尋求目標的行為。那麼為什麼基本的各種權利就像「王牌」一樣，那是因為基本權利包括有自動的超越或排除其他的各種考慮。這種否定的力量，無論如何，是其程度的一個問題，而且所有的權利必須具有某種「排他性」的力量，因為基本權利不能忽略到每個與道德相關的考慮（Raz, 1975：35-48），所以，某些權利就具有更大的排他性力量，或具有以王牌取勝的權力而勝於其他的權力。因而，在凌駕天秤盤上的一端有「絕對的」各種權利存在，此種權利決不屈服於各種競爭的權利或生活上不可缺的各種目標，而同時在天秤的另一端各種的權利卻很少受到重視，即它們卻無法凌駕於任何其他權利或各種目標之上。不過，每種權利必須具有某種門檻的力量，此種力量使每種權利可以勝過其他的各種考慮，否則「門檻」就不能具有權利的功能。

由於這種的設計，所以，杜爾金就能在歷史背景的各種權利之間做區分或辨識，這些歷史背景的權利可在理論方面可為由社會所做的各種政治決定提供一個辯護，與他所謂「制度化的各種權利」，可為由某種個別的與明確的政治制度所做的決定提供一個辯護（Dworkin, 1977：93）。歷史背景的各種權利是抽象的權利，它們

建構政治修辭上「莊嚴堂皇各種權利」，而制度化的各種權利則是
具體的權利，它們被更精確地界定，如此以便去更明確地表現它們
在個別的各種場合，是反對其他的各種政治目的（Dworkin, 1977：
93）。抽象的各種權利給予具體的各種權利提供種種的辯護，但是，
抽象的權利並不採取直接的各種補救方法，反之具體的各種權利是
制度上在個別的種種環境條件中應給予一個人明確的權利。

　　杜爾金的權利分析有一個特異的特徵，是其權利總不是以種種
規則的方式表達之。而具體制度化的各種權利通常係是以種種規則
的方式有系統地陳述之。但是，對杜爾金而言，此即意指具體制度
化的各種權利係以一個非此即彼的方式應用之，所以這些具體制度
化的各種權利構成典型的法律與積極的權利。而這些權利即是正常
法律判決的重要依據，然後，依據法治，各級的法官應該於例行的
法庭引用各種的判決。無論如何，杜爾金並不採用這樣積極權利與
道德權利的差異比較，做為其判決的取向標準，而係把法官限制於
採積極權利的裁定為其判決的取向標準，然後把引出道德權利以提
供各種法律規則的規劃或設計留置於立法機關。反之，他認為法律
本身包含「各種原則」（principles）和「各種規則」。這些原則的辯
識，不是以更重要原則的概論與更加含糊的方式，而是依事實，依
司法的推論來辨識之。所以，原則具有某種份量受到重視，而不是
一個非此即彼的結果。換言之，諸原則對一個個別的判決之推論理
由給予各種不同的說服力，但是，各種原則並不能明確地適合於處
理正在進行的案件。在法律的推論中各種原則的角色基本上是在決
定「很難的」（hard）或是，不清晰的──案件在案件中有含糊不
清的相關規則，或在案件中種種規則所產生的結果是令人無法接受
的，而這個結果係依某些基本法律原則，諸如沒有一個人應該可從

他自己的錯誤中獲益的原則推論而來的（Dworkin, 1977：24）。所以，這些原則在杜爾金的法律規範層系中具體表現出或意含出具有一個更基本地位的權利，其地位更基於普遍的積極權利。

　　杜爾金最具影響力與最具爭議性的著作是他企圖去證實在法律之內種種原則的存在逐漸破壞到法律實證主義的觀點，諸如哈特（H. L. A. Hart）認為法律係由法官（司法）的自由裁量所增補的種種規則所形成的一個系統（制度 system），這是為了解釋在種種規則中的種種曖昧的語意或文句，或為了填補規則之中的種種縫隙或漏洞，這是必要的。他的課題是，假如我們接受法律的種種原則，那麼，各級的法官就有足夠的理論依據，以提供在每一案件中達成一個正確的法律判決（Hart, 1961）。無論如何，那是很難的，因為這些原則是認同於被使用的歷史背景權利去辯護具體權利的正當性，而遵循法律的有效性不僅在積極立法的一個問題，而且亦包括一個道德的面向。這種道德的面向，提出基本的正義要求，並以法律原則表達之，這些法律原則能夠使法官去判決很難的案件，而無需訴諸於自由裁量權。

　　杜爾金堅持法官決定什麼樣的法律通用，而不是由法官自己個人的種種判斷來增補法律的立場。在決定法律中有什麼樣的原則與在個別的案件中給予法官的權衡有多大，或應該引用與社會有關的道德。無論如何，這種與社會有關的道德不是一時的道德風尚，因為它可以以一個民意測驗的方式表達之，而且它亦可以被發現於該社會的歷史發展中其立法與政治文化中所記載的與所推論的種種權利之中。依此，法官即準備適應於去確定或認明這些原則是什麼，因為這些原則可以由建構一個抽象的與具體的諸原則的設計架構中發現之，而這些原則給予所有習慣法的先例（all common law precedent）提供一個合於邏輯的辯護，而這些是被基於原則，立憲的與法律的或法令的根據之上辯護其正當性（Dworkin, 1977：116f）。這是一種類似於律師們推論的方式，律師們竭力去以一個合於邏輯一貫性的整體方式去解釋已制定為法律的相關觀點考慮先前的法律判決去尋求以確定採取什麼法律。依據杜爾金的觀點，這種的法律推論方式是一種擴展的方式，因為對歷史背景的政治理論採更寬地訴求，可以對確定的法律（固定的法律 the settled law）提供最合於邏輯的辯護。依此法官就可以考慮到該社會與社群道德的當前標準和過去政治與法律判決的種種特別法（the specifics of past political and legal decision），因為「政治的種種權利是歷史與道德兩者的產物；一個個人被賦予擁有什麼資格，在文明的社會中，端視其政治制度之實際慣例（運作 practice）與正義而定」（Dworkin, 1977：87）。

以上所述，並不能被認為是杜爾金為了建立法律與道德之間縫隙的橋樑而論述的，因為以上所述是法律的實證主義者所堅持，是非常清楚的。法律實證主義者的目的是為了在立法與司法的決策之間提供一個令人滿意的界線分際的描述，如此就可保持各種權力分際的分類原則。由此可知，法律實證者藉此原則以尋求去證實司法官的決策有一個自主的模式（an autonomous mode），這個模式可與司法官的非被選舉的地位相容。本篇論文的課題基於法官係受法律所限制或束縛，而能夠去遵行法律之要求，而非於每個案件中去創制法律。

為了維護立法權與司法權之間的區分，所以，杜爾金堅持，一方面，以種種規則與種種原則為基礎的種種判決之間，另一方：於涉及某些目標的種種決策之間，應基於尖銳對立的原則。由此，立

法機關可以適時地制定法律以便去促進集體的種種目標，諸如經濟的繁榮，和去凝結歷史背景的種種權利或責任，並且假定立法機關在這些目標的追求中，不會去侵犯到這些權利。總之，無論如何，法官判決案件僅可依據種種規則與原則。簡言之，這是意指法官必須依據權利做他們的判決（因為種種原則與規則是種種權利的具體表現），而不依據種種目標。所以，在一個法律案件中權利的回應是依據人們先前存在（pre-existing）的種種權利對待人人的決定。而這些權利中的某些權利將由立法機關所制定，目的在於促成某些政策，而法官不可以以這些政策的種種目的之觀點做推論，而必須把他們限制於對具體的種種權利之關注。

正義的種種標準給予司法權與立法權兩者顯著的地位，但是，在司法判決的正義方面，其正義的標準是公平的判決，唯有公平的判決才是給予被告或原告權利發生效力的唯一考慮與標準。在立法的正義方面，是在於使種種立法的決定（制定）係依據種種目標與歷史背景的抽象權利的一種結合做決定。然而，為了避免立法機關會傷害到歷史背景的權利，因而，正義力量就在於使以目標為基礎的立法能夠給予否決會傷害到歷史背景的權利。同時，正義是唯一可做為提供立法設計去保障或促進抽象權利的基礎。

以上是杜爾金論述正義、立法與司法之間的互動關係，接著即探究正義，行政權與平等之間的互動關係。在吾人研究杜爾金的〈自由主義〉（liberalism）一文中指出，一般政治理論總是把自由與平等這兩個政治理念視為是相互競爭，有時甚至是互不相容的理念，如果給予人們多一點自由，則平等就要被犧牲一些，同樣的，如果要求給人們多一點平等，則一定要犧牲某些人的自由才能得以完成。這種情形就如桑岱爾（Michael Sandel）所說一樣（Sandel, 1984：

60）。為了解決自由與平等之間的衝突現象，乃提出一個自由派的平等概念（Liberal Concept of equality）。在此概念之下，自由與平等不是對立，而是自由以平等為基礎。所以杜爾金指出：我們論證的中心概念不是自由，而是平等。我假設我們都接受下述的政治道德標準，即政府必須對其所統治的成員加以關照，此乃是因為人類會遭受到痛苦與挫折；接著，政府必須對其所統治的人民加以尊重，那就是說，把人民視為是有能力去建構他們美好的生活理念，並且能夠尊重他們的想法與行動。政府不僅必須對待人們給以關注與尊重，而且必須是平等的關注與尊重（equal concern and respect）。政府不應基於某些公民值得更多關注，因而應該有分配更多之理由，進行財貨與機會之不公平分配；政府也不應基於某一群人比另一群人更高貴或優越之公民良善概念之理由，對自由加以限制。這些標準結合在一起，表達一種可以稱之為「自由主義的概念」，而不是如某些人所陳述視自由為特許放任（liberty as license）之概念（Dworkin, 1977：272-3）。海耶克視自由為外在限制之不存，從杜爾金的觀點即是一種以特許放任為自由的觀點。杜爾金不贊成這種自由概念，他認為在一個政治社群之中的自由，是無法不跟政府成立的道德標準連結在一起。由此可知，政治社群（political community）不同於古典自由主義者所想像的「自然狀態」（state of nature），它基本上乃是人民在政府統治之下的群體（MacCallum, 1987：6-7）。既然如此，那麼討論現代國家人民之自由權利，從政府成立的道德標準出發，似乎是一個合理的推論方式。

當然，根據政府成立的道德標準來推論人民擁有何種權利，由於採取的道德標準可能不同，因而可能推論出不同的權利內容。就此而言，除了基本人權乃因「人」的身分而來，不是因為做為某一

政治社群成員身分的緣故，因此基本人權不因政府成立之道德標準不同而有所差異之外，人民權利的內容乃繫於政府成立的道德標準。所以，就杜爾金而言，權利固然需要設立道德標準，但權利與功利主義就集體目標之效益的考量仍是迥然不同（Dworkin, 1977：153-4）。所以，關於上述平等的關注與尊重之道德標準，杜爾金特別強調其所謂平等的關注與尊重，不是採取「被平等對待的權利」（the right to equal treatment）──亦即平等分配機會、資源或負擔之權利觀點；而是採取「被視為平等來對待的權利」（the right to treatment as an equal）──不是接受同樣的負擔或利益之分配，而是與其他的人受到同樣的關照與尊重之對待的權利。就此一意義而言，如果有兩個小孩，一個病入膏肓，另一個祇是身體不適而已，則僅剩下的一份藥便不是依照「被平等對待的權利」原則，擲銅板來決定該給誰吃，而且依據「被視為平等來對待的權利」，給予那個最迫切需要的病入膏肓的孩子（Dworkin, 1977：227）。同樣的道理，如果兩個地區發生水災，災情輕重不一，則政府依據「被視為平等來對待的權利」之原則，乃是給予災情較重的地區更多的補助，而不是將救災專款平分（Dworkin, 1985：190）。

　　從以上這種權利與平等之間的這種連結給予杜爾金的種種權利理論與他的正義分析提供了基本的道德基礎。從上述可知，杜爾金的基本權利就是「平等的關照與尊重」的權利，而有別於真實平等的對待之權利。所以，杜爾金的正義就包括了被視為平等來對待的權利，而不是平等對待的權利。而在權利的正義分析上，顯示被視為平等來對待的原則是正義真正的概念，因為它是以一個抽象的權利表現之，所以該抽象的權利可以由許多不同具體的政治理想來

滿足之，包括平等主義，應受褒賞的（meritocracy）、平均效益（average utility）、或羅爾斯的公正（Rawlsian fairness）。

從以上探究杜爾金的權利理論中，發現杜爾金的權利研究途徑最吸引人之處，即是提供正義一個解釋的基礎，基於此方式杜爾金把對待人人以符合他們積極法律權利的形式主義和歷史的道德權利發生關係，如此就能夠提供為什麼具體的種種權利可確實執行的理由是值得的。如此就可在形式的與實質的正義之間的裂縫中建立起橋樑。然後，他尋求出超越他所謂一本規則手冊的法治概念（a rule-book conception of the rule of law），該手冊論及嚴守法律規則的理念與贊成一個法治的「權利」概念，這樣的法治權利概念可要求判決者對辯護現存立法制定法律的正當性之種種原則給予應得的重視。而且杜爾金把種種權利與個人應得平等尊重的概念聯運起來，使個人種種義務的道德重要性、個人選擇的行使與自決的追求相連結，所有這些給予正義理念的內容成為一個清晰的與重要的道德理想。

然而，杜爾金權利理論的主要缺點是它未能給予具體的與歷史背景的種種權利之間的關係做一個令人信服的解釋，這個有部分是他必須面對接受他論文中種種理論根據的困境問題，即對艱難法律案件要有一個正確答案，而這個答案必須完全地面對答覆者與接受者兩方所涉及種種權利的發現與應用之間的認知問題。縱然吾人承認對每個法律的爭執都會有一個正確的答案，但是，祇要求以用心做成的推論形式去達成這種答案使接受者去相信各種法律的判決的決定僅僅是基於吾人可以承認為先前存在的各種權利之某種理論基礎上，是很困難的。

　　首先，這種爭論係忽略到公共政策的種種訴求所扮演的實質角色——諸如政府致力於種種目標的成果如經濟效率，及對法院上訴的各種決定其基本事實的提供。例如，杜爾金說到對政策的明顯訴求總是認為可以以原則的各種論點替代之，就遇到這種困境。公共政策的各種辯論可以很容易重改措辭或調整語調，以便其政策的辯論可以以保障或促進受該政策所影響的這些權利方式陳述之。這種策略幾乎無法適應於他對各種目標的辯論，所以，各種政策是非個體化的政治目標，而且亦假定絕對無法免除個人權利的理念。的確，假如接受，對政策與原則的可交替性表示讓步的話，會逐漸損害到所有他已致力去建立有關在法律判決中種種權利的重要性。

　　其次，對杜爾金主張有一個客觀決定方法去決定困難案件中那個判決最可結合各種先例（precedent），各種規則，各種原則，與一個司法權其歷史背景之政治哲學，似乎是信心的問題。假如一個權利答案的觀念僅僅是條例的（regulative），其中該觀念祇不過是提供一個抽象的而無法達到我們法律責任要去打拚的目標，那麼對種種權利的種種訴求不能藉由所涉及的制度化規則或種種原則以實現它們對解決爭執的方法，提供其規範性的功能。最後，因為它僅涉及到接受被指派的人去做這樣判決之決定而已，的確，它可以被認為在某些規則設計方面的真正目的（持別是包括涉及到諸如合理性或正當性的這些標準規則）與許多法律的種種原則之設計的真正目的是在於能夠使司法官使用公平或個人應得的一般理念（general ideas of fairness or desert），以便使正義於個別的種種案例中得以執行。總之這些困境無法由杜爾金最近所提出的廉正諸理念

的使用做為法律推論的一個目標，而能解決這些困境（Dworkin, 1986）。

從這些涉及由參考諸原則以決定種種權利的「道德判斷」不能於實際的運作中被統攝於形式法律推論的方法之下，如此在形式與實質正義之間的縫隙，杜爾金想尋求去建立其間隙的橋樑，不可避免地會再出現。而歷史背景抽象的「種種權利」分解成通則化的道德價值，而該種價值就不能發生像權利的功能一樣藉經由一個權威的規範系統（an authoritative system of norms），可以給我們一個比較客觀的與政治上無爭執性的方法以決定種種資格的問題。

而且，杜爾金不能給我們任何理由去接受諸如包括他贊成支持的這種權利之法律。在美國法理學的傳統之中，把司法權中政治的與法律的文化視為是一個可接受的民主的與把自由派的形式視為是理所當然。如此，杜爾金能夠很容易地把歷史背景的權利與明確內容的道德權利視為是同等的。換言之，要我們去接受形式正義，或法治的重要意義是比較容易，在該系統之內該重要意義即在尋求去使這樣明顯地可接受的應受襃賞的信念和沒有人可以從他自己的犯錯中獲利原則，產生一致的信念。但是，這樣並不能使體現冒犯性政治文化傳統中其種種規則與種種原則產生一致而使人容易接受。在這點上在杜爾金的道德權利概念之中就有一個基本的而又具有矛盾的問題存在，質言之，有時候他認為這些權利是對已假定的法律先例與立法制定的法律給予一個一致的與不矛盾的辯護。有時候他又允許一個訴求以超越隱含於權利之後的所有基本原則之積極權利與評估。即是我們應該以平等關注與尊重對待人人的理念應給予到什麼程度的解釋。

第五節　正義與少數

　　保障少數以防止多數的道德聲言，久已被視為是對正義理論的一個主要試金石，因為它是基於正義的考慮，以尋求限制多數者政治權利的理論根據。此問題的提出是在於對基本民主政治理念的正當性做種種的限制，詳言之，就是在衝突的種種案例之中，諸如立法的爭執性問題，可以訴諸於民主表決的程序以解決，程序的結果在於投票，其中社群的所有成員可以直接地或間接地參與，最後獲取最大多數支持的選擇，應該可約束所有的人。該問題就引起了這種沈默大多數的原則是否意指在一個政體之中多數人所做的決定可不可以沒有限制的加諸於無意志的少數人身上。

　　做某些的限制，當然，是承繼於民主政治的真正概念，因為民主政治必須假定大多數的決定係發生於一個立憲的環境背景之中，在該環境中所有人都有權利去投票與支持選舉。換言之，即是意指民主政治的多數不能取消少數的各種政治權利，並以此充實民主的理念，使民主的理念更擴大到去包括資訊與傳播於舉行選舉中，使真正的少數可以被保證有演說的自由、新聞的自由，甚至有示威遊行與抗議的自由，這些自由都可使少數的言論、觀點與主張等去引起他人的注意。雖然這些民主的理念都凸顯出以大多數的原則為先決條件，但是，此種論證方式的擴大，就是要求在一個民主政治中做理性選擇之際，其尊重少數的民主品質之提高亦可被包括於一個民主政治的理想之中，以便去辯論有教育價值意義的某種形式（Some form of educational provision）是一項民主的權利，而此權利不能由多數的許可或命令而取消。

　　為了防止所謂多數的暴虐（tyranny of the majority）而對多數種種權利的種種限制，可以被視為是正義的一個問題，因而，假如民主政治本身要在該基礎之上去辯護其正當性的話，吾人可以從兩個層面去進行探討：第一，民主政治的制度是基於自決的基礎之上，而不是，例如，基於效益（功利 utility）的基礎之上。而自決（self-determination）被視為是正義的一個面向。第二，民主的種種程序（democratic procedures），一般而言是基於一個非正義的理論根據（on non-justice grounds）被辯護其正當性，然而，民主被辯論係由於它是公平的，因為所有人都有平等的機會參與這樣的種種程序之中。

　　無計如何，除了基於立憲的這些論點之外，是否還有其他的考慮，可特別強調在被多數所強加的種種決定之實質內容上，做種種的限制。在美國的憲政發展中像這樣的種種限制來自於種種權利法案的制定，與從其他立憲的方式對多數的權力進行抑制。基於此種背景，所以，杜爾金就提出平等的關照與尊重的原則，希望能夠以此原則提供我們對多數論的對抗有任何實質的槓桿作用，藉此希望對在法治上被保護的少數者的權利，在邏輯上超越被多數原則本身所引發的諸問題，而提供一個保護的理論基礎。

　　杜爾金在此問題上的討論，其主要論點在於歧視對待或差別待遇（discrimination）的政治系絡上，杜爾金執著於支持反歧視對待法規的論點（Dworkin, 1977：82）。如此，當面對著兩個種族差別對待案例之間的差異比較時，杜爾金就提出兩個案例來探討，第一個案例，一個黑人名字叫史威特（Sweatt）申請到德克薩斯大學法律系就讀，因為州法律規定，唯有白人才可就讀法律系，遭到拒絕。另一個案例是一個猶太人名字叫做迪菲尼斯（Defunis）申請到華

盛頓大學法律系就讀；雖然他的測驗成績與在校成績達到允許申請入學資格，但因為他不是一個黑人或菲利匹諾（Filipino）人，而遭到拒絕（Dworkin, 1977：223），對於這兩個案例杜爾金支持最高法院的判決，認為史威特的被拒絕係違反憲法賦予史威特的權利。反之，同樣的而認為迪菲尼斯的案件，係他的基本權利受到傷害。

　　在這樣的案例之中，他的論點是沒有平等對待的權利，因為這種典型的教育地點不是屬於每個個人有一個優先權（a prior right）的問題，如此，問題是什麼，問題是在於人人是否平等被關注的問題，或是人人是否平等被對待的問題，換言之，就是是否和其他任何人一樣受到同樣的關注與尊重的問題。所以，從前述的兩個案例中可推知史威特沒有受到平等的關切與尊重是不證自明的。而相同的問題出現對迪菲尼斯的對待方式，他的學業成績不給予像其他人的成績一樣受到考慮或尊重。

　　杜爾金對於這兩個案例的反應是在於提醒我們，在前述的兩個案例之中，既不是迪菲尼斯，也非其他任何人，有權利到一所有法律系的大學就讀，而是基於入學政策的決定，在於考慮到社會政策，或群體種種目標的正當性，諸如優良律師的培養必須基於種族平等的考慮，因為他們必須對社會中不同的族群或社群做服務。所以，迪菲尼斯的被拒絕就是基於以目標為政策取向的一種結果。

　　然而，在史威特的案例之中，難道他就沒有申請進入該大學法律系的一個前例權利可循，無論如何，在這個案例中其答案是不同的，其不同不是因為德克薩斯大學法律系的入學標準沒有隱含政策目標（事實上它可促進種族之間的和諧），而是因為其入學標準的申請違反了基本權利，所以，依杜爾金的觀點，此例僅在提醒少數的團體受到歧視對待而感到受辱。

　　為了證實這種事實，杜爾金介紹他對個人的與外在的偏好
（personal and external preference）之間的區分。首先，杜爾金認為
在民主政治的投票中，或功利主義計算效益時，人們所表達的是他
們的偏好（preference）。但是，人們所表達的偏好有二種：一種是
他自己希望自己能夠得到什麼利益、機會等個人的偏好（personal
preference）。例如某甲希望他的社區能夠用錢來建造一個游泳池，
而不要建造一座劇場，係因為他喜歡游泳之故。另一種偏好是希望
別人能夠得到什麼樣的利益與機會，杜爾金把它稱之為外在的偏好
（external preference）。例如，某甲不喜歡游泳，但是他認為劇場
會敗壞社會善良的道德而游泳有益健康，因此，他希望別人去游泳
而不去劇場。在民主政治的投票中，以及功利主義計算效益時，我
們並不把這兩種偏好分開來，雖然外在的偏好並非個人想要得到什
麼樣的機會，但它仍然是一個人的真正偏好，而當這種偏好得到滿
足時，它也能帶來真正的滿足感。但是，杜爾金認為民主政治或功
利主義之所以會與個人權利發生衝突，係因為他們允許在計算時，
讓這些外在的偏好也被計算在內。例如，一個社會在決定同性戀是
否要給予合法化的問題。某甲是同性戀者，他當然會投票贊成同性
戀合法化，這是他個人的偏好。反之，某乙不是同性戀者，所以他
當然不希望別人同性戀，因為他認為同性戀是違反基督教的教義，
因此，他就會投票反對。在這種情況之下，很顯然的，某乙反對同
性戀祇是一種外在的偏好。同性戀的存在對他並沒有構成任何的損
害（假定他們是在私下進行的話）。如果贊成乙的人是多數的話，
那同性戀就無法合法化，在此，由於某乙等人的道德觀念，使得某
一些人的生活方式受到鄙視，甚至被否定了他們可以去那樣做的權
利。很顯然的，倘若政府實施這條法律，那就是沒有對所有的生活

方式採取了同等的尊重，因此，同性戀也就沒有被政府視為是與別人平等的來對待。很顯然的，如果一切都用投票表決的話，權利將會不再存在，因為祇要多數人贊成某件事，少數人就無法維持他們的主張或生活方式。因而，種族隔離政策，即是基於外在偏好，而由多數制定他們希望其他種族團體成員過的種種生活方式。總之，這個考慮並沒有提供在迪菲尼斯沒有被允許入學的案例中給予肯定的行動去影響政策的決定。

個人與外在偏好之間的區分是一個具有特別效力的區分，因為這種區分就是符合古典功利主義與現代福利經濟學的種種假定之上，它們假定理性的種種偏好係基於個人自利的種種偏好。因而，它是否具有一個特別的效力足以去以一個企圖的目標達成禁止剝奪少數者或少數團體基本權利的認知，實令人質疑。反之，它可成為現今涉及解決歧視對待或差別待遇的一個特別設計。因而，在社會利益的分配中，我們就曉得應該排除外在的種種偏好，諸如白人不希望黑人，或男人不希望女人，去擁有某些機會（Campbell, 1988：60）。

如此，歧視的問題和種族、宗教或性別差異，及為什麼這樣不平等會發生的原因，與侮辱等因素並列在一起，就會令人想到這些原因的發生係由於制度的不公平所造成的不正義與不人道。所以，無論基於什麼樣的理由，社會中的少數團體，或個人其條件、長處、才幹與其所發生的痛苦，若不給予像有特權團體的條件、長成、才幹與其所發生的痛苦做相同或平等的考慮，那麼就會被認為是不公平，沒有平等的關照與尊重，或沒有平等的被對待。

同樣的問題發生於，在社會中的少數個人或少數團體都忍受多數偏好的決策結果，因為在那裡的多數僅以他們自己的利益做決策考慮的依據，而忽略社會所有成員的福利與每個個人需求、功過或

應得的（desert）。所以彌勒（John Stuart Mill）關切若一個國家的
人民沒有受到啟迪過所形成的公共意見與授予工人階級投票權而
不受某種限制其所做的政治決定，所產生的恐懼，不僅令我們憂慮
進步的精英份子，為了爭取輿論與選票而被迫採取一種低級的道德
的技倆（through the application of an inferior morality），而且亦令我
們憂慮社會與政治安排的決定會依據未受過教育的與被錯誤引導
的多數個人種種偏好的基礎根據之上做調適。對於這種憂慮的理
由，不是排除外在的種種偏好就可減輕（Campbell, 1988：61）。

　　事實上，外在的種種偏好和社會的決策關係並非是可完全地劃
分清楚，尤其是，若我們是處於公共利益（public goods）的領域
立場上，在該領域的公共利益上就不可能被分割成一小部分一小部
分，與被分配給個個人做為個別的價值項目，例如：國防武力，適
量的警力，建築物的保存，與一般的公共利益，就不能被分割，反
之，採取種種的途徑去辯護國防、警力的維持。此即具體表現對社
群整體福祉的關切，而非具體表現出自我中心偏好的聚合（an
aggregation of self-centered preference）。由此可知，允許外在偏好
在這樣問題的決策之中扮演一種取決的角色是很危險的。

　　依杜爾金最近有系統陳述的決策模型（decision-making model）
由於其模型的錯綜複雜與抽象而難以理解，所以，依其模型要去決
定它的真正結果會怎樣就難以確定。因而就模型而論，對基於種種
權利的正義理論是一個重大的障礙，因此，權利研究的有利途徑應
該是在於建立一個做為人人種種資格權威指導的來源。所以，要去
臆測這些問題是可能的，但是它會顯示出管理資源貨幣化（該貨幣
是否由杜爾金於他所舉在荒島的範例中所提到的哈殼 clamshells，
或其他的貨幣形式）與所有個人化的資源「完全的」競賣的結合，

不會造成一個不對稱的（Skewed）分配，以反對所有目前於現存社會中處境不利的少數團體。但是因為不允許喜好與需求（taste and need）的種種差異存在，及不同能力的人因經濟的種種選擇過程，透過市場經濟的運作，所造成的結果，將無可避免地會導致合法的不平等，由此，其他種種的不平等亦會相繼出現。此時，將似乎可從其他的種種價值觀點去辯護其不正當，諸如可從涉及到按個人長處、優點、才幹或按個人需求（merits on needs）做分配的觀點去辯護其不正當（Campbell, 1988：62）。

　　的確，杜爾金是在尋求去規避某些按個人優點、長處、才幹為基礎（merit based）做分配所造成的不平等，想藉採用徵稅的制度去補償某些天生稟賦上的種種差異。如此有障礙的人就不會聽任去挨餓受凍，而無疑的一個正當被組成的市場經濟制度將會給予某些人，諸如：有優點、長處、才幹的人，較高的報酬，因為他有智慧地做選擇與努力辛苦工作而相對稱於他們天生遺傳的稟賦。總之，對於一個以杜爾金最初資源平等的理想（ideal of initial equality of resources）為基礎的一個社會，接近於一個制度上其種種資源的被擁有比例，按它公民的長處、優點、才幹與過失缺點（merits and demerits）做分配的社會，吾人認為沒有一種理論可以去支持這樣樂觀的看法，而且杜爾金的研究方法，無疑的是不適合去提供種種需求給予滿足的平等。所以，不管杜爾金的租稅改善法如何的進步與明確，其目的就是在於排除「福利平等」（equality of welfare）目標的達成。而所謂「福利平等」即是，在吾人已選擇的生活目標方面達成種種滿足或種種成就的一種平等。

　　當然，杜爾金有很多有關反對「福利平等」這種理想的論文，其論點大部分其目的在於尋求論證平等的種種滿足與種種成就之

不切實際，或無法實行。而有一個明顯比較易於達成的目標，資源的平等（quality of resources）是正義理想中的一個二等的選擇（a second best choice），因為它很難去規避它在直覺上有似乎合理的感覺，而須端視種種資源給予平等滿足的一個平等機會（equality of resources give an equal chance of equal satisfaction）之假定而定。畢竟，種種資源其本身不是目的，而是去達到人類種種目的之手段。而且，種種資源的這種平等無法依據喜好與需求的重大差異做調適之事實，即會出現引發去對抗稀少性利益（goods）的喜好與需求的差別待遇等問題（Campbell, 1988：62-63）。

　　從以上論述與杜爾金的正義權利理論中，筆者首先提出一個正義的權利理論，其建構的基本要素；即形式正義，實質正義與人權等三個概念的結合。換言之，就是一個正義的權利理論家建構其權利理論，所必須具備的內容，因而提出杜爾金的權利理論，按照上述三個組成條件來探討，以契合本主題的研究。然後依序，界定杜爾金的權利概念，是一個強烈意義的權利概念，界定人民與政府之間的權限分際，權利行使的對與錯，人民有憲法所賦予的道德權利去抵制政府使用法律的不當，以凸顯其強烈意義的權利概念。然後在此種權利概念之下，去建構他的權利理論，和正義結合建構以權利為基礎的權利理論，指出原則，規則與正義之間的互動關係，釐出立法權與司法權之間的權力分際，法官的判決依據與權限。進而在正義、行政權與平等之間提出平等的關注與尊重人民的基本權利。如此，就使他的權利理論在形式正義與實質正義之間的縫隙搭起道德的橋樑。最後再以他的權利理論，如何以平等的關注與尊重及平等的被對待，來保障與尊重社會中的少數者或少數的團體之權利，為我們今日民主政治中，防止多數決原則可能產生的弊端，提

供一種槓桿或道德制約的力量，並提出個人與外在偏好的概念，使國家政策的制定，能夠規避外在的偏好，以尊重少數的權利。使杜爾金的權利理論，真正地名副其實的成為正義的權利理論。因而，使他躋身於傑出的政治哲學家之列，而能夠和羅爾斯並駕於自由主義哲學家之列。並為諸學者，如波南特（Raymond Plant）在〈自由主義：權利與正義〉（Liberalism：Right and Justice）一文中，把杜爾金和海耶克、羅爾斯、諾錫克並論（Plant, 1991：74-135）。約翰斯（Peter Jones）在〈中性國家的理想〉（The ideal of the neutral state）一文中，把杜爾金與羅爾斯及艾克曼（Bruce A. Ackerman）並論（Jones.1989：9-34），而桑岱爾（Michael J. Sandel）於《自由主義與它的批判》（*Liberalism and Its Critics*）一書中，專論與批判杜爾金的自由主義（Sandel, 1984：60-79）。由此可知，他是一位和羅爾斯與諾錫克齊名的自由主義哲學家。

　　一般自由主義者所強調的是人們有普遍自由的權利，例如美國獨立宣言中的立場。從這裡出發，以推導出一些特殊的自由以及在什麼情況下，個人自由可以合理地被限制。對一般的自由主義者而言，自由與平等是兩個不同而同時又常常是相互競爭的政治理想。但是，杜爾金否定了人們有普遍的自由權利，同時他也否認自由與平等是相衝突的政治理想。基本上，政治學乃是倫理學的延伸，其目標在於追求「人類真正的善」，這可以說是亞里斯多德以來的一項重要傳統。杜爾金以倫理學為其論據的基礎，透過理論的建構重新給予自由與平等定位，以解決現代自由主義內部對自由與平等的爭議，可以說屬於此一重要傳統之延伸。杜爾金視權利為王牌，而權利的理論依據在於「平等的關注與尊重」之倫理基準。並以「被視為平等來對待的權利」觀點，使社會經濟平等的關注獲得道德的

理論依據。質言之，在杜爾金的自由主義觀點之中，平等的價值獲得了理論上的定位。在這樣的理論定位之下，不啻為現代自由主義國家透過社會立法兼顧社會經濟平等訴求的政策，賦予道德的理論依據。

　　從研究杜爾金的正義權利理論中，吾人深深感到，一位出身於法學，而享譽國際知名的法學家，於專研法學中深深感受到法律使用的種種限制，而希望使用自然權利或道德權利，以濟法律之窮。而致力於追求法律就是正義，正義就是權利的理論建構。其理論的確有很多的創見頗具說服力，但仍有不具說服力之處，如：

一、被視為平等來對待的權利

　　杜爾金把這項權利視為最基本的權利。每個人都有聲言要求政府把他視為與別人平等地來對待的權利。然而怎麼樣的程度與標準才合乎被視為平等來對待，它並不等於在資源上與別人得到同樣多的權利。而且，杜爾金指出，被視為平等來對待的權利有時候意含著平等對待的權利（the right to equal treatment），有時候則不意含平等對待的權利。例如，一個人有兩個孩子，一個孩子病重即將要死亡，另一個孩子祇感覺身體的不舒服，如果在這個時候這個人使用丟錢幣的方式來決定給那一個孩子得到剩餘的藥物，此種做法並不表示他對兩個孩子給予平等的關注（Dworkin, 1977：277）。另一個例子是，假定政府將有限的補助金錢欲撥給兩個人口差不多而受同樣災害的兩地人民，如果政府把兩地的人民視為平等來對待的話，則應該撥較多的款項給予受災較重地區的人民。

因此，對於把人們視為平等來對待有時意含平等來對待人們，有時候可以不平等來對待人們，杜爾金並沒有提起，根據什麼原則或是在什麼情況之下我們該取前者，又什麼情況下該取後者。所以，雷斯（Joseph Raz）就對杜爾金的批評指出，這種情況使得被視為平等來對待這項權利變得空洞而無內容（Raz, 1978：129）。

如果我們從杜爾金所舉兩例中來瞭解他對於被視為平等來對待這項權利的話，它們所表現的都是根據需求而來進行分配的。但是根據需求進行分配卻有它本身的困難。例如，你有兩個孩子，一個需要很少的物質就可滿足，而另一個則需要很多的物質才能滿足其需求，如果根據需求做分配的話，祇需要給前者很少的物質，而卻需給後者很多的物質。而前者所能有的滿足也可能少於後者。這樣你能算是對兩個孩子給予相同的關注嗎？做父母的人如果給他的孩子平等的關注，似乎不僅是滿足他們已有的需求而已，似乎還得鼓勵他們培養自己的品味，使他們能夠有更多的需求，而想辦法滿足他們的需求，如果是這樣的話，關注就不排除家長制式（paternalist）方式。然而這種方式與平等的尊重卻會引起衝突。

其次，如果把需求定在某一水準（基準），這個水準（基準）是大家都應該有權利獲得的。在這種情況之下，不一定每個人都會獲得平等的對待。例如人身安全是每個人的需要，警察的責任是在保障每個人的安全。例如某甲受到恐嚇信，說有人要取他的生命。如此警察單位就應該特別派警員對他加以保護，使他的安全的程度和其他沒有受到恐嚇的人相等。警察局這樣做顯然是給了某甲額外的資源，但是，他們怎樣做才能使某甲所能享有的安全程度與別的

市民一樣（Vlastos, 1984：41-76）。這樣根據需求做分配時，它所
依據的平等概念顯然是「福利的平等」，而非「資源的平等」。因為
我們給予某甲的資源比其他人的資源還要多，而我們說某甲與其他
人平等時，祇能夠指他在福利上與其他人平等而不是資源上的平
等。。但是，杜爾金卻反對福利的平等而贊成資源的平等（Dworkin,
1981：285-345）。因此，他所謂被視為平等來對待的權利，與他自
己的立場有所衝突。

二、平等的關注與尊重的權利

　　杜爾金的普遍權利理論以平等概念為核心，推論出各種自由權
利。在這一意義之下，自由與平等不是對立，而是自由以平等為基
礎。所以，杜爾金指出：我的論證的中心概念不是自由，而是平等。
我預設我們都接受下述的政治道德標準，即政府必須對其所統治的
成員加以關注；是因為人們可能會受苦及受挫折的存在；加以尊
重，乃是由於自由主義者認為關於什麼是理想的人生這個問題，政
府應該採取中立的態度（Plant, 1991：110-121）。其理由乃是由於
對於這個問題我們無法找到一個客觀而有效的答案。這是自由主義
這個理論的主要核心。

　　而且，自由主義是主張多元化的社會，換言之，就是主張一個
多元價值的社會，那麼在這樣一個多元價值社會中，政府或任何人
當然沒有理由把某一種價值強加於他人身上要他接受。如此，就變
成一種暴力，或限制他人的自由，干涉他人的行動。因而，所謂給
予人們平等的尊重到底是什麼意思？當我們說一個人擁有與別人
平等的尊重的權利，它究竟是什麼意思？它的意思很顯然的就是這

個人的意見或行動不應該受到別人的蔑視或干涉。當我們對其一個人表示尊重時，即意謂著不去干涉他。因此，被尊重的權利本身就等於是有自由的權利。那麼杜爾金所說的自由是由被尊重所推論出來這個講法實在是不成立的。因為被尊重實際就等於不被干涉，不被干涉的意思當然就等於自由。杜爾金自己也在〈自由主義〉（Liberalism）一文中指出，「政府對它的公民視為平等對待是什麼意思？我想那就是與政府對它的公民視為自由，或視為獨立或具有平等的尊嚴來對待是什麼意思是同一個問題。」（Dworkin, 1978：127）這裡杜爾金明白地把對人們尊重與自由平等地看待。

第六節　結論

以上兩個問題的探討是個人研究杜爾金的著作中，認為有待商榷的地方，然而，在研究本文之中亦有所發現，其發現如下：

一、多數決的原則

民主政治是由人民所統治，所謂「人民」係包括所有成年的公民。所謂「統治」意指公共政策直接由選票所決定，而在自由選舉過程中，不但每一張選票必須同等計算所決定（此即一人一票），並且票數多者贏得選舉。所以國家一切政策取向都以多數決定來決定。

但是，多數決的問題，誠如本文前述，因涉及個人與外在偏好的問題，而有多數暴虐之慮，因而才有吳爾漢（Richard Wolheim）

在論《民主的矛盾》（A Paradox in Theory of Democracy）中，提出所謂「忠誠反對者」（loyal opposition）的矛盾（Wollheim, 1962：71-78）。有學者將「忠誠反對者」在民主過程中必須持有的態度描述為「一種極度複雜的人性態度」（an extraordinarily sophisticated human attitude）（Frankel, 1972：630）。假使吳爾漢所描述的矛盾果真存在，而且無法解決的話，那麼「忠誠反對者」需要抱持的態度豈止「高度複雜」而已。「信念的融貫一致（coherence）」是人類理性的基本要求之一，因此「忠誠反對者」若不放棄支持民主體制，簡直就需要被迫養成「非理性」（irrational）的態度。

　　因而羅爾斯分析這種處境，他認為「民主信徒」在此必須權衡的，其實是「反對違背正義之法規」和「恪遵合乎正義之憲法」兩項「初步責任」（Rawls, 1964：7）。這是合理的看法。根據此一看法，由於民主表決過程必須依照憲法來設計，而且其效力亦來自憲法，因此「服從多數決」乃是一個從「恪遵合乎正義之憲法」導引出來的「初步責任」，也因此，當我們考慮自己是否在其一個案中實際上應該服從一項違背正義的多數決議，我們需要追求溯源地考慮自己在該個案中是否實際上仍應維護（本身合乎正義的）憲法為要務，而不應該反對該項違背正義（或者更正確地說，被認為違背正義）的決議。

　　杜爾金對於多數決的問題，不像前述學者從少數者的立場觀察來討論少數者應該持什麼態度與觀點去服從的問題。反之，杜爾金卻從多數者的立場觀點，去提出平等的關注與尊重的權利，來探討多數如何尊重少數，一方面，如何讓少數有言論自由，新聞自由，電視廣播的自由，讓少數有爭取人民注意與說服人民支持的自由和權利，讓少數者的觀點與利益有充分表達的機會；另一方面，要多

數者平等關注，對待與尊重少數，不要以外在偏好的觀點，強加於少數者的身上要他接受。從政治道德的觀點於多數與少數者的縫隙間建立起橋樑。如此，就可從政治上達到多數尊重少數，少數服從多數的理想。

二、歧視存在的問題

　　美國的南北戰爭，美國黑人與白人的衝突都是起於種族的歧視。近代婦女女權運動的興起，是起於性別的歧視。這些歧視問題的解決之道，若採用法律來防止這些歧視與保障受歧視者，其效果並不理想，因而，杜爾金以一個法學家的立場提出平等關注與尊重，及以平等來對待的權利來解決歧視的問題，的確是一個極為新穎及大膽的構想。

第七章　布魯斯・艾克曼的社會正義

　　沒有任何正義的分析，就已單獨地足以使吾人能夠對於個別的事物狀態之正義做決定性的判斷。這不僅是因為這樣的判斷要求要有明確事實的資訊（factual information）依據與審查實際情況的狀況，而且亦因為真實正義（actual justice）之評估要求要有一種規範標準做為一種明確細部的說明以提供吾人作為判斷的準繩。由此，有關明確事物狀態的種種判斷（judgements of specific states of affairs）必須先要有明確的規範，而該明確的規範涉及的標準不僅是一種比如，諸如依權利（right）、論功行賞（desert），需求（need）、功績（merit）等抽象概念更加具體的規範說明，而且亦須衡量其利益與負擔分配的方式與因素。由此可知，規範的細部說明不但是在於關切正義的概念能夠以哲學的方式被提出，而且亦可指引吾人對一個個別問題與利益和負擔分配問題提供判斷的取向（Campbell, 1988：96）。

第一節　正義的研究途徑

　　假如吾人對於權利理論的建立，採取明確的權利研究途徑，那其權利的追求即要求我們如何去超越通則化的「道德權利」（moral right）之辭意與要求，以確立情境類型所規範的資格與義務（entitlements and obligations）去建立一詳細說明的規則。由此，

每種規則系統，除了把該規則系統的抽象權利具體化之外，還需要求在規則的運作過程之中做解釋與修正，使其更加精確。因而，對於權利存在的事實，吾人無法推論出一個正確的答案。因為，沒有一種推論方法，諸如羅爾斯（John Rawls）的反思均衡法（reflective equilibrium），可以免除判斷運作的過程。所以，假如我們是在於使正義的意涵近似於歷史情境中的正義（Justice in history situations），那我們對於正義的研究途徑就更需要強調一種複雜的評估過程。此種事實，即意指任何真實正義的理論必須重視明智與見聞廣博（wise and well-informed）的判斷，及明確的準繩（explicit criteria）、和規則界定的優先順序（rule-defined priorities）等過程。實際上，吾人可回溯到希臘時代的傳統，就認為正義意涵的達成或係透過法官的德性（the qualities of the judged），而不是其審判的性質（the properties of the judged）。如此正義的真正意涵就不存在於被評估的情境之中，而是存在於做判斷（或審判）的個人。換言之，公平的人（正直的人）之特性（the characteristics of the just man），而不是諸事物公平狀態之特徵（not the features of the just state affairs），即成為吾人探討與研究正義理論的興趣之焦點（Campbell, 1988：97）。

在這種的案例中公平的法官，或公平的評估者（just assessor），就不可只拘限他們僅僅於諸規則的機械式應用，而是在要求他們應用實際的智慧（the exercise of practical wisdom）。由此被認為公平的法官，或公平的評估者之角色即是在於精通如何審判的問題，而不是在於精通正義是存在這個或那個諸事物狀態的問題。因而，不偏不倚（impartiality），才智（intelligence），經歷（experience），同情心（sympathy），與難以界定的智慧特質（the indefinable quality wisdom）等特質，即成為一個好的法官所必須具備的條件，因為他們對各種案例的判決即是正義判斷之準繩。

在今天的學術界，很少的正義理論家會以這種的研究途徑去規劃與建構其理論的架構。但是，當這種研究途徑逐漸去形成提供吾人決定如何達成與應用正義標準之際，它就可以成為一種建構正義理論的方法論。由此，這種訴諸於司法官的智慧與不偏不倚的特質就可發展為正義的實質規範（substantive norms of justice）。因而，當所有的正義理論都必須關注於什麼是規範性認識論（normative epistemology）問題時，質言之，關注我們如何獲知對與錯的知識（knowledge of right and wrong）時，這些理論致力於達成與使用令人滿意的正義標準之作法，即成為所有理論致力推動的焦點。依此，這些理論就必須非常類似於公平審判研究途徑的傳統。在這樣的理論中，其正義大部分都認同於從正當地指導決策程序出發，然後再由具有某種被認同特性的決策者來執行。由此，正義在基本上就變成判斷的一種風格或作法（style or mode of judgement），而不是一個標準或正義的個別組合。

羅爾斯研究正義的途徑大部分基本上是一種不偏不倚的認識論（a epistemology of impartiality），雖然他明確地排斥仁慈的與見聞廣博的觀察者（the benevolent and well-informed spectator）之理想觀察者理論（the ideal observer theory），他把這種理論視為只不過是功利主義的一種隱藏式的構想（a covert version of utilitarianism）。但是，在他的《正義論》中，其「原初情境」（original position）的設計，使每個訂契約者都被假定是自由平等的道德人（free and equal moral persons）。再者，為了確保參與訂約的每個人都處於公平的地位，他又假定訂契約者都處於公平的地位，他又假定訂契約

者都處於「無知之幕」（veil of ignorance）之後，使訂約者無法知悉他們在社會中的地位、階級或身份。也不知自己在自然財富和能力分配中的運氣、智能與力量（Rawls, 1971：12）。使人們都能夠立於平等的基礎上考慮問題，做選擇，從而滿足了達成正義分配原則的先決條件。質言之，依羅爾斯的觀點，正義原則既非上帝，也非從歷史的法則中所賦予，而是從宇宙的結構或人永恆的理性（man's immutable reason）中推論而來：正義原則是人做選擇的種種結果。假如這種選擇在理論上是在公平的條件之下所做的選擇，那這種選擇就很可能產生公平的種種原則。換言之，這種選擇除了受制於道德原則所固有的約束之外，不受任何的約束（Rawls, 1971：130f）。由此正義即是公平；因而，正義原則的課題即是一種公正（a fair）程序的結果。簡言之，就是羅爾斯所謂的純粹程序的正義（pure procedural justice）。由此，正義成為決策方法與風格的問題，顯然於羅爾斯著作中出現。

　　如羅爾斯指出，當功利主義的理論家在採取公平審判的研究途徑（the just judge approach）之際，他們即傾向於採用理想的觀察者（the ideal observer）或不偏不倚的旁觀之模式，由此，功利主義所採取的公平審判研究途徑被認為是採取一種廣博見聞、不涉入的，與同情整個不同分配可能性的評估。如此，正義就結合著不偏不倚的仁心（impartial benevolence）。如在亞當‧史密（Adam Smith）的案例中，就認為正義具有不偏不倚的憤恨之意（impartial resentment），即把正義認同於對忍受他人虐待所造成傷害之正當性反應。這種反應的評估是基於非涉入的旁觀之認同。這種旁觀者所建立的經驗規則之通則化，係由旁觀者個別判斷中歸納的一種過程所建立的經驗性規則，然後被使用以建立社會行為的標準。

理想觀察者的理論所受的批判，就像一般功利主義理論所受到批判一樣，被認為它無法充分地說明人與人之間的差異性，因為它把個人視為，同樣是人，只不過有不同的經驗或經歷而已，而功利主義被認為把個人的利益，埋沒於一個社會的經驗或利益之中。另一個批判是認為觀察者無可避免地會受到他們現存道德信念之影響，由此觀察者從他們觀察或旁觀地位所獲得的「不偏不倚」的觀點就無法達到充分的道德中立之地位，以充當真正不偏不倚的法官。由此，旁觀者（或觀察者）的憐憫之心被認為是在於遵循，而不在於主導道德標準的規劃（Campbell, 1988：98-99）。

基於以上的原因，有些學者認為決策或公平審判研究正義的途徑可以尋求去超越臆測性契約論（hypothetical contractarianism）的武斷性與抽象性，及可以超越理想觀察者或不偏不倚觀察者理論的間接性（circularity）。由此，本文集中焦點於人際「對話」的方法（the method of interpersonal dialogue）。這種的研究途徑是由布魯斯‧艾克曼（Bruce Ackerman）所採用，他在《自由派國家中的社會正義》（Social Justice in the Liberal State）一書中，即以決策或公平審判的研究途徑探討正義的問題（Ackerman, 1980）。他以所謂「中性」會談的束縛（the conversational constraint of neutrality）強課在關切於人們所欲的，而不是缺乏的，資源分配的對話問題上（concerning the distribution of desired but scarce resource）。艾克曼相信他已認同於一種可以產生正義的一般原則之方法，以此方法可以解決在一個自由派國家中所發生的分配歧見。此種方法就是「中性的對話」（neutral dialogue）。中性的對話，基本上不在於證實它是一個正義的個別組合，而是在於透過一種方法的設計，依此方法所有和正義相關的爭議就可以正當性地被解決（can be legitimately settled）。如此，一個爭議解決的個別程序，在此是以束縛會談的過程（the process of constrained conversation），轉變一項承諾成為個別實質的結果（Ackerman, 1980：14）。換言之，就是採取適當的程序，可以產生適當的結果，簡言之，就是正義規範的產生是由於適當地指導對話所產生的結果。

艾克曼是自由主義的自由派，他的社會正義係以自由主義的中性為核心理論根據，依此，他提出中性的對話與契約的正義為其社會正義的主要內涵。因而，本文就針對他的理論基礎，自由主義與中性，然後依序探究他的社會正義主要理念如下：

第二節 自由主義與中性

過去二個世紀以來，自由派的政治理論家致力於去發展一種政治理論，這種政治理論把什麼對人是好的（善的）與什麼是人類最終的本質，視為是根本的與無法解決的困境，並承認這是一項事實與一個原則。依此事實與原則，那自由派的政治理論家就無法設計出什麼樣的理論根據可以指引我們去理解在政治方面什麼是好的或壞的。這些是個人的種種價值，是沒有什麼客觀的理論基礎可做依據（Plant, 1991：24）。但是，相反的，像柏拉圖（Plato）、亞里斯多德（Aristotle）、馬庫色（H. Marcuse）與佛洛姆（E. Fromm），他們就把這些價值視為可以給予一種理論根據，如此就可致使這些價值成為一個提倡社群主義者（communitarian）的政治概念。簡言之，就是基本的政治規劃或設計（project）應該依據這些可以產生

人類共同善（common human good）的概念來建立一個政治社群。
因而，麥克泰德（Alasdair Macintyre）特別釐清了這個觀點：

> 政治社群的觀念如同一個共同的設計一樣，和現代自由主義
> 個人主義者的世界不同：我們沒有像亞里斯多德所說政治
> （polis）是關切生命整體有關的政治社群的一種形式（a form
> of political community）（MacIntyre, 1985：156）。

　　當麥克泰德在這一段句子中說到「我們」時，他即意指西方的
我們（西方的世界），即因為這種政治社群的設計或規劃在世界的
大部分地區仍有這種設計存在。例如在共黨統治與伊斯蘭教的基本
教義派（Islamic fundamentalists）的國家從事於這方面的設計或規
劃。在共黨統治的國家中認為建立社會主義的政治社群是歷史上不
可避免的任務，在其任務的推動中人性（human nature）將在人類
歷史中首次以一種不可讓渡的形式實現其人性的所有潛力。而在伊
斯蘭的基本教徒中，它是基於上帝的意旨與基於上帝啟示人們的種
種目的之觀點。這種政治思想，有時候被認為是完美主義
（perfectionism）。而自由派的政治思想之特性，無論如何，其構想
（version）根植於康德（I. Kant）。由此，在自由派的意識中已放
棄追求一個政治社群的理念。因而自由派的意識必須接受道德的多
元論（moral pluralism），其政治理論就必須環繞著這個主題來發
展。所以，許多自由派的主要政治理論家所發展的著作，在今天都
已放棄了界定人類目的的一種客觀道德秩序的理念；反之，他們認
為自由派的思想在基本道德的問題上是中性的（neutral）（Plant,
1991：75）。

　　例如，杜爾金認為自由主義並沒有以人格的一種特別理論為基礎（Dworkin, 1985：203）。由此可知，自由派的理論家並不在意於人們是否發表有關政治的諸問題，或導致產生古怪的生活方式（eccentric lives）……（Dworkin, 1985：203）又如，羅爾斯亦同樣地認為自由派的政治理論的主要假定「不是以人動機的個別理論」為依據（Rawls, 1971：130）。艾克曼亦於《社會正義與自由國家》（*Social Justice in the Liberal State*）一書中認為：

> 自由主義並不基於任何單一的形而上的或認識論的系統真理之上：為了要接受自由主義，你不必採取一種很爭議性的諸多問題（Ackerman, 1980：361）。

　　同樣的問題亦可發現吳爾漢（Richard Wolheim）的著作之中，他認為：

> 它已成為歐洲文明特性的部分——且文明是值得榮耀的，有人說——要去發展一種政治理論，這種政治理論認為社會的一致性與持續性（the identity and continuity of society）只有存在於各種不同道德的相互容忍之中，而不是存在於一種單一道德的共同持有之中（Wolheim, 1959：38）。

　　接著格雷（John Gray）認為：

> 規範的與認識的異議之長期特性的認知：可以對新行動或新政策取向提供自由派文明其基本價值的一種認同（Gray, 1977：335）。

依此，雷斯（Joseph Raz）更進一步的認為：

> 「自由主義」是付託於道德的多元論，那即是基於有許多值得的與有價值的關係，人生的承諾與計劃，它們是相互矛盾的觀念（Raz, 1982）。

從以上的引文之中，我們可看出，自由派的政治理論，顯然在某些形式上已放棄了以美好生活（good life）的理念為政治學的概念，反之，其政治理論已被認同於人性的真理之上。其要點為保證每個個人有其最大的自由以他自己的方法、追求他自己的利益，只要他沒有不正義的行為與沒有侵犯到他人的自由。由此，杜爾金認為：

> 政治的種種決定必須儘可能地與美好生活之種種概念無關，或與生活的價值是什麼無關，因為一個社會的公民依這些概念的不同而有所不同，如此，假如政府喜歡這一個價值概念，而不喜歡另一個價值概念的，就會造成政府不平等地對待人民（Dworkin, 1985：191）。

由此，自由主義的問題就變成一個政府依據什麼樣的一套規則，才可平等地尊重個人，而不會將一個個別善（good）的概念強加於個人身上。所以，中性就成為自由主義的中心價值（central value）。由此，自由主義必須去規劃一個自由社會的種種規則可以從有關利益（善）的不同概念中的中性觀點去建構。依此，政府的行動就必須依據規則來行事，而這些規劃是依一種中性的方法去建構。「中性」一詞，依長久系譜根源的理念而言，它可以參考，諸如：不偏不倚（impartiality），公平無私（even-handedness），不偏心（absence of bias）、平等對待（equality of treatment）與漠不關心

（indifference）等理念。因而，自由主義的批評者與辯護者都已集中焦點於中性與同源理念（cognitive notions）的探討。凡是把中性視為是一種美德（a virtue）的人，他們就會把中性視為是與解決問題有關的一種知識上的公正（intellectual honesty），對各種不同理念的容忍，對不同價值或生活方式的適應，尋求獲得知識或物質文明進步的條件，與提供公民平等權利的理念；反之，凡是把中性的承諾視為一種弱點（a weakness）的人，他們就會把中性視為是優柔寡斷，缺乏智力的或政治的勇氣，無意去做困難的決定，推卸責任，與對個人的真正命運漠不關心的理念，因而使中性成為個人形式上去珍惜的聲言而已（Goodin and Reeve, 1989：2）。無疑地，這樣的觀點給予彌勒（John Stuart Mill）提供猛烈批判與否定中性的理由（Mill, 1910：132）。

然而，從自由派的政治理論中「中性國家」（neutral state）的慣用語已變成不在於描述一個國家的外在姿態（external posture），而是在描述它的內在管理（internal arrangements）應該持有什麼樣的態度或立場的一種理念。由此，一個中性的國家是一個不偏不倚，同等地對待它的人民之國家，因而，對於它的人民應該過著什麼樣的生活之問題國家應該保持中立的立場。

中性國家的研究，在過去二十多年中，已獲得最有成就的自由派政治學家，有羅爾斯、杜爾金與艾克曼（Rawls, 1971；Dworkin, 1985；Ackerman, 1980）。依羅爾斯的正義論之中性，係他假定在「原初情境」中，個人都被假定是個自由平等的人，然後提出「無知之幕」的假定，使參加契約的每個人，忘記他們的性別、種族、自然的稟賦，與社會地位等等，因而使他們將要變成什麼樣的人茫然無知，而且他們對於利益或善的概念亦是無知的。依這些假定，

羅爾斯堅信，在這些不確定的因素與情境之下，必然會產生一種真正公平的正義原則。這樣的正義原則在個人與個人之間是處於中立的。而杜爾金認為中性就是正義的基本原則所需求的。一個國家或政府必須以平等的關照與尊重來對待它的公民。質言之，政府不僅必須對待人民給予關照與尊重，而且必須是平等地給予關照與尊重。換言之，政府不應基於某些公民值得更多的關照，因而應該有分配更多的理由，進行財貨與機會之不公平的分配；政府也不應該基於某一群人比另一群人更高貴或優越，而給予不平等地對待。由此可知，杜爾金的平等地關照與尊重之正義是指國家或政府處於中立的地位平等地關照與尊重它的人民。

艾克曼拒絕羅爾斯的社會契約研究途徑與採取異於杜爾金的研究途徑。他認為從事於一個受束縛對話中的個人其任務是在於達成應該有什麼樣的社會制度。因而艾克曼的著作中強調辯護其最重要的「交談束縛」必須是中性的。在支持一種權力的個別分配中，一個人不允許去認為（a）他的善（利益 good）概念比他所有的同胞所提倡的還要好。及（b）不管他的善（利益 good）的概念如何，他在本質上是優於他同胞之中的任何一個人或更多的人。由此，他提出所謂「中性的對話」來論述他的社會正義理論。

第三節　中性的對話

艾克曼在《自由派國家的社會正義》一書中，對自由主義與正義做很多論述，但他並沒有提出分析性的正義定義，他僅從羅爾斯

的正義理論構想出發，告訴我們正義必須處理與討論在稀有資源的
情境中，其權力分配的正當性。換言之，正義必須處理有關想要的
與有限的利益（desired and limited goods）之不平等分配做辯護。
艾克曼著手於建立一種正當的權力分配，以表現出他所採取的權力
分配理論是自由主義自由派理論的精義。簡言之，他係以參與對話
的每個人以口頭言談互動的方式，使參與對話的參與者可以進行辯
護他們對稀少資源意見。這種對話交談論證的方式，艾克曼認為應
受到「中性交談的束縛」（neutral conversational restraints）。這種方
法的使用，他以被簡化的模式例證之，其中以太空船登陸太空移民
的虛構故事為其例證的主題。這種幻想係假定一個太空旅行的團
體，在他們登陸一個無人居住的星球之後，成立一個立憲的會議（a
constitutional assembly），來掌控與處理在無人居住的星球上無主人
的食物或資源（manna）。這種資源具有限性與稀少性的特徵。該
立憲會議要評估如何應付太空殖民者他們將來欲望擴大與需求增
加的問題。所以，立憲會議必須決定這種無主的資源，對未來的殖
民者應該如何的分配才是適當的。因而，立憲會議必須採取一種對
話或辯論的過程，其中全體的參與者假定都遵守由有充分授權的太
空船指揮司令部所規定的規則為基礎。而該理論的核心是在於這些
基礎規則的決定。因為一旦這些對話或辯論的規則被確定，而為參
與立憲會議者所同意，被公佈週知，然後就會被執行。由此，實質
的正義原則終將產生預期的效果。因而，在該神秘的太空登陸殖民
故事的另一種特性是需要一種熟練精確的「正義技術」（justice
technology）可資利用於太空殖民者的社群中，使在執行實質的一
個中性的對話的推論中，不會有任何實質的困難發生（Ackerman.
1980：21）。

　　艾克曼要去假定或擬定這樣一個思想實驗（thought-experiment），很明顯地他只是遵循羅爾斯的社會契約與自然狀態的模式去模擬。然而，艾克曼相信他自己已改進了自然狀態的設計，使他的中性對話能夠規避傳統的形式，其先存社會自然權利起源的曖昧假設，在這樣令人質疑假定上，去模擬一個社會的建立，是在於保證與發展這些權利。艾克曼在他的《自由派國家中的社會正義》一書中，就呈現出，他接受了「道德權利」的批評。所以，艾克曼說：「權利不是生長在樹上的東西，當它成熟時，可以以一隻看不見的手來摘取的。（Ackerman.1980：5）」。反之，權利是為了服務人類目的的人類創造物。由此可知，艾克曼對於道德權利的起源之觀點，不同於洛克（John Locke）的自然狀態與羅爾斯的契約論。另一方面，歷史的社會契約論亦被發現是不符合實際的。因為歷史的社會契約論並沒有提出一種真正理性的決策過程。事實上，在真實社會契約的訂定過程中，涉及協議的內容，談判策略與強制運作的過程。而且，歷史的社會契約論有賴於信守一次協議的承諾。因而羅爾斯所假定的契約構想被規避的諸理由中，其中最主要的理由是其「無知之幕」的設計，使立契約者在真正社會做抉擇時，其中獲取資訊的權利被剝奪（Kukathas and Pettit, 1990：18-35）。

　　因而，對話被認為在提供決定社會價值的方法上是優於契約論，因為在對話的過程中會涉及到一個問題被單純化的過程，會面臨到對話者真正實際的立場（他們相對利益的觀點），及對話者文化與素質的差異等問題。所以，在對話中會產生很多的歧見與辯論。在這樣的辯論中，就可以使用有效的正義標準而無待假定任何先前存在的權利或爭議性的價值。這樣可使對話成為一種方

法。此種方法可以被使用於一個真實的社會中去解決社會的真正
歧見與糾紛。換言之，艾克曼認為中性的對話，是以交談或辯論
的互動方式，類似於被使用於法律辯論的某些形式（Ackerman,
1984：96ff）。

這種搭乘太空船殖民的虛構故事，就其構想的設計與內容而
言，並非全然地價值中立。事實上，依其虛構的內容，不僅把對
話的承諾（the commitment of dialogue）給予一種正面的評估，而
且把對話的方式限定以「中性」的方式進行。以這種對話的承諾
與中性的方式，加上自由主義的意識形態，艾克曼的自由主義思
想對社會福利政策採取一種溫和進步的承諾，以實現自由主義結
合著自由：自主（autonomy）與多元理念的意涵。由此，使艾克
曼的對話內容束縛於自由主義自由派的理念意識，而使其中性對
話的模型具有福利國家的政策取向，是不足為奇的（Ackerman,
1980：30）。

對話的進行形式，依艾克曼的觀點係以自由主義的思想為核
心，而以純粹反家長政治應用於政治辯論的過程（anti-paternalism to
the process of political debate）來進行。質言之，係以自由派的進取
精神（the liberal enterprise），束縛會談的理念（the idea of constrained
conversation）為主軸，然後，對問題的決定性束縛（the crucial
constraint in question）是以自由派對家長政治的反對方式來辯論
（Ackerman, 1980：10）。如此，不僅可使自由派的理想（liberal
ideals）與自由派的國家（liberal state）相結合為一，而且亦擁有自
由派所同意的解決政治歧見的方法。如此，使自由派國家的建立，
不但成為自由派解決政治歧見方法的執行者，而且亦是自由派理想
的執行者。

　　綜合以上的論述，可推知艾克曼在《自由派國家的社會正義》一書中，希望太空船殖民的社會，基於資源的有限性與稀少性，有待成立一個立憲會議進行對話，來建構資源權力分配的正當性。對於資源分配如何才能符合正義的原則，他提出中性的對話，使對話的方式與內容，束縛於自由派的理念，然後再以自由派的國家，來實現自由派的理想，那自由派的國家如何去實現自由派的理想，簡言之，就是自由派的國家處於中性的地位，透過對話來進行。

　　中性的對話有三個原則。第一是理性的原則，第二是一致的（consistency）原則，第三是中性的原則。理性的原則，其目標是在於為權力的正當性作辯護：

> 不管什麼時候，當有人質疑他人權力的合法性時，權力的擁有者不必以壓制質疑者的手段反應之，而以解釋為什麼他對資源的擁有比質疑者更具有資格，提出解釋為什麼的理由（Ackerman, 1980：4）。

　　艾克曼要求我們注意到這種純粹形式的原則是普遍的。換言之，這種普遍原則在於要求所有權力分配的形式，可以以理性的方式作辯護。例如，私人的財產，國家的權力，遺傳基因，與教育上的差異問題，都可從理性原則出發去辯護資源如何分配才合乎正義，以提供解決資源的稀少性問題。因而假如所有的分配規則獲得立憲會議的對話而認同，那這個規則，就必須明確地說明對每個殖民者是公平的（Ackerman, 1980：35）。由此這樣的規則必須是具有和諧的（harmonious）、完美的（complete）與總括性（comprehensive）等條件，才會具有普遍性與公平性。

　　第二原則是一致原則，即同樣的案例以相同的方式對待之
（treat like cases alike），簡言之，就是以權威斷言的審判官意見
（familiar dictum）呈現出的形式正義表現出。艾克曼說：

> 由一個權力支配者在一個場合所提出的理由，與他在另一個
> 場合所提出去辯護權力的其他聲言，必須是一致（Ackerman,
> 1980：7）。

　　依此，每個參與對話中的參與者，都有這樣一種相同的束縛，
因為這樣一致之要求，不管在自由派傳統之內或之外，在對話的結
論上才不會有矛盾的論點出現。

　　第三原則是中性的原則，艾克曼認為，既不是理性，也不是一
致性，可以對立憲會議中所同意的觀點產生有效的束縛。因為在立
憲會議的對話中會有激烈辯論的情形出現。此時，唯有以第三原則
－中性－使用去依序排斥某些破壞理性與一致性的論點。所以，艾
克曼說：

> 中性理念產生的根源（germ）是沒有人有權力辯護去維護一
> 種有特權的見識（a privileged insight），其見識為立憲會議
> 之中其餘人所拒絕的見識，使其見識具有政治權威而成全體
> 的道德體系（moral universe）（Ackerman, 1980：10）。

　　因為，中性的原則是表現自由主義反家長主義的一個原則，並
成為所有其後正常性對話建立的基礎。所以，中性原則必須是以完
美的，或完整的，而無瑕疵的權利方式被設計或被規劃之。因而，
艾克曼認為，這種權利的規劃，應由立憲會議所推論或假定，而被
視為一種「自然的」或「道德的」權利。由此可知，立憲會議的任

務是於決定殖民者應該享有什麼樣的積極權利（positive right）。總之，中性原則係由艾克曼所創見，並具自由派及福利國家取向的理論設計。中性原則，事實上，其內容是相當的複雜，而又相當的爭議性。因為它不主張一種聲言的主張可以優於或另一種聲言的主張。所以，艾克曼不主張：

A、他所主張善（good）的概念比他同胞中任何人所主張善的概念好。

B、不管善（good）的概念如何，他在本質上是優於他同胞之中的任何一個人或更多的人（Ackerman, 1980：11）。

依上述的觀點可知，中性原則是一種雙軌的原則，它可以被解釋為不允許人去擁有優越的見識而成為善的要求，或擁有超越他人的權利是基於這種優越的見識。在解釋（a）的案例中，他認為一個善的概念係依人生目的或目標的方式來界定之。換言之，就是沒有人的人生目的或目標可以優於其他任何的人生目的或目標。質言之，其中性原則就是認為所有人的行動目的或目標都是基於同等的道德地位之上去進行其目的或目標的討論。同樣地，在（b）的案例中，稱之為「絕對優越」的束縛（the constraint on unconditional superiority）（Ackerman, 1980：44）。質言之，是在拒絕個人有優越價值的聲言或主張。簡言之，即是要求所有的人都同樣地處於同等的道德地位之上進行其目的的交談或對話。

依艾克曼在 A 與 B 的案例可推知，這樣的中性原則似乎是在於排除任何一個人的道德觀點優於他人的道德觀點之論證，完美道德的相對性就必須在立憲會議的對話中被假定，因為道德會涉及到行動與諸事的優先順序問題。所以，艾克曼的觀點，即是對任何人而言，沒有人的道德判斷應該比他的道德判斷好。因為道德正確性

的唯一選擇就是完全的道德不可知論（complete moral agnosticism）。
進而言之，就是沒有人的道德判斷可強加於他人身上，因為道德判
斷是不易受到證據的影響（since moral judgements are not susceptible
to proof）（Ackerman, 1980：11）。如此最重要的中性原則，即是在
於我們不辯護依據任何人的行動，善的概念或生活方式是優越的判
斷，可作為從事一種資源分配的基礎。因為沒有諸如道德知識或事
實（moral knowledge or certainty）這樣的東西存在。這就意指中性
原則沒有功利的判斷（no judgement of utility），不許訴諸於論功行
賞的分配，與不受較重要道德權利的限制。

　　究竟艾克曼以什麼樣的自由派理論前提去辯護中性的原則。艾
克曼認為自由派的理論，主張個人過著自主生活的固有價值，由
此，人們應該是自由的（無拘束的）去犯他們自己的錯誤（people
should be free to make their own mistake）。簡言之，就是意指每個人
可以選擇與追求他自己所謂善的或值得的概念，縱然它意指「他正
以他自己的方式入地獄」（going to hell in his own way）（Ackerman,
1980：337）。很清楚地，對艾克曼而言，自由派的這種理念不證自
明地是一個吸引人的理念。即每個人應該能夠遵循他們自己的途徑
去過他們自己的生活，而無需去理會他人的想法，由此可知，艾克
曼對一個社群形成之評價是基於每個參與者被保證有謀取他自己
生活的權利，而無須去理會他左鄰右舍的想法（Ackerman, 1980：
376）。

　　因而什麼是善？怎樣的生活才是美好（good）的生活？依艾克
曼的觀點，對一個人而言，沒有什麼可勝於自己去發展他的生活規
劃，這樣的生活規劃對他自己而言，似乎是有益（Ackerman, 1980：
368）。對於這種立場，艾克曼的態度不僅傾向於接近彌勒（John

Stuart Mill）認為試驗是促使進步途徑的觀點（experimentation is the path to progress）。而且亦接近康德認為道德的善是不可強加於任何一個人身上的事物，因為它要求人的行動依他個人的道德信仰而行動（Campbell, 1988；107）之觀點。由此艾克曼此亦提醒我們說：

> 縱然你認為你可以洞察有關美好生活（good life）的事情，但是有若干基於善的理由可課加自由派的束縛於政治的會談上。那麼唯一的問題是正當的人是否將進行這種強迫的生活。對現實世界的單一看法（A single glance at the world suggests that this is no trivial problem）指出這不是不重要的問題（Ackerman, 1980：11ff）。

接著，在艾克曼所擬態的對話中，他最常重覆的話是「我至少是像你一樣」（I am at least as good as you are）──是一個相當含糊的語詞，它涉及道德的品質與個人價值的洞見，或一個理性生活規劃。但是，中性原則是否定「優越的道德價值」（superior moral worth）。（Ackerman, 1980：374）「道德的優越」（moral superiority）（Ackerman, 1980：91），如成為「特別有功績的」（as being specially deserving）（Ackerman, 1980：55），或成為「較好的人」（as being a better person）（Ackerman, 1980：57），等，被重覆地提到。總之，像因為我正是像你一樣，我應該至少獲得像我們兩個一樣想要的那麼樣多，等都是平等概念的表現，給予艾克曼提供更多中性的理由（Ackerman, 1980：58）。

這就是艾克曼對平等價值的肯定。吾人可從艾克曼的《自由派社會中的社會正義》一書中第一章所論述（Ackerman, 1980：33），即是一種最初平等的假定（an initial presumption of equality），可以

對一種分配的最後結果，產生一種深遠的影響。所以艾克曼認為，因為所有的人可以承認他們自己的自我實現（self-fulfillment）之形象具有某種價值（Ackerman, 1980：57）。因而，中性將能夠使他們所有人在確定的相同的基礎上去對稀少性的資源做一種要求的聲言，即是（1）他們在道德是自主的，（2）沒有人可以說他們的價值比其他任何人的價值低。依此對最初資源的分配，至少所有的人都會被給予平等的考慮。這種的平等，雖然無法滿足每個人獲得他們所想要的，然而，它卻是一種通過對話測試的一種實際而有用的分配。

　　無論如何，艾克曼平等主義的最初無主資源（manna）分配之一個隱藏性基礎原則，被發現於「至少就像你一樣」一詞的意義之中。所以，要假定在一個人剛成年之初，人人在他們的應得方面是近似地平等（approximately equal）是合理的，因為他們尚未獲得的功勳與記過的處分（merits and demerits），然後在他們成人的歲月中其獲得應得就會自然地增加。所以我們注意到過去，其假定的平等起始點，被視為是對話的含意（the implication of dialogue），依此去思考，人們獲得其應得的多或少是平等結果。在艾克曼虛構太空探險的階段其論點是取向支持「至少一樣」（at least as good），而反對「平等的滿足」（equal satisfaction）與「平等的機會」（equal chance）這樣的分配概念。因為平等的滿足被反對係因為它涉及到達到滿足是善（good）的協議（Ackerman, 1980：49）。如此，就違反中性。而平等的機會，即涉及選擇自由（option）的喪失，因為我們無法把每個人的人生規劃簡約成一個清楚的目標，或簡約成有限的目標系列。如此很多人就會喪失其選擇的自由，而在這樣的分配之中被遺漏（Ackerman, 1980：53）。而且無主資源的平等分

配亦令人質疑，因為它忽略了不是所有的人生規劃都可以以平等的花費，就可達到其目標。由此，艾克曼承認每個人感受或判斷力的不同，就有某些目標的追求花費要比其他目標追求花費大的事實。所以，我們必須忍受在這樣基礎上的不平等，即缺乏（scarce）或稀少性是人生無法逃避的一個事實。

然而，艾克曼仍然依其理念認為：一個多種不同個人的政治社群（political community）可以建立它的權力競爭形式符合中性的論述，假如它採取以下這樣的步驟的話（Campbell, 1988：110）。

（一）一般而言，沒有一個公民可以支配他人。

（二）每一個公民都接受一種自由派的教育。

（三）每一個公民在物質平等的條件狀況之下，開始過成年的生活。

（四）每一個公民可以在一個彈性交易的網狀組織之內自由地行使交易他們最初的所有權（freely exchange his initial entitlements）。

（五）每一個公民在他即將去逝之際，可以斷言他已實現自由派付託給他的義務，並傳給下一代一種自由派的權力結構，這種權力結構至少與他在世時所享有的權力一樣。

依艾克曼的觀點，祇要一個真實的社會，實現了所有的這些條件，那該社會的人民就可享受到自由派對話正常性（liberal dialogue legitimacy）所強調的一種不偏不倚（undeviating）之不受支配的平等（undominated equality）（Ackerman, 1980：28）。在艾克曼的著作之中除了辯護以上問題之外，他還依序辯論有關公民身份、職位與權利（citizenship），出生權利（birthrights），教育，自由交易（free exchange）與生育後裔的受託之地位、職務與權利（generational trusteeship）與無主資源的分配中財富的問題。

　　依艾克曼的觀點，遺傳基因支配的理念（the idea of genetic domination）發生於一代利用未來遺傳基因操縱技術（futuristic techniques of genetic manipulation）的力量去改變下一代的特性（characteristics）。依艾克曼的觀點，如此即將威脅自由派社會所珍惜的多元主義理念。依照自由派中性的理念，拒絕受到父母對他們孩子遺傳基因特性控制，因為為了行使這種控制，他們的父母就必須使用他們自己所持有的善的概念做為下一代或他人能力選擇之基礎。然而，這是令人無法接受的，縱然這些受到遺傳基因技術所生產的是他們自己的孩子。例如，在大會上每個 X 說把 B 的遺傳基因才能（equipment）置於他身上是不利於 A 追求善的概念，如 X 理解該善的概念，然後指揮官可以宣稱 A 在遺傳基因上凌駕於 B（Ackerman, 1980：116）。依艾克曼的觀點，這種程式（formula）可以保證是絕對明顯的遺傳基因障礙，這種每個人所認為的障礙，將被排除（Ackerman, 1980：121）。如此，雖然沒有一聰明遲鈍的同樣類型（dull uniformity）傳承社會的危險。如此亦會發生，一個公民，一旦出生，就不能抱怨他們的遺傳基因之天性。因為這種程式對他們而言可以被證明這樣的操縱已違反了中性。係它基因一個個別善的優越假定之上。

　　教育雖成為提供個人去達成他人生目標的一個必要條件之藍圖，但是它亦因為涉及家長政治（paternalism 父權主義）而令人質疑，例如，孩子被撫育長大係依據一套個別的價值，在他們未能依一個立場去選擇他們自己未來之前，依其價值來教育。艾克曼解決這個熟悉的自由派謎題（conundrum）係特許採行這種的成人控制，如被要求去調教孩子成為一個自由派社會的成員。即以入學考試（the entry test）來從事培養中性對話的能力。這種教育

計劃要求穩定的程度與文化的一效性。在最初階段，很多父母的控制，至多直到孩子學習能夠去壓制他反社會的本能（internalize restraints on his anti-socialintincts）為止。然後，再指導與調教年青人如何在一個多樣的社會中去自主的謀生。除「他們平等的分享無主資源之外，一個自由派教育的成果，成年人必須從必要平等的一種情境中得到他們公民身份，儘管他們有個別的差異存在。在這一觀點上他們可以完全的自由去參與他們期望的同胞與公民去簽訂或達成他們所期望的協議，以便去增加他們自己的利益或善的概念，只要這些協議不涉及到對他人權力的非正當性使用。這是自由派中性對話過程的主要結果。質言之，自由派的理想社會中，不僅在社會價值有效的執行方面可以透過一種「正義的完美技術」（perfect technology of justice），而且亦可透過一種「交易彈性」（transactional flexibility）的方法，來保證其自由派社會價值的執行。其中涉及到執行技術設計（technological devices）的問題，它包含能夠使自由派社會中的每一個人擁有獲取有關協議所有資訊的傳達方法，每個人都隨他意願參與各種協議的自由，沒有檢查制度，沒有獨占。

第四節　中性的限制

從以上，艾克曼的中性對話中，可知其架構與內容足相當的複雜，也相當的吸引人。他從一個像中性對話這樣抽象的概念中推論而來的實質正義原則，假定每個人的平等價值，或每個人生活規劃

的平等價值之理念，企圖使它成為一個自由派社會的具體形象，已展現出一種特殊敏捷的手法。但是，如前所述，他從排除「道德的優越」理念到主張「至少每個人與其他人一樣」理念運作中，吾人可以發現艾克曼昧於缺乏指出「像 A 是比 B 好」與「A 是和 B 一樣」之間的差異佐證事實。所以，吾人以更實際的觀點來對他的中性對話作評論。

有關自由派容忍極限的爭論係由艾克曼利用他最初假定在任何可接受的政治系統中其合法性對話的重要地位來掩飾。依此，任何不符合參與這種對話的行為，就可以被宣稱為不合法的。因而，一般而言，暴力、欺詐，說謊（欺騙）與反社會的行為就被視為是與中性對話的參與不相容，基於此種理由，凡是不合法的行為都被認為是無法接受的。

對於這種不道德行為，諸如暴力、欺詐，說謊等行為被排除，是因為它們妨害了中性的對話。但是，若沒有禁止暴力，中性的對話還能夠進行？為什麼對於暴力的行為，一般而言是令人無法接受的，其原因安在？艾克曼並沒有進一步詳細論述。艾克曼能夠去保護自己免於對政治決策過程，以神奇的科技方法影響決策過程而產生實質的價值。這種科技的效果可以消除被要求政治解決的許多社會衝突問題。所以，艾克曼認為我們能夠使自己遠離他人有害行為的影響，那麼在我們相同社會生活很多問題就可很快地被解決。因而處理交易的精湛科技就可以被引進去充實自由選擇的理念，它亦能夠使我們去規避充滿價值而難做選擇的困境，因為這些價值涉及到在真實世界中吾人選擇與支付獲取個別溝通（資訊 Communication）的工具與轉移的方法（methods of transfer）。

　　我們亦已注意到艾克曼對無主資源的一種平等分配，依其分配的基礎，它忽略到人的差異問題。因而當在執行交易彈性之中一種自由交易的結果出現不平等時，這種人的差異問題就更凸顯。艾克曼對於假定人的差異（human diversity），甚至不受支配的平等（undominated equality）之事實相當自信的道，「在人生生命的最後有某些人已使用執行的系統去獲得巨大的財富：而有些人，人之將死，除了名字之外，一無所有」（Ackerman, 1980：201）。對於他的這種假定，他不認為這是應得的，唯一它是合法的。假如他已探究論功行賞的問題（論功行賞的分配原則，在太空船神秘虛構中的最初階段，是被拒絕的），那時候他已考慮到自由交易的結果（縱然是由於不受支配的平等）是由於幸運，值得稱讚的選擇與努力的問題之事實。由此，艾克曼就可以看到一個理想的社會中沒有提供修正這些不平等的理論根據，除了為了下一代的利益或為了維持中性對話本身之外，這種事實指出艾克曼的觀點是錯誤的。

　　這些批評是指向艾克曼的正義原則，即這些正義原則可應用於一個具有精湛正義科技，完美的執行交易彈性與不受支配的平等條件之一個理想的社會中。但是，當我們進入一個真實的世界中，若沒有以上所述的這些相關條件時，諸事又如何演變？例如，在公民以物質資源不平等分配開始其成年生活的地方，有不同教育機會的地方，與生活於社會中其權力被認為是不正當的，權威規則瓦解的地方，及市場充滿了令人費解的失靈（failures）與外溢性（externalities）的地方，這些現存的不平等，如何去辯護？其正義原則又如何伸張？

　　在這樣充滿著諸多不平等的社會中，這些失靈很難忍受，及艾克曼所說的剝削累積地加諸於個別的個人與團體身上，因而，艾克

曼主張他計劃方案係要求重大的財富分配，以便矯正過去的諸多不正義與處理現代科技的不足。無論如何，在這種觀點上，艾克曼的理論呈現另外一個弱點，因為其理論無能力去決定被要求的種種修正與補償應該如何進行。例如，艾克曼認為，在一個缺乏資源的世界中，經濟與政治的生活必須持續進行，而無需等待剝削完全消除。縱然在理論方面有實現這樣矯正的科技，然而，有必要建立矯正的優先順序，即價值判斷的優先順序，而這種的價值判斷卻為中性對話所排拒。艾克曼承認真正的人將會把更多思考置於他們目標的達成上甚於盛行的理想自由派社會的成就上。所以，完全自由派的教育，將會受制於經濟成長的影響。而後者是在於要求增加刺激，以促進經濟的持續成長，因而，經濟的成長並非在於矯正物質的不平等。

由以上這些環境條件之下，中性的原則提供我們的僅是規則而已，即最初至少，有關完美社會理想權利的犧牲（sacrifices of the ideal right）必須是平等的。

束縛是平等犧牲的理念，沒有人可以被要求去犧牲他的理想權利比任何其他人多。在這種束縛之中，政治人物的任務是在於選擇最好的實現不受支配的平等之自由派理想的計劃（Ackerman, 1980：261）。

無論如何，我們要如何去評估犧牲的平等，而不會在理想權利被削減方面造成潛在不公平的價值判斷。在許多的案例中，艾克曼承認，這種的束縛，依需求觀點透過刺激租稅鼓勵社會有益的活動，是易受到其意義的限制。在實際上，艾克曼必須把這些問題讓給民主多數決來決定之，儘管這些問題，可由許多有力的政治人物來引導與某些立憲的權利來保護自由派理想社會所享有

自由與平等。然而這樣的決策程序，無論如何，不能僅利用中性
的對話來促成。

第五節　契約的正義

中性對話的實質弱點，在我們進入真實世界領域之際，變的更
加明顯。因而這樣的弱點很明顯的，亦呈現於艾克曼處理契約法
（Contract law）之中。

艾克曼發表於《自由派國家的社會正義》之中的理想權利，
對自由交易的自由派表現強烈的支持或認可。並且，意指人們應
該對他們自由參與的協議負責任。艾克曼的契約論不同於羅爾斯的
契約論。艾克曼強調真正的協議而不在於假說性的協議（hypothetical
agreements），而認為協議在於保障允許成年人之間自由交易結果
所產生的任何關係，而理想自由派理論企圖以一種友誼或和睦的
關係（a rapprochement）結合著集中於契約傳統的志願性理念
（Ackerman, 1980：196）。契約與對話的研究途徑兩者都同意以
自由為核心。由此，對艾克曼而言，自由交易不是理論的一種假
說（postulate），而僅是中性對話的一種結果。所以，去規劃自由
交易的對話原則是一種較大自由派正義理論中一個相當複雜的部
分（Ackerman, 1980：195）。這個意指，例如，假如一個理想執
行交易制度（系統）的需求條件在某方面無法符合時，那麼凡是
以不公平地被對待所造成的一種結果之人，「可以要求政府進行干
預去幫助他們模擬他們在一個理想可執行交易的網狀組織之下可

以達成的種種結果（Ackerman, 1980：189）。因為自由派的國家深深地付託於自由交易的理念——假定相互利益的貿易可以進行於自由派對話所允許的一個權力結構之內（Ackerman, 1980：263）。

依艾克曼的觀點，在自由交易的進行中，假如有檢查制度，如此公民就不知道；或不會提出某些出價（Offers）的提議；假如有壟斷或獨占，如此公民就無法自由的去接納任何不同出價的提議。假如有外溢性（externalities），那公民就會受到他人交易所發生的不利影響（或負面影響）；假如有非工會的工人可享受到該工會活動的成果，就是公民無法阻止他的利益被沒有加入工會的工人所享受。這樣的交易在法律方面就是不合法的，因而依法是沒有強制力的。同時，當成年人在最初的財富分配就已是不平等，或在他們自由派的教育中已有缺陷，或有無法獲得補償的遺傳基因障礙，那麼執行不受限制的相互交易之假定就不成立，儘管執行交易的網狀組織是健全的。

由此，艾克曼痛苦地遠離真正自由放任的政治哲學，這種哲學忽視或寬恕這種物質分配起始點的不平等，教育制度或機會的差異，與執行交易協議背景的不平等。所以，艾克曼並不完全地依據自由放任政治哲學所主張，人民可以在所有的情境條件下進行自由交易，反而主張人民立於不受支配的平等，完善的教育制度，沒有遺傳基因障礙，完善的市場自由交易制度，成年人最初物質分配平等的立足點上，公平的，自由的進行交易。依此持續堅持自由契約的種種要求，尊重交易協議的承諾，公平地進行交易（Ackerman, 1980：199）。並進一步主張不允許利用無知（Ackerman, 1980：188），來達成契約的利益，反之，執行諸契

約必須「相互利益」（mutually beneficial）基礎上進行（Ackerman, 1980：263）。

　　由以上這些條件顯示，艾克曼似乎重視自由交易，但在實際上，他在自由交易的制度上，卻不斷地去進行修正與干預。因為他認為自由交易亦會造成財富分配的不平等。因而，在此問題上，艾克曼究竟是否允許財富分配的不平等與經濟的束縛（economic duress）去影響契約的執行。在一個自由市場的社會中經濟的束縛－不僅可以迫使在財政需要之外達成一個協議，而且它亦無法解除一個簽約者其執行契約的義務。所以，其公平的價格須由市場的供需來決定，而窮困的有限購買力僅是市場需求一部分而已。同時，契約的法律（the law of contract），多半是昧於已協議價格之正義（Campbell, 1988：118-119）。

　　艾克曼不能以為，他所假定的不受支配的平等是適當的，它可以解除經濟的壓力。事實上，我們已看到是，不受支配的平等並無法消除人與人之間有不同能力的差異，有不同的動機，與有不同的利益等經濟競爭力的因素。因而，依這個因素，只要剝削存在的地方，依原則，必然導致不合理的或強取的形成，此種因素的形成會去否定履行契約的正常義務。而且在市場不健全與資訊不足的地方，不履行契約者必須提供無法履行的事例，引述他們在更理想的條件狀況之下可以達成的交易是如何。由此問題，我們就可想像到艾克曼過渡到真實世界所遭遇到的問題。

　　關於艾克曼過渡到真實世界的大部分討論是在關切社群的分配額度（quantity），即被支付於去矯正其自由派社會缺陷的花費，與決定社會優先的決策程序。例如在自由派社會中的教育缺陷，壟斷與遺傳基因障礙的矯正等問題，依中性對話的中性原則被認為是

在為處理的優先提供清楚的指引。然而，因資源的有限性與稀少性，他又提出平等犧牲的原則（the principle of equal sacrifice）去確信在完美自由派中任何不足（shortfalls）都必須是平等的被分配。除了這些因素之外，艾克曼相信對於善的信念（good faith）之歧見應有極大的思考空間，必須以一種至少中性對話相容的方法來解決。此種方法轉變為民主政治的一種形式，即包括某些憲政的保障，明細規範什麼作為或方法是超越正常民主政治的干預範圍。由此，最後，它就是以一種民主的程序，決定最佳實現真實社會中不受支配平等的理想計劃（budget），這樣的理想計劃，無可避免地會涉及一系列成功失敗機會相若（tradeoffs）的計劃，而沒有一個正確的答案（answer）（Ackerman, 1980：255）。而令人遺憾的選擇必須在完美的自由主義與現實的剝削之間的取捨做決定。

在這種取捨的情形下，艾克曼提出一種契約法，即以中性的對話與立憲的民主來消除有關契約中的錯誤、束縛（duress）與不公平（unconscionability）等問題，要求以傳統的理論基礎提供契約者（訂約者）免於他們所受不公平交易之理論根據。例如，契約者的一方所受的自由派教育比另一方的契約者少，或一方有一種嚴重的遺傳基因障礙者，或一方有世俗利益（worldly goods）的一種不平等供給等問題，提供協議無效根據。然而對於這些問題的執行，艾克曼卻留置給擁有真正司法權（real jurisdictions）的成員之間中性對話的結果來解決。由此可知，艾克曼的契約理論，僅提供一種「架構」，在架構之內，把傳統諸理論有關的契約法作再一次的精製與規劃而已（Ackerman, 1980：196）。

不管如何，艾克曼在中性對話與非理想的社會（non-ideal societies）之間對於契約法的使用問題，給我提供某些指引。第一，

他驅策我們不要忘記我們必須和關切與追求自己利益概念的人進行交易，或來往。所以，自由交易的過程有助於他們都立於平等的地位去進行交易活動。因為自由交易是在於維持人們彼此能夠獲得他們想要的一種設計（a device）。為了使自由交易更有效率，因而在自由交易的進行之中必須有某種的穩定性，才可使契約能夠履行。因而在履行協議之前就沒有必要期待完全沒有不受支配平等的問題。第二，無論如何，要去約束契約的自由以歷史背景的不公平為理由，被認為是適當的。其事實可從他的著作中有關貧民區房東（slum landlords）與住宅法規（housing codes）的問題論證獲知（Ackerman, 1971）其中艾克曼公開地使用契約法支持再分配的目的。在這個的論證中他認為在貧民區執行住宅法規有助於去糾正已在真實住宅市場之中所產生所得不平衡的不正義。假如，以一種住宅的補貼去要求地主（房東）去獲得（授與）居住憑證要比透過負面的所得稅（negative income tax）去追求平等更具有重分配的意義。這就是促進正義的正確方法。第三，有個基本的假定，即在自由市場中有一種固有的價值（intrinsic value）存在，因為它是個人追求他自己利益概念的一種證明，而此種固有的價值就是自由派社會所追求的一切。但是，這種價值不必然總是被非理想的話因素（non-ideal factors）之出現所凌駕。艾克曼對當代契約法的改革之研究途徑權衡到經濟效率（economic efficiency），歷史背景不平等，與尊重個人承諾之諸因素。這似乎是一個吸引人的混合，一方面肯定自由交易的重要性，另一方面使人民維持契約的承諾。為了工具性與本質性（intrinsic）的理由，在促使交易自由的承諾根本地取消中，以一種無限制的方法提供很多可以推翻承諾的理由，其理由不僅包括有關威脅（duress），無知（ignorance）或錯誤的問題，而

且亦包括經濟的，教育的與遺傳基因的不平等之理由來推翻協議的
承諾。因為基於這些理由協議基本上似乎是不公平的。

　　這種一般的（general）研究途徑啟發我們提供取消證明不利於
個別團體的交易之論點，由於個別團體的一般立場是由於不正當
（不合法）的不平等所造成的結果。由此，若干重要的批評觀點是
由於這種立場所形成的，而這些批評的觀點把疑慮置於對話致力於
正義的連貫性與其力量上。例如，吾人會對對話方法的力量產生疑
慮是因為，諸如歷史背景所造的不正義應該以正常商業交易的合法
推翻為宜，而不能僅由中性的對話來解決，縱然所有相關的事實並
沒有爭議。反對一種不正義的歷史背景而允許契約被執行是受束縛
於支持某些團體與個人超越其他人係基於不尊重每個人的善，就和
其他每一個人的善一樣重要理由。因而，在非理想的世界之間的選
擇是一個必然不公平的選擇，此為艾克曼希望去規避的。

第六節　結論

　　由以上的研究，我們可以知道艾克曼是自由主義自由派的學
者，自由派的政治思想根植於康德，依此，在自由派的意識中就放
棄一個政治社群的理念，因而自由派的意識就得接受道德多元論的
觀點，其政治理論就必須在道德多元論的基礎上來建構。依此，在
理論的形式上就得放棄美好生活（good life）與善的概念，轉而專
注於已被認同的人性真理之上，認為每個人有其最大的自由，追求
他自己的生活與利益，只要沒有不正義的行為與沒有侵犯到他人的

自由。由此，一個政府的政治決定須儘可能地與美好生活與價值概念無關。換言之，自由主義的理論指導自由派的政府去依據一套，如何才可平等地尊重個人，而不尋求一個個別善的概念強加在任何一個人或團體身上。所以，中性就成為自由主義的中心價值，進而言之，政府就得依據中性的規則或方法去建構政府行動的依據。

「中性」一詞依正面的觀點，可被界定為不偏不倚，公平無私，不偏心，平等對待，等理念，因而凡是把中性視為一種美德的人，他們就會把中性視為是與解決問題有關的一種知識上的公正，對各種不同理念的容忍，對不同價值或生活方式的適應，尋求獲得知識或物質文明進步的條件，與提供公民平等權利的理念。

艾克曼就以自由主義的中性為其理論建構的核心與理論根據，提出中性的對話，以參與對話者的每個人，口頭互動的方式，進行辯論他們對稀少性資源的持有分配交換意見，這種對話交談論證的方式，艾克曼認為應受到中性交談的束縛。

艾克曼虛構太空船登陸移民，成立一個立憲會議來掌控與處理在無人居住星球上無主人的資源之分配。以對話的承諾與中性的方式，加上自由主義的意識形態，使艾克曼的自由主義思想對社會福利採取溫和進步的承認，以實現自由主義結合者自由、自主與多元理念的意涵，詳言之，他提出中性的對話，使對話的方式與內容束縛於自由派的理念，然後再以自由派國家，來實現自由派的理想，簡言之，就是自由派的國家處於中性的地位，透過對話來進行。

中性對話三原則，以中性的原則最為重要，以不主張（a）他所主張的善的概念比他同胞中任何人所主張的善的概念好。（b）不管他的善的概念如何，他在本質上是優於他同胞的任何一個人或更多的人。並進而不強加善的概念價值的判斷於他人身上。由此，提

出至少和你一樣，否定優越的道德價值，「道德的優越」等概念，來表現出平等的概念，而這種平等開始於成年人生活時，其資源分配的平等，進而主張強調一種不偏不倚之不受支配的平等。

　　但是，這種中性的對話亦受到批評與限制。例如，假如有暴力、欺詐，說謊，與反社會的行為，就被視為與中性對話的參與不相容，而被視為是不正當或不合法的行為。所以，若沒有禁止暴力，那中性的對話是否還能進行？令人感到疑慮。還有中性對話的正義原則可應用於一個具有精湛正義科技，健全的執行交易彈性，與受支持的不受支配的平等等條件，於一個理想的社會中，若沒有以上所述的這些相關條件時，諸事又將如何演變？

　　由於中性對話的限制與弱點，亦呈現於艾克曼的處理契約法之中。艾克曼雖然尊重理想執行自由交易制度，但是，假如一個理想執行制度的要求條件在某方面無法符合時，那麼凡是以不公平地被對待所造成的一種結果之人可以要求政府干預去幫助他們模擬他們在一個理想可執行交易的網狀組織之下可以達成的種種結果。

　　由此，艾克曼遠離自由放任的政治哲學，反而主張人民立於不受支配的平等，完善的教育制度，沒有遺傳基因障礙，完善的市場自由交易制度，成年人最初物質分配平等的立足點上，公平的，自由的進行交易，並進一步主張不允許利用無知，來達成契約的利益。反之，若一項契約的協議違反了上述的條件時，就可提供為協議無效的根據。以維護契約的正義。

第八章　達維・彌勒的社會正義論

　　由於美國哲學家羅爾斯，竭盡思慮，在 1971 年出版了《正義論》（*Theory of Justice*）（Rawls, 1971），此後，「正義」的問題和理論再度成為當代哲學與政治社會思想關切的主題（Kukathas And Pettit, 1990：1-16）。既然「正義」已成當代政治社會思潮所關切的主題。那麼試問何謂正義？正義只是一個抽象的理念，當吾人運用它來評價一個社會之際，必須有更具體的準繩做為依據，而這些準繩應如何建構或尋求呢？又如何給予這些準繩合理的理論依據？最後，在實際運作上，究竟何種制度和措施方能落實正義原則呢？凡此圍繞著正義理念所衍生的諸多課題，不但為歷史的政治哲學家所爭議，更是近年來西方學術界及公共政策爭議最多的議題之一。此一現象，當今的學術界普遍地歸因於當代著名哲學家羅爾斯《正義論》一書的問世所造成的（Lucash, 1986：7）。

　　此後，諾錫克的《無政府狀態，國家與烏托邦》（*Anarchy, State and Utopia*）一書於 1974 年出版（Nozick, 1974）。以批判羅爾斯的正義論為主，對於對立的觀點所提出的辯護，不僅充滿了睿智，而且亦充滿了刺激。簡言之，這樣一個單一的著作對現世已被接受的觀點造成很大的挑戰，而且亦造成如此引人注意與關切是因為它代表一個極端的觀點或立場。因而，使諾錫克的《無政府狀態，國家與烏托邦》一書與羅爾斯的《正義論》建立了美國政治哲學中並駕齊驅的兩種模式。

　　而本文，所記述之達維・彌勒（David Miller）的《社會正義》（*Social Justice*）一書於 1976 年出版（Miller, 1976）。他是一位英國的學者，他從語言學與社會學的研究途徑去分析與發現社會正義

的概念與意義，然後從批判功利主義與羅爾斯正義論的觀點，提出
他的社會正義的概念，去釐清，界定與建構他三個正義原則：即權
利（rights）、論功行賞（deserts）、與需求（needs）的分配原則之
理念，為他的政治理論，然後他致力研究休謨（David Hume）的
正義理論中去發現休謨是一個權利原則的辯護者（Hume, 1888；
Hume，in Nidditch, 1975），從研究斯賓沙（Herbert Spencer）的正
義理論中發現斯賓沙是一個論功行賞原則的辯護者（Spencer,
1951；Spencer, 1976），與從研究克羅波金（Peter Kropotkin）的正
義理論中發現克羅波金是需求原則的辯護者（Kropotkin, 1970）。接
著彌勒企圖把社會正義的理念置於社會學的研究法之中
（sociological perspective），從若干不同的社會系絡中，即在四個
不同的社會類型－原始的社會（primitive society）層系的階級社會
（hierarchical society）、市場的社會（market society）、與市場的社
會的轉變（the transformation of market society）中去發現與比較其
社會的正義的理念，他的研究發現當代資本主義的社會就是市場社
會的一種修正形式。最後，他把自己的社會正義研究與羅爾斯的社
會正義研究作比較，去證明他以社會學研究法去探究社會正義的理
念，是具有邏輯的推演性與經驗的意含。

第一節　社會正義概念

　　「正義」一詞，在西方政治哲學史上早在希臘時期，在柏拉圖
（Plato）與亞里斯多德（Aristotle）的著作中，便有很多令人銘記

於心的剖析，在亞里斯多德的著作中把正義視為是同等於一般的美德（virtue in general）（Aristotle, 1915）。這樣寬廣意義的使用，使某些評論家把正義的理念視為是無實質的內容可言，反而成為一般人所認同的名詞，被隨意應用於吾人選擇的任何現象之中（Kelsen, 1957）。鑑於「正義」一詞被寬廣的使用，因而造成「正義」一詞的被濫用，使其意義更加含糊不清。

依彌勒的觀點，認為我們通常談到公平的人，公平的行為，與諸事物的公平狀態（just states of affairs），即意指一個人是公平時，他通常嘗試依公平的方式或立場去行動，使諸事物達到一個公平的狀態。因此，要去評估行動的正義若沒有一個預先對諸事物公平狀態之認知是不可能的。因而諸事物的狀態要被描述為公平或不公平必須有三個要件：首先，它必須涉及到有知覺的人（sentient beings），該有知覺的人是理性的去評估事物的狀態是否公平；第二，在評估諸事物的狀態是否公平中，必須有知覺的人面對利益與負擔分配的問題，假如沒有利益或負擔的分配問題，那就不會有正義的種種問題發生；第三，它必須是諸事物的狀態，已由有知覺的人之行動產生了結果，或至少能夠由於這樣的種種行動造成諸事物狀態的某種改變。反之，例如，在英格蘭有一半的地區是處於陰雨綿綿的氣候之下，令人覺得心情憂鬱沉重，而另一半的地區則是陽光普照，令人心曠神怡的狀態，這是自然的狀態。不是氣象人員，或人力所能改變。換言之，英格蘭之諸事物的一種狀態被視為是自然所造成的，那不是有關正義，或不正義的問題（Miller, 1976：18）。

由此可知，正義的主題是利益與負擔於人們之中被分配的方式與問題，而正義的主題，最初由貝雷（Brian M. Barry）區分成集合的（aggregative）與分配的（distributive）政治原則（Barry, 1965：

48）。一個集合的原則是一個言及利益的總額由一個個別的團體（a particular group）所享有。而一個分配原則就言及該利益的總額為該團體的不同成員所分享。簡言之，由團體應該享有的快樂總額被極大化的原則是集合的原則，反之，團體的每個成員應該享受一個同等（平等）快樂的量是分配的原則。由此依彌勒的觀點，正義是使每個人獲得其應得的（justice is sum clique，to each his due）。所以，正義原則就是分配的原則。質言之，正義就是如何使每個人獲得其應得的。因此，正義的定義就有兩個主要的推論。第一，它意指兩個人在有關分配方面是平等的，換言之，即是他們的應得應該是相同的，或他們應以同樣的方式被對待。這種原則（平等地被對待，或平等的對待人）時常已被認為是正義的一般特徵，由此推論，正義與平等概念之間有某種關係存在。依彌勒的觀點，正義原則具體表現一種微弱的平等意義，而非表現出一種較強的平等意義。質言之，正義不必然是等於平等的意義，它只是平等地被對待或平等地對待他人，給予每個人他應得的。第二，它是一種比例的原則（the principle of proportion），依這樣的原則應用於給予每個人應得的，就須應用數量的屬性，利用數量來計算會更傾向於公平、如此比例的原則不僅允許我們可處理完全相同案例的應得問題，而且亦可處理不同案例的應得問題（Miller. 1976：20-21）。

由上述的論述可知正義就是處理一個社會中人民之間其利益與負擔的分配是否公平的問題，然而一般的正義與社會正義之間的關係如何？正義可以有很多的再細分的理念表現之，其原始的理念可以被發現於希臘（Miller.1976：21）與基督教（Miller.1976：21）的古老思想之中。然而對我們研究正義問題的目的而言，較為重要的有法律正義與社會正義之分。依彌勒的觀點，法律正義（legal justice）是關切犯錯的懲罰，與透過一套公共的規則（法律）來執行造成傷害的賠償。它處理問題有兩個類型，第一，它規定在什麼樣的條件狀況之下應受什麼樣的懲罰，使懲罰尺度可以調適到適合於不同性質的犯罪。在民法中規定賠償的額度，以有助於種種受害的恢復。第二，它是給予提供法律應用程序的基礎——一個公平審判的原則，訴求的權利等，這些是形成法律正義的部分。而社會正義，一方面，為了關切整個社會利益與負擔的分配，因而它的主要問題是在於建立重要的社會制度，如財產制度，公共組織機構等的建立如此它就可處理個人薪資與利潤的規定是否公平合理，使個人的權利透過法律而得以保障，使個人在住宅、醫療、福利利益方面得以獲得應得的分配。進而言之，利益的分配，應該去包括不可觸知的種種利益，諸如聲望與自尊在內。雖然社會正義主要應關切物質利益，尤其是財富的分配問題。但是，對於不可觸知的種種利益亦是社會正義所關切的問題（Miller.1976：22）。

正義的再細分方可被區分有個人的正義（private justice）範疇出現。個人的正義在於關切處理一個人與他同儕之間的關係。這種正義意義與社會正義之間亦會有衝突，例如，一位雇主可以嘗試公平地以他的雇員工作的表現，努力程度等考量給予他適當的薪資。假如其評估是正確的或適當的，如此就是雇主與受雇者之間個人正義的體現。然而，假如受雇者的薪資比其他地方工作性質相同所付的薪資低時，在這樣的案例中雇主並非有意地違反了社會正義，這種兩難的解決之道，彌勒並沒有進一步提出解決之道。

由上所述，彌勒對於正義的概念與正義的再細分，法律正義，社會正義，與個人正義的概念意義界定得非常清楚之後，他即論述

社會正義的理念如何轉化成一種程式（formula），換言之，即如何轉化成一個原則，使其能夠具體地應用於現實的社會，以解決人類社會中人們利益與負擔的分配問題。

依彌勒的研究，對於社會正義理念如何轉化成一種程式，或一種原則的問題，目前有兩個主要陣營（camps）。一個是相信有一個單一的正義概念，即是當該概念被應用之際，其概念的準繩亦被應用。而另一個陣營則相信有若干的概念存在，每一個概念引入一種不同的方式以辨識諸事物狀態是否公平。前者以希德威克（Henry Sidgwick）《倫理學的方法》（*The Methods of Ethics*）的著作（Sidgwick, 1907），與雷惠爾（D. Daiches Raphael）〈保守的與彌補的正義〉（Conservative and Prosthetic Justice）一文（Raphael, 1964：xii）為代表。希德威克相信在我們有關正義的思想中我們無可避免地會導致於把存在於法律與其他習慣權利的認知與保障之保守正義與提供改變這些權利以符合某些理想準繩所組成諸原則之理想作比較。

> 因為，從前一個觀點而言，我們易於去思索權利、利益，與特權，和負擔與痛苦的習慣分配，是自然的與公平的，而這種的分配應該受到法律的支持，就如通常的一樣：同時，從後一個觀點來看，我們似乎去承認諸規則的一個理想體系應該存在，或許這些理想的分配原則尚未存在，但是，我們把法律視為是公平的，就如同等於法律認同於這個理想一樣（Sidgwick, 1907：273）。

而雷惠爾認為保守正義的目標是在於保存一個現存的權利與財產的秩序，或在於當任何違紀事件發生時可恢復現存的權利與財

產秩序，與其目標在於修正現狀的彌補正義作比較（Raphael, 1964：154-55）。

依彌勒的觀點，認為由希德威克的理想正義可以推知其理想的正義原則就是依論功行賞的分配原則，即是人人應該依其貢獻獲得其應得的報酬。而一個人獲得其應得，可以以他的道德美德（His moral virtue），他的努力生產，他的能力（His capacities）來測量或評估，而雷惠爾的彌補正義，則以需求或依個人需求給予其應得的（Miller, 1976：26）。

然而，依彌勒的研究認為，依論功行賞與依個人需求作分配，必然會發生衝突，因為沒有一個社會可以依論功行賞與個人需求兩原則來分配其利益。所以，依彌勒的觀點，認為希德威克的理想正義與雷惠爾的彌補正義之間會發生衝突似乎是根深蒂固的（Miller, 1976：26）。例如，我們允諾兩個孩子去清洗一幢房屋的所有窗戶，承諾每個孩子完成工作之後給予十元，工作完成之後，他們有權利獲得十元。表面看起來我們給予每個十元是公平的。但是，假如我們注意其中一個孩子很努力負責完成工作，而另一個卻不努力盡責去完成它，若依論功行賞的原則來看，我們可以判斷努力負責工作的孩子應該獲得較高的報酬，高於第二個孩子，從這個觀點，我們應給予努力負責孩子十二元五角，而給予不努力負責的孩子七元五角。此際就會發生兩難的困境，此即權利原則與論功行賞原則之間的衝突。若允許依權利的考量去超越論功行賞的考量，就是每個孩子應該獲得十元；而若依論功行賞的考量超越權利的考量應給工作努力負責的孩子十二元五角，而不努力工作的孩子七元五角；或採取兩組考量的妥協判斷給予努力負責的孩子十二元五角，而不努力負責的孩子給予十元。由此案例做更一進步的考量，若一個孩子來

自富裕的家庭，口袋裡總是有很多的錢，而另一個則來自極度貧窮的家庭，若基於需求原則的考量，就會與依權利與依論功行賞原則發生衝突。因而依彌勒的研究認為希德威克的理想正義與雷惠爾的彌補正義會明顯地使依論功行賞的原則與依需求原則之間發生分配兩難困境（Miller, 1976：23）。

　　建構一個正義的第二種方法，表面看起來似乎更吸引人。吾人可尋求一個原則，或前後一貫而不矛盾的諸原則之組合。此原則對三個原則類型中的每一個類型給予某種的考量。以期這樣的一個原則（或諸原則的組合）將產生與直覺正義的判斷（intuitive Judgements of Justice）一致。當前有兩種理論可滿足這種狀況，就是功利主義及羅爾斯所發展的正義契約理論。依彌勒的觀點，認為功利主義者，當然，聲言他們是一般的道德理論，不僅是一個正義的理論，而且亦重視效益原則與直覺的道德判斷之間的關係，所以，史波林格（Timothy L.S. Springge）說：

> 因為一個人傾向於功利主義的觀點……該原則（效益原則）被接受，部分係因為它似乎去提供一個單一的理論為現存的道德觀點之基礎，而該原則與這些道德觀點的相容性考驗，因道德觀點的本身係處於效益原則的考驗之下，假如發生衝突，那沒有深刻感受的道德觀點就會被放棄而屈從於效益原則，反之，假如人們的道德觀點感受深刻，那麼其功利主義的觀點就會接受檢討，而必須作選擇（Springge, 1965：264-91）。

　　而羅爾斯提出一個相同的觀點引進到「反思的均衡法」（reflective equilibrium）之中，這樣一個人直覺的道德判斷就會於

若干系統的道德理論觀點之中接受考驗，而可以使該案例不是被證實，被修改，就是被拒絕。所以羅爾斯說：

> 當一個人呈現以一種直覺的訴求考量他的正義意識之際（即是說具體表現各種理性的與自然的臆測），他方可修正他的種種判斷去證實它的種種原則，縱然該理論的確並不適合應用於他現存的種種判斷。但是，他很可能會如此做，假如他可以發現在他原初判斷所決定的信念發生偏差，他可以提出解釋，與假如已提出的概念產生了我發現現在可以接受的一個判斷。從道德哲學的立場而言，一個人正義意識的最好考量並不在於他檢驗任何正義概念之前，而是在於他反思均衡的種種判斷進行之中。如我們已看到的，這種陳述是在一個已衡量了各種已提出種種概念之後，一個判斷才達成。而此時他不是已修正了他的判斷以符合諸概念之中的一個概念，那就是忠實地堅持他最初的信念（與相對應的概念）（Rawls, 1971：48）。

由此可知，依彌勒研究認為，功利主義與契約的理論明顯地超出正義的直覺判斷，而這種判斷卻是正義所不可放棄的，由此，彌勒就摒棄功利主義或契約的正義理解（Miller, 1976：31）。

因而彌勒進而從功利主義與羅爾斯正義論的比較與批判中推論，功利主義係從普通的正義理念分出成為兩個重要的方法。第一，它是一個完全地向前展望的理論（forward-looking theory）。然而正義的共同理念（The common idea of justice），卻包括向後展望（backward-looking 追溯）的成分；例如，當某人被認為對一項報酬有一個的聲言是基於論功行賞作分配的理論基礎之上，一個現行

的行動（給予獎賞或報酬）被視為是對係因為它與過去的行動發生關係（即賺得該報酬的行動）。第二，功利主義是一個集合的理論，它判斷行動的對與錯是依據行動可產生快樂的總額數量，然而正義的共同理念是關切人們之中種種利益的分配。因此。功利主義不能被視為是正義的分配理論。而現在羅爾斯的正義論亦是向前展望的，除了其理論中的公平機會的平等原則之外（該原則已顯示涉及論功行賞作分配的概念）。例如，所得與其他報酬的多少估量不是固定不變的，換言之，所得的多少亦是參考過去作調適。因而，若所得多少的評估只依向前展望的方法，那未來會對社會最不利的成員產生最大的利益，這是不公平的。況且，雖然羅爾斯的理論嚴格上不是集合的理論，因為它不允許少數被剝削者獲得給予許多人快樂的最大差額。而且它亦不是分配的理論，因為它沒有包含直接地規定利益與負擔分配給人的種種原則（Miller, 1976：43-51）。

總之，依彌勒的研究，認為功利主義與正義的契約論（指羅爾斯的正義論）都是極端的理論，其目的是一個在為社會中最大多數人的要求提供最大的快樂或利益；而另一個是在為社會處境最不利的成員要求提供最大的利益。兩者都是無法提供令人滿意的，與可接受的道德理論。依此，彌勒認為，他已檢驗的所有有系統的正義理論都無法令人滿意，所以，他認為必須轉注於在我們正常概念使用的研究中尚未被發現的正義原則。這些原則尚須付諸於徹底的檢驗。吾人必須嘗試去澄清被使用去表達它們意義的概念，去發現每一個原則的在道德上的重要意義，然後再去確定它的概念意義。下列三個目次就專心探討這樣的一個檢驗。以便在完成它們的檢驗之後，吾人就可理解這些原則之間的衝突，然後去指出如何在它們之間做取捨。

第二節　權利

　　對權利概念的分析，一般人最常見的分析起點是從法律與道德權利來區分，即從起源於實定法（positive law）與起源於沒有法律地位的一項承諾或協議（a promise or agreement）來區分。當然，吾人亦可規定凡是與法律無關的權利都應該可以被視為是道德的權利，以區分法律的與道德的權利，然而，這種區分方式並無助於解決兩者權利之間的澄清或歸屬；因為道德的權利不應該被視為是起源於道德諸規則，亦如法律權利不應該被視為是起源於法律規範一樣。

　　依彌勒的觀點，他傾向於把實證主義者對法律的說明視為是理所當然。其說明是法律與道德權利之間一種清楚的區分已被假定，而法律權利已呈現為一種直進的方式（a straightforward way）起源於實定法（positive law）的種種規則。換言之，法律已被視為是一套規則（a set of rules），內容是相當清楚而固定不變。在某些案例中這些規則制訂個人方面的種種權利，而個人隸屬於這些規則的管理。但是，這樣的法律說明亦引起某些爭論。

　　這些爭論是起於實證主義者對於法律的解說似乎過於呆板而令人感到缺乏趣味。及法律規則未曾像法律解說所引證的那樣精確。因而法律規則對於每個特殊的案例（specific case）就必須重新被解釋，而這樣的解釋就會修改未來規則的意義。由此，要建構你有一項法律權利不僅是要去引述相關規則的問題，而且你亦必須去辯護你建議使用該規則的正當性，因而提出道德的種種考慮是必要的。無論如何，這些道德的考慮不應該被視為是超越法律範圍

（extra-legal grounds）的理論依據，從外輸入新意以彌補法律意含之不足。由此推論，這些道德的考慮可以被包括於法律之內成為法律原則（legal principles）（Dworkin, 1968）。

這種異議的提出，雖然可明白地顯示出法律實證主義缺乏經驗或判斷力，然而實證主義者不允許法律規則本身作解釋，須依法律條文原意作判決，因而若發生有困難案例的情境，應如何處理。對實證主義者而言，這樣困境指出法律的缺陷，而使法律超越法律本身適用的範圍，而去考慮該案例中道德的諸面向，以便未來良法的被制定可以考慮到這種困境。但是這樣的實例（instance 請求）必須被視為是例外，因為法律的被制定不是依此特性來制定。基於實證主義者的這種觀點，所以，就有持反對道德權利的學者出現，這種觀點由邊沁（Jeremy Bentham）為典型的代表，及最近拉孟特（William D. Lamont）一篇報告為代表。（Lamont, 1950：83-94）邊沁的觀點：

> 權利是，法律的結果，與唯有是法律的結果。若沒有法律就沒有權利－沒有權利可違反法律－沒有權利先於法律，法律存在之前可以有理由希望有法律－而無疑的這些理由不能缺乏，而其中最強烈的理由－僅希望我們擁有一項權利的理由，而不在於構成一項權利的理由（Ogden, 1932：cxxviii）。

依邊沁的觀點認為對道德自然權利的聲言要求某法律權利應該存在，是一個使人易生錯覺的方法。因為要去陳述一項已存在的權利就是在於陳述一項事實，是易引起誤解的，即是種種制裁（sanctions）強加於任何個人身上，這樣會妨害到權利持有者享有相關利益的權利。由此，邊沁認為並沒有道德或自然權利這種事實

存在；所以，道德權利只是虛構。至於拉孟特的聲言，亦認為種種
權利是隨法律而來。假如沒有法律，就沒有權利（Lamont, 1950：
63-65）。由此可知，邊沁與拉孟特是對於道德的權利持有異議。因
而，彌勒進一步引用何費爾德（Wesley, N. Hohfeld）的觀點去論
述道德權利（Hohfeld, 1964）。何費爾德提出四個名詞是「聲言權
利」（claim-right），「自由」（liberty），權利（power），與「免疫性」
（immunity）。所謂，一個人有一項聲言權利去處理，或獲得某物
之際，亦是他人有一項責任去讓他處理或獲得那物之時。一項聲言
權利的範例是 A 對一塊土地，他擁有該土地的權利時，相對於 B
有責任或他人有責任離開這塊土地。換言之，當一個人是處於無責
任不做某事時，他就有去做某事之自由。例如，A 於公共場所自由
談論的權利是一項自由，因為此即相對應於沒有任何責任可去抑制
他的談論。所以，一項權力就是去改變人們在某些方面的聲言權利
與責任之法律能力：例如，A 要促成一個意志產生的權利就是一項
權力。因為該項權力能夠使 A 去授與（承認）B 與其他人有新的
權利，而強加種種責任於他的執行者身上。一項免責權是一項法律
保證免於課加於他人身上某些責任。換言之，此即相對於其他人在
某一方面缺乏權力。如此在一個立憲保證言論自由的國家中，每個
公民就有免疫於立法以限制人民自由言論的種種責任。以此顯示相
對於有四種道德權利存在。道德聲言權（moral claim-rights），就像
法律聲言權（legal claim-rights）一樣，每當我們談及無需資格條
件限制的「權利」時，我們就會銘記這種「權利」的性質。假如 A
承諾 B 他將借給 B 一本書，B 就有借該書的一項聲言權利，相對
應於 A 把書借給他（B）的責任（Miller, 1976：59）。就對道德的
自由而言，我們可以使用 A 有言論自由權利之範例，此具有一項

道德和一項法律的自由。要言及 A 有一項言論自由的權利是意指
他沒有言論不自由的道德責任。一項道德權力的範例，即是 A 可
以以他的財產之一部分做為禮物送他人的權利。在使用這項權利
中。他就改變其他人的道德權利與責任。如此就是費爾德在以法律
案例來類推所做的。對於道德免責權的存在，彌勒認為有不能剝奪
的（不能讓與的 inalienable）道德權利，這些權利係由免責權與聲
言權利或自由所形成。如把言論自由的權利，視為是一項道德權
利，是不能剝奪的（如傳統的自然權利理論），那麼就意含不僅 A
有言論的自由，而且亦意含他不應該為相對的責任負責任。由此 A
在這方面對所有道德行動者有一項責權性，無論他做什麼，這個至
少顯示一項道德免疫性理念的產生似乎是合乎理性，不管任何這樣
的權利是否真正地存在。

　　彌勒在區分道德與法律權利的四個類型中，顯示聲言權利對社
會正義是具有其重要意義存在。因為當我們聲言一個人有對物質利
益，財富，教育，或協議履行權利時，我們就會立即想到聲言權利。
而自由就如自由一詞的意含指出，它是關涉到個人自由的理想。這
都是社會正義所關切的問題。而權力與免責權則被認為是在嚴密的
法律系絡規範之內。

　　在彌勒論述法律權利與道德權利的區分與起源之後，他即去論
述什麼是積極的權利（positive rights）與什麼是理想的權利（ideal
rights）。一項積極的權利是經由其社會的認可而建立的。而一理想
的權利，係由它的內容所建構。一個人有一項理想的權利係因為他
有權利去追求，而不管該權利是否為社會所承認。自然權利就是理
想權利的最類似範例，例如一個人有言論自由的權利，是一項附屬
於人有自由演說的道德權利上，而不是一項社會所承認的權利。因

為一項理想的權利，當然亦可以成為一項積極的權利，雖有須經由一個既定的社會獲得其大眾的承認。由此推論，積極的權利就是法律的權利，亦是制度的權利（Miller, 1976：66-78）。

而理想的權利依據最近學者的研究，已把它區分成兩個範圍（Miller, 1976：78）。一個範疇，是洛克（John Locke）與法國革命的傳統自然權利；生命（life），自由（liberty）與財產（property）。另一個範疇是社會的與經濟的權利，這些權利已成為最近人權發展的聲言。諸如工作權（the right to work）與生存權（the right to subsistence）。這兩範疇之間的主要差異是在第一範疇中的權利是允許去工作的權利，而相對於他人有不干預的責任。第二範疇的權利是賦予工作的權利，與相對於他人有提供工作的責任（Miller, 1976：79）。如此，傳統的財產權即意指去獲得財產的自由加上他人不應該干預個人獲取財產之自由，換言之，它並不意指給予財產的權利。而所謂工作權不僅意指去尋找工作的自由，而且亦含有提供工作的權利。這種差異的結果使傳統的自然權利與自由的理想發生了更密切的關係，而使社會的與經濟的權利和社會正義發生了更密切的關係。依此，例如，對自由演說的一種限制，即明顯地是違反了自由，這種違反了自由理想的舉動，通常並不被視為是一種社會的不正義。反之，假如生存權被否定的話，那就有相反的看法，換言之，那就是社會的不正義。

基於這個理由，所以，從社會正義的觀點來看，人權就是社會的與經濟的聲言。假如我們從世界人權宣言（Universal Declaration of Human Rights）的文件中（Miller, 1976：79）去探討，可知世界人權宣言的這些聲言是在要求提供每個人適合生活的最低水準（a minimum standard of decent living）。此意指除了提供工作權與生存

權之外，還要提供食、衣、住、醫療，與教育的權利。而現在這些
聲言亦同等於需求聲言的提出，由此可知，世界人權宣言的真正內
容是包含了人類基本需求的項目與滿足這些需求的主要方法。所以
菲恩伯格（Joel Feinberg）道：

> 我接受道德的原則，即要對一個無法被實現的需求是在於對
> 世界的一種聲言，縱然在個別方面是沒有反對……這樣的聲
> 言，僅基於需求，是種種權利永恆的可能結果……當自然權
> 利宣言的著作者談到它們時就像是它們已是真正的權利，但
> 是它們亦容易被淡忘的，因為這僅是一種信念的強烈表達，
> 即表達它們應該由國家所認可，為潛在的權利，與當前所渴
> 望的，對當前的政策提供種種的指引（Feinberg, 1970：255）。

因而，菲恩伯格認為這是一種政治的設計（Feinberg, 1970：
255），所以，依彌勒的觀點，這種世界人權宣言的聲言，是一種理
想的權利……而理想權利依彌勒的研究可依立法，或國家立法的認
可，而成為一種積極權利或法律權利。因為，社會正義的重要問題，
即在於尊重擁有積極的種種權利，要達成這個目的的最有利的工
具，就是法律（Miller, 1976：71-78）。

第三節　論功行賞

當吾人考慮要去獲得應得什麼樣的懲罰時，吾人就很快地發現
論功行賞是在於實現一種道德的意識（moral sense），即人們認為

吾人已犯了道德上的錯誤，吾人就應該獲得應得的懲罰。依此類推，利益的論功行賞亦賦予一種道德的意識，由此，該意識就變成把外在的利益依個人的德性作分配（Ross, 1930：56-64）。但是，在實際的運作中依論功行賞做判斷很少具有這種特性。如當吾人辯論一個個別的受雇者是否應獲得比他現在所得薪資高時，吾人就會提到他投入於他工作中的技術，責任與努力，而不曾提到他的德性如何。所以和社會正義有關的論功行賞的分配方式很少會與道德的論功行賞發生關係（Miller, 1976：87）。

對於一個人依論功行賞獲得應得的理由很多，而且是具有爭議性。然而，依論功行賞獲應得的必須有一個應得的理由。不論什麼時候吾人提出一個「A 應得 x」的形式聲言時，不管 x 是什麼，吾人必須去指出 A 的特徵，或 A 的行為，因而 A 應獲得 x。例如我說「約翰應該獲得第一名而贏得獎學金」，而其他人會問我「為什麼他應該獲得？」，我必須以「他很聰明，很努力用功」的理由作答。這種特徵的一種陳述即成為吾人論功行賞的分配基礎。

而一種論功行賞分配的基礎與一個依論功行賞的判斷有關。依論功行賞做判斷涉及吾人對一個人所持的態度有關。這樣的態度，諸如讚賞、同意，與感激等，質言之，就吾人評價他人的種種態度，亦就是依論功行賞做分配的一種判斷。這些評價的態度需要一個理論依據來做判斷，而這種理論係由吾人對他人所持態度的種種特徵來建構其理論。例如我讚賞某一個人，我必須為某種原因而讚賞他，其原因可能是他的才智，也可能是他拉小提琴的技巧，由此，才智與技巧即是你建構評價態度的特徵。

關於這些態度的建構有若干觀點是值得注意的。第一，我們持有這些態度全然是偶發的（contingent），換言之，在一個想像的現

實世界中，吾人隨處都會偶然地以讚賞的態度去讚賞他人。第二，我們持有這些態度一般而言並沒有目的。換言之，我們是以一種讚賞的態度去評價他人，例如某人的表現令我很讚賞，這種讚賞是一種自然的表達，並沒有其他目的。第三，這些評價的態度與論功行賞概念之間有一種密切的而且複雜的關係存在。而這種關係有若干面向。

（一）假如我們人與人之間的對待不採取這些態度，我們就不會與無法使用論功行賞的概念。假如他人的行為無法喚起我們的讚賞與贊同，我們就不能說他應該獲得榮譽，獎品等等。而這些名詞對我們而言就毫無意義可言。

（二）論功行賞可能依據的範圍與提供評價態度可能依據的範圍要相符。詳言之，就是論功行賞所依據的與評價態度所依據的範圍要一致。

（三）評價種種態度的存在促使一種論功行賞的判斷與它的理論依據之間的連接使人易於領悟，然後再考量「約翰應獲得獎學金」與「約翰既聰明又努力用功」連接起來。如此我們就可接受有關約翰論功行賞理由之事實。

　　依彌勒在研究論功行賞與社會正義的關係中，發現依經濟的論功行賞（economic desert）做分配的判斷比較困難。所謂經濟的論功行賞是意指以貨幣的論功行賞方式或以其他的報酬方式作為一個人就業中提供有益於社會生產或服務行為所獲得的報酬。我們知道一個社會的形成是由於各行各業的分工而形成的。因而在一個分工的社會裡，一個人從事於任何行業或任何工作性質，都須從某一個原則（或理論）做為其所得分配的判斷，以決定他應該獲得多少的報酬才算合理或公平；對於這個問題約翰·穆勒（John Stuart

Mill。1806‧1873）就利用這個問題去解釋一個直覺正義觀念的曖昧不明。而認為，在發生衝突的種種原則中，我們可以依公平與正義的方式去辯護那一個原則具有正當性；唯有效益的考量（considerations of utility）可以明確地決定那一種原則應該被選擇（Mill, 1964：54-55）。

　　由此依彌勒的研究，對於經濟的論功行賞的決定可以被化約成，三個原則：（Miller, 1976：103）

（一）貢獻（contribution）：一個人的報酬應該端視他花費於他工作行動中對社會福利所貢獻的價值而定。

（二）努力（effort）：一個人的報酬應端視他花費於他工作行為的努力而定。

（三）補償（compensation）：一個人的報酬應該端視他投入於他工作行動中其多少代價而定。

　　依彌勒的觀點，不應該同意（三），因為它不是一個真正優於前面兩個原則之一。它是一個改良的（refinement）原則，可使用與（一）或（二）連接。如彌勒的觀點，這個問題是在於（一）與（二）之間作裁決（因為（一）、（二）才是處於真正競爭性的原則），然後才在什麼樣的環境條件之下去考考慮（三），可以適當地被使用為一個修正的原則（a modifying principle）。

　　依彌勒的研究，認為要去瞭解以上諸原則之中那一個原則的論點可以決定性被視為是一個可以被辯護支持的原則。首先，彌勒認為，一個可以被視為是貢獻，而不是努力，做為論功行賞的分配基礎，而可以提出種種令人信服的理由，是功利主義。功利主義者認為依據人們不同貢獻的價值去酬報他們，如此我們就可以鼓勵人民去發展他們的種種技能（skill）與能力（abilities），

以創造一個較大的貢獻，而這種結果是對社會有益的，然而要使用這種功利主義的論點去建立一個論功行賞的分配原則，似乎令人感到矛盾。假如吾人依功利主義的種種承諾，把種種刺激誘因視為是以種種報酬去獲得有用的種種技能，而正確的原則是要去獲取報酬僅是為了這些貢獻；若沒有這樣的報酬，就沒有貢獻。換言之，這必須是由於受到物質刺激誘因所引起的貢獻。事實上，依彌勒的研究認為，這樣會使功利主義的論點從一個真正的論功行賞的分配原則之中引發出不同的原則。（如前述功利主義是一個集合的原則，不適合做為一個分配的原則。）（Miller, 1976：104）所以，彌勒認為可以不把功利主義考慮作為論功行賞的理論之一。

　　然而原則（一）仍然是基於正義的基礎。如歷史上最有名的，開始於每個人對他勞動的整個產品有一項權利的聲言（Miller, 1976：109）假如吾人考量自然的狀態，諸如洛克所建構的，在那種狀態的社會中每個人彼此獨自生產，並有充裕的土地，與基本原料供應，每個人可以獲得他們自己勞力付出的所得，是一個似真的觀點。該論點即是貢獻原則的基本正義，不受從自然狀態轉變到一個真正社會所影響。在一個真實的社會中，雖然人們不再彼此獨立生產種種產品，然而該原則可以依每個人致力於一種聯合所生產產品之價值獲取其報酬。如此他投入勞力的整個產品，現在即意指部分是他致力於聯合勞力生產的貢獻。

　　但是，彌勒認為，縱然我們接受這個原則可運用於假定的自然狀態之中，然而要轉移到真實的社會來使用該論點是否有效？從自然狀態與真實社會之間的情境就必須考量到兩個情境的差異，在我們評估可能分配模式的正義時，就必須考量到這種差異。

　　首先，土地與基本原料對每個人而言可自由地利用，就不再是真實的。反之，在某人有能力生產的產品中，全神貫注於現存自然資源生產的產品剩餘，甚至無法滿足他們的基本需求。在這種情勢之下對整個勞動產品的權利聲言，就會喪失了它的辯護性。

　　第二，在一個文明的社會中，一個人參與生產的種種財貨之價值，依個人所提供的技術與技能應獲得多少報酬，無法估計。所以，個人投入於生產產品中的努力與特質對於產品產生多大的貢獻也就難以評估。因而對於其應得多少報酬的正義問題，就會有爭議。

　　總之，彌勒對貢獻原則在真實社會中應用，作為經濟的論功行賞作分配的基礎，其主要論點是無法令人滿意。雖然該原則在直覺上似乎是可接受的（依正常思想方式的自我辯護），但它呈現在實際的應用上的確有很多的困境無法突破。例如貢獻的相對數量受到外來種種因素的要求，及因為在共同合作的情境中一個個體的貢獻理念，已不具有任何意義可言。因而有些人認為努力原則的很多優點可以規避這些困境，而且亦可以以一個公平直進的方式（a fairly straight forward manner）被應用。但是，我們懷疑容易的應用是否可做論功行賞與正義的方式辯護之。

　　通常支持努力原則的論點是：一個人僅能夠獲得他能力範圍所及之內獲其報酬。假如兩個人同等的辛苦（努力），工作時間同等的人，他們應獲得相同的報酬，縱然他們之中有一個人，有較高的技術與能力。依能力觀點，能力高的人，或技術高的人應該獲得較高的報酬，反之，若依努力原則，假定兩人都做相同的工作；相同的努力與相同的時間，若給予技術高與能力高的人，給予較高的報酬就是不公平。質言之努力的原則就是每個人的報酬，依其努力的

比率給予其報酬。因而依彌勒的觀點，努力原則，由此觀之，似乎缺乏任何真實的辯護性理由（Miller, 1976：110）。

因而注意到補償的原則，補償原則就是一個人的報酬應該端視他於他工作行動中所忍受的種種代價而定，例如工作是不愉快的（一個清道夫的職業），費力的（一個礦工的職業與外科醫生的職業）或危險的（一個爬上塔尖，煙囪等從事修建者的職業）。在每一個案例中其代價應該透過已增加的報酬以回報。此所謂報酬是給予一個人在工作中所遭受損失的補償（在危險工作的案例中，補償可以被視為是對未來損失可能性的一種保險。）

這種觀點看起來似乎是公平的：但是彌勒認為該原則的明顯簡易性（simplicity）隱藏了它可以以兩個不同方法做解釋的事實。第一，我們可以把付出的代價視為是有關個人行動的種種事實，然後以該事實以同樣的方式把個人技能的表現提供為個人論功行賞的分配基礎。反之，第二，我們也許瞭解不可以以付出的代價做為論功行賞的基礎，因而，相反地，我們可把付出的代價視為是一個人接受利益的減少。因此他應該給予額外的經濟利益以賠償其損失。由此我們就可以評估或權衡一個人可享受的全面利益之水準。然後再考慮他應獲得的報酬與他所忍受的代價，這樣我們就可對他的功過與這種全面的利益水準相比較而依比例給予其報酬。總之，在第一個見解上，支付代價被視為是增加一個人應得的：反之，在第二個見解上，被視為是個人報酬的減少。

對於為什麼選擇該原則的解釋，即是假定我們使用該原則（補償原則）做為一個人獲其報酬的唯一決定因素，換言之，就是我們選擇了補償原則，就不會聯想到另外兩個原則。假如我們採取了第一個見解，那我們對於論功行賞的原則就有一個貢獻，即每個人應

該得的報酬就會有所不同，因為他們所忍受的代價不同，因而其報
酬應該依論功行賞的分配原則給予其應得的比例。反之，假如我們
採取第二個見解，那我們就會有一個同等的分配，即人人接受同等
的報酬。然而就一個人的工作，比其他人支付更多的代價而言，其
損失應該以增加貨幣所得來補償。所以，菲恩伯格，就依此意義來
解釋該原則，提出讚成的觀點：

> 不愉快的，繁重的，與危險的職業應該獲得經濟的補償之原
> 則，不像較高能力應該獲得經濟報酬的聲言，因而原則是一
> 個平等主義的原則，因為該原則提到唯有沒有正常的理由所
> 造成的損失（deprivations）應該對損失者能夠補償恢復到他
> 同伴相等的地位。因而該原則並不是補償給他使他超越其他
> 人，而是僅允許他去趕上其他人（Feinberg, 1970：93）。

　　無論如何，依彌勒的觀點認為，每個人應該享有一個同等報酬
水準的原則，儘管有能力、努力等差異，但是該原則並不是一個論
功行賞的原則，因為它意含論功行賞的任何可能的依據，可以被認
為與所得決定因素有關的任何特質（any quality）。事實上是和一個
人應該獲得多少報酬的問題無關。總之，依彌勒的觀點補償原則的
討論僅在意指支付代價高的工作須給予足夠的補償以彌補其損失
而已，而與所得分配的決定因素無關（Miller, 1976：112）。因為一
個論功行賞做分配的基礎係由個人的種種態度所構成。所以，一個
人工作所忍受的痛苦與代價不能做為論功行賞的分配基礎。它僅可
以被使用於去連結貢獻原則，或努力原則而做為報酬計算的參考。
　　在彌勒討論各種經濟的論功行賞的分配原則中，他已揭露了種
種信念（belief）的一種纏結混淆之處。首先，他認為貢獻與努力

兩原則都不能被給予一個獨立辯護的理由，而補償原則，雖然是一個有效的原則，但不可完全地被視為是論功行賞的一個原則（Miller, 1976：114）。

依彌勒的觀點結，對論功行賞的論點似乎不必太悲觀，他認為依經濟的論功行賞的分配原則，雖然有些爭論，但是否可產生某種的一致性：是一個可能探討的方向，假如我們必須去分配一個令人垂涎的職位，或要去安排決定一項支付薪資高低的問題時，我們首先要決定那一個論功行賞的類型有相關性，可適合於職位分配，或薪資高低的分配來使用。例如在職位的要求條件是以佔有者的能力為優先的考量。如此一所大學的教授出缺，當然是以其學術成就與能力為優先的考量（Miller, 1976：118-120）。

第四節　需求

要從概念上正當性的標準去聲言權利（rights）與論功行賞（deserts）概念提供正義理念的應用是具有爭執性。雖然某些思想家已把實質的道德觀點，視為是需求的立場，並認為需求應該僅限於形成提供一種資源公平分配的基礎。但是這些思想家沒有聲言其他的觀點在概念上的應用是不適當的。在需求概念的案例中，有些思想家就認為在概念上需求和正義的概念並沒有什麼關係存在。因而要把需求作為提供公平分配的理論基礎，在道德上所受的指責就不如在概念上所造成的混淆不清所遭受的指責多（Miller, 1976：122）。

　　我們知道時常有些學者使用需求的概念之標準做為提供正義判斷的基礎。但是有些學者認為需求概念的被使用，明顯超出正義概念的使用範圍，因而有必要嘗試去吸納未能捕捉到的原初需求（original needs）聲言之意義。這種嘗試首先由盧卡奇（John R‧Lucas）所提出（Lucas, 1972），他為正義主要是把利益分配給應獲得賞罰的個人。但是，這不是唯一的原則：

> 實際上，它可以是重疊的（overridden），如在一個相互保險的社會中；我們可以使需求為一個分配的理論基礎以做為我們社群的一個明確原則，繼之正義當然將要求每個人應該接受他所需要的，在一個法律制度之下正義就以同樣的方法要求每個人有他法律應得的（Lucas, 1972：237）。

　　盧卡奇亦主張，同樣的原則可以管理國家的醫療服務與福利國家的各種不同層面（Lucas, 1972：242）。由此，彌勒認為，需求形成提供正義的基礎，是從一個預先的協議（a prior agreement）或已製定的諸規則之中去獲得，例如，參加一個相互保險社會的締約，該締約的條款陳述無論什麼時候，假如一個參加締約的成員有一天處於窮困時，他應該可以接受幫助。因而假如有一天我處於窮困之境，促使我接受幫助是正義問題，而不是我需求的簡化（my need simplicities）。換言之，我的需求是依據契約條件給我一項幫助的資格（a title to assistance）。這個足以反映有關正義的「正常想法」（ordinary thinking）。所以，依盧卡奇的觀點，認為雖然說一個生活於一個福利國家的人，他沒有接受被預期的利益，他就已是不公平地被對待，我們不能說一個福利國家會比沒有福利的國家更公

平。因為，在後者的案例中，沒有種種協議或沒有已製定的諸規則可以引導人民去預期他們可以接受利益，所以，他們並不是不公平地被對待，如果他們不給予失業利益的話。從盧卡奇的觀點認為，要去建立福利國家的原初決議（original decision）必須是基於某些價值，而不是基於正義，諸如基於社會效益（social utility）的觀點。然而這種締約「福利國家的哲學」（welfare state philosophy），的確把福利國家本身的建立視為是正義的一個問題。換言之，福利國家是他的需求，這樣的需求即形成一個人對社會公平聲言的基礎，而不是以權利偽裝的需求（not need in the guess of rights）（Miller, 1976：123-24）。

由此，依彌勒的研究，認為盧卡奇指出需求的滿足在此是人道（humanity），或寬容（generosity），或仁慈（benevolence）的問題－這些美德，當然，是完全不同於正義。然而需求的考慮的確是與這些美德的實際應用有關，而且亦有一個需求的分配原則，而該原則是形成社會正義的部分。例如，假定在飢荒期間我們把有限總量的食物作權威的分配。假如我們以人道的最簡單意義，採取有助於去解救一個或更多受難者的食物分配問題，以滿足它的需求。假如我們採取一種嚴格的人道定義，如要在任何的情境中把整個受難者的總額減低到最小的程度之責任（即是，如一種消極的功利主義原則），那麼依據需求的分配可以或不可以符合人道的要求，端視經驗的種種事實而定。例如，我們可以決定把有限的食物分配集中供給於少數的家庭而聽任其餘的家庭挨餓。假如我們於此方法把苦難者減低至最低而有所成就，這樣我們雖然已滿足了人道的標準，但是我們對聽任挨餓的家庭之對待方式是不公平的。因為他們沒有接受他們應享的食物，以符合他們的需求。如此需求的分配原則，雖

然是正義的部分，但是它不能被減低去滿足需求的一般義務，因為它亦是人道，或慈善的部分。

總之，彌勒對於盧卡奇的反應是兩方面：（a）吾人不能似真地主張所有受一般人歡迎而成正義問題的需求聲言偽裝成權利的聲言：（b）吾人不把分配需求的聲言吸納成為人道或慈善的原則（Miller, 1976：124）。

為了要更進一步的澄清與分析需求的概念，彌勒引用貝利（Brain Barry）於《政治證論》（*Political Argument*）一書之中所做的分析。貝利認為 A 需求 X 是不完全的（不足的），而必須充實 A 需求 X 的形式內容以便去履行 Y。它隨之發生需求無法對任何的政策提供一種獨立自主的辯護，因為它們的整個辯護力量來自於該概念被使用之際目的 Y 所乞求的內容。那就是說，例如，人人應該被給予食物因為他們需要它，不是在於提供一個辯護，因為它總是被問及「需要什麼樣的食物？」或「被需求的食物是什麼？」，因而對於這個問題的答覆（為了使他們活著）可以提供食物以做為真正的辯護。由此，貝利認為政治哲學家不必考慮需求係因為唯一令人感到興趣的問題是在於和諸目的發生關聯（Miller, 1976：126）。

彌勒認為，假如這個分析是正確的，該案例即顯示出種種需求不能堅持做為正義的一個獨立自主的原則。為了澄清與分析這個觀點，彌勒提出需求的三個類型。

（1）工具性的需求（instrumental needs），例如他需要一把鎖匙，與他需要一張駕駛執照。

（2）功能性的需求（functional needs），例如外科醫生需要靈巧的雙手，與大學的授課者需要種種的書。

（3）實質的需求（intrinsic needs），例如人人需要食物及他需要
　　某人去瞭解他。

　　在（1）工具性的需求中，其需求在於達成其目的，他需要一
把鎖匙為了進入他的房間，他需要一張駕駛執照，係為了有一張駕
照，就允許他在法律允許之內開車子。而外科醫生需要一雙靈巧的
手，是一個外科醫生行醫中必備的條件之一，這種陳述彌勒認為是
不完全的，會對原初的陳述意義產生誤解。而對於（3）實質的需
求，依彌勒的觀點，需求有實質需求與假需求的問題，如波蘭特
（Raymond Plant）指出，需求又有心理與生理需求之分。有需求
與福利，需求、慾求及心理狀態，需求與利益，需求與結果，道德
行為與需求，需求與義務，需求與錯誤意識（false consciousness）
之辨識的問題（Miller, 1976：127）。在實質需求的論述中，彌勒提
出人生規劃（plans of life）的需求，面對人生規劃的需求，因為每
個人的需求並不一樣，因而人生的規劃可以採取不同的種種形式，
例如（1）實現某一種社會的角色，（2）一種社會理想的追求等。
所以，對有人生規劃的人而言，人生規劃有其重要意義與價值，換
言之，依彌勒的觀點，實質的需求成為提供個人人生規劃的必備條
件。

　　人人都有人生規劃的需求，但每個人的需求都不一樣，如何才
算是公平合理？這就是很有些學者嘗試去解決的問題，而正義就是
依據需求分配的正義，但正義沒有直接地指出社會生產的剩餘，或
社會生產的總額，如何分配才算公平？依公平的分配原則，就是一
種平等的分配。換言之，需求原則的邏輯推論就是平等的原則。因
而有平等主義的興起，主張所得平等分配做為平等原則的一種表
現。但是，由於人生規劃的不同，需求亦不同，例如，一個人很想

彈鋼琴，希望成為一位很有名的鋼琴作曲家，所以買鋼琴是他人生規劃需求之一；而另一個人則想吹笛子，希望成為一名有名的笛子吹奏家。如果，所得平等分配的話，那第一個人將必須放棄滿足的時間會比第二個長，直到他儲蓄到足夠的錢時方可買到一架鋼琴，此就是需求的不同，而有需求不平等滿足的問題，由此顯示為什麼所得分配是一種不完美的平等表現。因為人民有不同的需求與慾望，所以正義問題即在於解決諸如食物、醫藥，與教育等分配，可依人們的特殊特性，依不同的比例分配給不同的人。

第五節　依社會學研究法的社會正義

彌勒從以上論述社會正義、權利、論功行賞，與需求概念之中，我們發現，他是以社會學的研究法（sociological Perspective）探討與分析社會正義的概念。然而社會正義，權利，論功行賞，與需求等各個概念，如何在人類社會與歷史文化中起源，發展與變遷？彌勒採取社會學研究法，從原始的社會（primitive societies），層系的階級社會（Hierarchical societies），市場的社會（Market societies），與市場社會的轉變（The Transformation of Market societies）等四個社會發展階段來探討與分析社會正義與權利，論功行賞、需求概念的興起與其在社會發展的四個階段中其意義與現代意義的差異。

彌勒把社會做這樣類型的劃分，並不在於包含對社會類型學（typology）做一種徹底包羅無遺的研究。分類的目的是在於能夠使我們對市場社會理念的理解可以注視到不同結構的社會產生不

同的社會正義理念。以期在他描述的每個社會類型中可以精選出每個社會類型其最特殊的特徵，如此可使吾人能夠很清楚地理解該特徵亦是其他社會類型所有的。

原始的社會，首先，它是範圍很小的社會，其中人與人的關係是家族，或血緣關係。在這些社會中的人民以狩獵，群居，飼養牛羊，或簡單的農業為生。小規模的社會分工，沒有很強的與明顯清晰的政治權威體系，若有這樣的權威存在，其權威是歸屬於村中的酋長或族長的會議。由此可知，這樣的社會中，雖然偶而有像契約這樣的行為發生，但它並不是這些社會重要特徵。其財產的權利，論功行賞，與需求的概念，及人與人之間的平等概念與我們現代社會的社會正義概念不一樣（Miller, 1976：257）。所以，在原始的社會中並沒有像現代市場社會的社會正義理念存在。其社會的風俗習慣與制度只關切共同的利益（Miller, 1976：257-269）。

在層系的階級社會中，人在社會的階層中以垂直線的方式被配置著，每一個社會階層在其層系的組織中都有其一定的等級，因而有一種強烈的，但並不是普遍的經濟支配、社會聲望，與政治權力之結合掌控於層系的最高層團體中。每個人多半被分派於他出生基層的一個社會階層，所以，這樣的社會，其人口的流動性就會減低，而其社會階層的全體成員之權利與義務來自於傳統上已被建立的權利與義務，依此傳統決定什麼樣的個人將從事那一種的工作。

彌勒所探討的層系階級社會中，只限制於封建社會的探討，在這樣的社會中，由於缺乏社會個人流動性，因而人與人之間從事於契約的行為關係就顯然不受重視。換言之，在封建的社會中有兩種最基本的人際關係就是領主（lord）與家臣（vassal）和農奴（serf）

之間的關係。所以，每種關係祇是上級與下級之間的一種契約式的一般形式，其中下級的一方給予上級一方提供某些明確規定的服務，反之上級就給予下級提供謀生的保障與機會（Miller, 1976：272-286）。

市場社會，是一個範圍很大，經濟上已發展的社會，其中人與人之間的關係是一種契約的關係。因為社會分工很細而且規模很大，每個人形式上是可自由的去決定他的職業，參加他們想加入的社會團體，與選擇和爭取他們的社會地位。所以，市場社會的主要制度是經濟的市場制度，在此制度之下商品可以自由地買賣。由此其家族與血緣關係不受重視。人人都是生產者，亦是消費者，這意指一種公平地分工的擴大與相互依存的制度是市場的重心。在這樣的社會中，工人、階級、企業家、貿易者與小商人（shopkeeper 零售商人）之間的契約關係，就產生了社會正義的理念（Miller, 1976：286-290）。

市場社會的轉變，發生於十九世紀中葉，出現一種有組織的資本主義（organized capitalism），此種轉變已造成社會正義理念的一種轉變，這種有組織的資本主義，彌勒把它視為是市場社會的一種不同形式（a variant form）。這種轉變的特徵是大企業的成長，規模龐大的公司持續增加，而使許多生產領域受到少數幾家大公司的控制，因而使資本主義的經濟不再完全地由完全競爭市場理論的支配，而相繼有所謂中產階級，行政官員，實業家，專家、社會福利、與環保問題出現，使社會正義的理念又有新的意義，或新的風貌出現（Miller, 1976：304-5）。

彌勒從以上簡述的社會類型中依其個別的特徵去推論社會正義的概念，係由於市場社會的特殊安排而來之觀念有助於他去解釋

社群與平等主義者的正義（communities and equalitarian）的論點。
依據該觀點可以顯示社群的安排（communistic settlements）方式享
有原始社會的某些特徵，因為兩者（社群與原始社會）都是規模很
小的，人與人之間的社會關係，都具有合作的特徵。但是兩者之間
的差異是原始社會所關切的是集體的利益而不是個人的利益；而社
群所關切的是依據需求分配的社會正義。因而這種的社會差異使我
們思考現在社群的特性時就會理解到這種特性並不是由原始社會
所享有的。第一，社群主義者的安排（communistic settlement）是
有意圖的團體（intentional group），依此意義可知，他們是有意圖
地去建立這樣的安排以實現某些理念，例如虔誠的宗教團體或合作
謀生的團體（religious fellowship or co-operative living），第一，他
們是由人民所組成的，所以，他們是市場社會的條件下所產生的。
由此在這樣的社會中就有許多態度的形成，尤其是他們認為他們自
己就是具有聲言各種利益與服務的個人。所以，當他們參加這樣的
一個社群時，這些個人他們並不希望喪失他們在團體中個體性
（their individuality）而去發展與其他人結合之個體性。因而在社
群的社會中討論到分配問題時，他們尋求給予充分考量到個人聲言
（individual claim）的一種安排是可理解的。就是受一個社會正義
理想所支配的一個人。而原始部落的人，一方面，既無意把他們自
己視為是相關意義的個人（individuals in the relevant sense），也無
意想安排社會去實現一個分配的理想。由此，彌勒認為，我們應該
懷疑部落社會與社群生活中現代經驗之間有相似性的說明，例如，
克羅波金（Peter Kropothin）引用部落社會的諸範例以支持他所著
無政府主義者共產主義的理論是不正當的（Goldthorpe, 1968）。雖
然社群的創立拒絕市場社會的某些主流的價值觀念，在其他方面他

們的思考違背他們社會的起源，但是他們是真正地關切個人的道德聲言，此即成為他們社會正義平等主義觀念的基礎。

　　進而彌勒認為，在原始社會中一種傳統個人密切關係的網狀組織產生對諸如慷慨行為（generosity）價值的一種付託，而沒有任何社會正義的概念存在。在封建類型的層系階級社會中鞏固固有社會的等級與層級之間上下權利義務關係之結合導致產本一種基本的強調正義就是在於鞏固固有權利與義務之保障，其次才強調正義就是貧窮的改善（relief of the needy）。在市場社會中不具人格（非人的 impersonal）交易關係的支配，導致產生正義的一種新詮釋，就是依論功行賞給予報酬的理念，雖然這種社會的轉變係由於法人組織團體（corporate group）的興起改變了論功行賞作分配的基礎，而引進了需求原則作為正義的一種輔導標準。最後，在市場社會之內忍受社會脫序（dislocation）痛苦的各種團體，基於這種情形，才有平等主義社群的建立，以具體表現依需求作分配的正義概念。

　　這些發現，使彌勒更進一步去揭露正義的不同原則，如何與社會更寬的觀點相連結？並檢驗包含於三個政治思想家著作中的社會模型，在這樣的研究，發現休謨（David Hume）的正義理論是為了建立一個社會的穩定秩序（stable order）做辯護（Miller, 1976：157-179）。斯賓沙（Herbert Spencer）的正義理論是在為競爭市場的正當性做辯護（Miller.1976：180-208）。而克羅波金（Peter Kropotkin）的正義論是在辯護建立一個社會主義社群（solidaristic community）的正當性（Miller, 1976：209-244）。探討以上這三種社會模型中，彌勒把社會學的這三種社會模型應用於他所探討的社會類型中。如此，在封建的社會中，他發現封建社會的社會秩序概念，非常接近休謨所說的社會秩序概念，這樣的類推與推論有助於

說明正義的理念是封建社會中所流行的已穩固被建立的權利之保障。由此，進而推論早期市場社會中的個人主義理論（individualist theory），就是典型地相似於斯賓沙的競爭市場的社會觀點，由此正義在此應該可以被解釋為論功行賞的報酬（the requital of desert）是可理解的。然後推論決定去建立平等主義社群的種種企圖是克羅波金對無政府的共產主義社會理想之追懷（reminiscent）。由此我們更能夠去理解正義的個別概念就是依這些社群所主張的需求做分配。為了說明當代市場社會的正義觀念，引進了社會的第四觀點，他稱之為有機體的觀點（the organized view），並依據杜爾幹（Emile Durkheim）（Durkheim, 1964）與達爾尼（Richard Tawney）（Tawney, 1921）著作中的模型去解釋這種有機體的觀念是有用的。依這種方法，彌勒可以探索社會觀點與社會正義概念之間的理論關係，有助於社會正義能夠以社會學的研究法作研究。然而，很明顯地這種性質的研究法是有其危險性存在，質言之，就是吾人若把社會的一般觀點諉諸於各種社會系絡中的一般人身上，吾人就會冒著一種堅持把沒有真正已存在的觀點，課加於一般人民思考上與判斷之危險。雖然有這樣的危險存在，然而這樣的諉諸或歸諸（imputation）方式，假如它能夠使我們去聯想與把其他似乎是武斷的很多態度合理化，那這種的諉諸或歸諸方式就會被辯護其正當性。例如，彌勒發現在十九世紀中期的英國中產階級的成員很容易傾於去攻擊或評擊當時富有的地主，認為地主只會讚美辛苦的工作，並認為不應該對不工作賺錢的窮人給予救濟。那我們就可以把這些態度連結起來，而推論這必然持有一種個人主義的社會觀點，然而對於這種態度發生，要提出直接證據是很困難的，因為社會的觀點很可能是沉默而無法開放地被表達。總之，彌勒希望他已建立

的社會觀點可以使用於解釋人對社會正義概念的種種變項（Miller, 1976：340）。

　　由此，彌勒認為以社會學研究法去研究社會正義比較具有邏輯的合理性與經驗的證據（criterion of logic and empirical evidence）（Miller, 1976：343）。為了證明這種觀點，彌勒在他的社會正義與羅爾斯的社會正義之間引出一個明顯的比較來驗證他的方法比較具有邏輯的推演性與經驗的意含。首先彌勒認為，羅爾斯相信有一個可以被理性地辯護的一個單一的正義概念，這個概念就包含於他正義的兩原則之中（Rawls, 1971：303）。這種辯護部分存在於展示一個單一的正義概念是反應我們深思熟慮的選擇，部分顯示它表示發生在一種假設的情境中個人理性的選擇，在該情境中個人對他們在社會中的性質（qualities）與地位（place）是無知的。然而，羅爾斯從假設的情境中推論出的正義原則所涉及的技術性困境卻置於一邊而無法突破。依此彌勒認為，羅爾斯的論點與他的（彌勒的論點）論點是背道而馳的。因為羅爾斯假定每一個人的正義判斷最後將趨於集中成為一個單一的正義概念。而彌勒則強調該概念是由若干衝突的原則所形成，而且每一個原則所附著的相對性考量從一個社會類型至另一個社會類型都會有明顯地差異。同時，羅爾斯在假定的情境中由理性的個人所做的選擇中去推論正義的重要工作（enterprise）似乎受其所採用的研究法所誤導。因為這些理性的個人如何被建議去達成他們決定？他們採取什麼樣的推論方式？與羅爾斯所提出的基本利益之項目等，都是被質疑的問題。質言之，彌勒對於羅爾斯正義論的批判，都顯示羅爾斯的社會正義概念的建構，充滿著邏輯上的矛盾性，與缺乏經驗的證據。

第六節　結論

　　彌勒的《社會正義》一書，經過個人精細的研究，探討與分析之後，已於上述的論述中分項依序地著述之，依我的研究發現，彌勒是一位社會學家，他以社會學的研究法去界定「社會正義」一詞的意義，並把社會正義的一般觀念區隔成，權利（right），論功行賞（deserts），與需求（needs）的正義概念，而一個概念都以語言學的方法去澄清概念的意義。因而假如我們關注於每一個名詞的大部分特性的使用上，我們應可理解權利，論功行賞，與需求被使用去賦予其不同性質的道德聲言，與其涵意。

　　在他的著作中，他嘗試去把正義概念之間的衝突，要求合成一個單一的原則，或成為諸正義的一致組合，他專注於功利主義與契約理論的探討，在功利主義的案例中，他已儘量嘗試清楚地去揭露集合與分配原則之間的差異，與說明為什麼一個諸如效益（utility）這樣一個集合的原則不能調適於社會正義的分配原則之理由。效益原則是關切一個社會所享有快樂的總額，所以其政治的考量當然以多數人的快樂，或利益為其政策的導向，而忽略了少數人的利益為其代價，因而彌勒認為正義的三個原則對於個人的關切是，權利的原則在於保障人民所期望的安全與選擇的自由，論功行賞的原則在於承認每個人行動與德性的個別價值，需求的原則在於提供個人人生規劃的必要條件。當然，這些顯示以不同的方式去關切個人，因而可能會產生原則之間的衝突；但是它們（三個原則）都共同支持反對社會效益（utility）的聲言。

　　彌勒在澄清正義概念的諸原則之中，他認為要去完全地袪除環繞於我們日常使用權利，論功行賞，與需求概念所產生模糊不明確是不可能的。一個權利的概念也許是明確的：但要去界定一組產生權利的條件證明是可行的，只要經過立法機構的通過，或承認，就可成為一項積極的權利，或法律的權利，與制度的權利。需求的概念要達到數字的精確性要求，雖然不是沒有困難存在，然而人是否擁有某種需求的問題，我們可以以經驗來解決。論功行賞是一個最無法精確與評估的概念，因而要去判斷論功行賞的可能基礎，以提供每一個應得的利益分配的標準，是很難的。雖然在應得的所得的案例中，提出貢獻原則，努力原則，補償原則之間作選擇，以補償原則作為輔助原則，以解決所得的分配問題。無論如何，權利，論功行賞，與需求三個原則之間沒有一個原則可提供它的實際應用方面給予足夠的精確性，而成為一個直進的問題（straightforward matter）。而且在這三個標準原則之間，如何權衡的問題對於那一個原則標準如何可以被使用於社會政策方面提出實質指引，仍然存在問題，因而一種德性（a quality）如何能夠被吸納於社會正義的任何一個原則中，是彌勒所欲求的。

　　由此，依彌勒的研究認為，第一、每一個原則就是一個個別的原則，具體顯示一種個別道德聲言的類型。第二，每一個原則要去做理論上的界定是困難的，而由此要去做為社會正義的一種實際概念來實施是很困難的（Miller, 1976：152）。基於這種原因，所以，他致力於去辯護每一個原則，與研究如何規避與解決執行上的諸困境，對於這些困境，他嘗試採取社會的一種觀點（a view of society），探討每一原則的爭執性在那裡，所以，他以三位思想家的代表著作為對象去檢驗他的理念，發現休謨是一個權利原則的辯

護者，斯賓沙為論功行賞原則的辯護者，克羅波金為需求原則辯護者。在每個思想家的研究案例之中，他檢驗每位思想家對正義的解釋與對其對立原則的抨擊。

最後，彌勒企圖把正義的解釋與社會觀點發生關聯，以社會類型中每一個類型的特徵去推論社會正義的概念，係由於市場社會的特殊安排而來，這種推論和麥佛森（C.B. Macpherson），於（經濟正義的興起與沒落）（The Rise and Fall of Economic justice）一文中，推論經濟正義的興起，係由於市場經濟的坐大，一樣(Macpherson, 1985)。

總之，依個人研究，發現彌勒企圖以社會的研究法，運用社會演進的理論，觀察社會正義的興起與發展，希望以社會發展的事實來建構他的社會正義理論，以跳出像契約的正義理論家以哲學臆測的方式建構其正義理論，以證實他的社會正義理論具有邏輯的推演性與經驗的意涵。

參考文獻

Ackerman, B. A. (1980). *Social justice in the Liberal State*. New Haven: Yale University Press.

Ackerman, B. A. (1984). *Reconstructing American Law*, Cambridge, Mass: Harvard University Press.

Allen, A. (1988). *Uneasy Access: Privacy for Woman in a Free Society*, Totowa, N. J.: Rowman and Lttlefield.

Althusser, L. (1969). *For Marx*, London: Verso.

Althusser, L. (1971). Ideology and Ideolgical State Apparatuses. *Lenin and Philosophy and Other Essays*. London: New Left Books.

Arato, A. & Cohen, J. (1988). *Civil Society and Political Theory*, Cambridge, Mass: MIT Press.

Arendt, H, (1951). *The Origins of Totalitarianism*, London: Allen & Unwin.

Arendt, H, (1958). *Human Conditon*, London: University of Chicago Press.

Arendt, H, (1961). *Between Past and Future*. London: Faber & Faber .

Arendt, H, (1963). *On Revolution,* New York: Viking Press.

Arendt, H, (1970). *On Vilence,* London: Allen Cane.

Aristiotle, (1915). *Ethical Nidomachea.* Book V. Chs, I and 2. Works of Aristotle. Oxford.

Arrow,K. J. (1951). Social Choice and Individual Values. 2nd ed. New Haven, Conn: Yale University Press

Arrow, K. J. (1967). Values and Collective decision making. In P. Laslett and W. G. Runciman,*Philosophy politics and Society.* 3rd series. Oxford: Blackwell. pp.215-32.

Arthur, J., & Shaweds, W. (1978). Justice and Economic Distribution. Englewood Cliffs, NJ: Prentice-Hall.

Axelrod, R. (1984). *The Evolution of Cooperation,* New York: Banc.

Bacchi, C. (1991). *Some Difference,* Boston: Allen and Uniwin.

Barker, E. (1947). *Greek political Theory*, Plato and his Predcessor, 3nd, London: Methuen.

Barry, B. (1965). *Political Argument,* London: Routledge.

Barry, B. (1973). *The Liberal Theory of justice*, Oxford: Oxford University Press.

Barry, B. (1991). Democracy and power Essays in Political Theory, Oxford: Clarendon Press.

Barry, B. (1996). Political Theory, Old and New. in E. Goodin and Hns-Dieter Klingemann. A New Handbook of Political Science. (Eds.), Oxford: Oxford University Press.

Bay, C. (1958). *The Structure of Freedom*, Stanford: Stanford University Press.

Bay, C. (1981). *Strategies of political Emancipation*, Notre Dame, Ind.: University of Notre Dame Press.

Beitz, C. (1989). *Political Equality*, N. J.: princeton University Press.

Bennington, G. (1993). *Jacques Derrida*, Chicago: University of Chicago Press.

Bentham, J. (1924). *Anarch Fallacies*. The works of Jeremy Bentham.

Bentham, J. (1952). *Supply Without Burthern*. Jeremy Bentham's Economic Writings. London.

Bentham, J. (1982). An Introduction to the Principles of Morals and Legisltion. London: Methuea.

Bentley, A. (1967). *The process of Governmemt*, Chicago University Press.

Bergson, A. (1938). A Reformulation of Certain Aspects of Welfare Economy. *Quarterly Journal of Economics, 52.* 310-34.

Bergson, A. (1954). On the Concept of Social Welfare. *Quarterly Journal of Economic*, 68.232-252.

Bentham, J. (1924). *Anarch Fallacies*. The works of Jeremy Bentham.

Berlin, I (1952). *Supply Without Burthern*. Jeremy Bentham's Economic Writings. London.

Berlin, I (1969). *Four Essays On Liberty*, Oxford: Oxford University Press.

Berlin, I (1982). *An Introduction to the Principles of Morals* and Legisltion. London: Methuea.

Bernstein, R. (1986). Rethinking the social and the political. in R. Bernstein. *Philosophical profiles.* Philadelphia, Pa.: University of Pennsylvania Press.

Beyme, K. V.(1996). Political Theory: Empirical Political Theory.in R. E. Goodin and Hans-Dieter Klingemann. *A New Handbook of Political Science.* (Eds.), Oxford: Oxford University Press.

Bobbio, N. (1984). *The Future of Democracy*, Minneapolis: University of Minnesota Press.

Boggs, C. (1986). *Social Movements and Political Power*, Philadelphia: Temple University Press.

Bohman, J. (1996). *Public Deliberation,* Cambridge, Mass: MIT Press.

Bookchin, M. (1989). *Remaking society*, Montreal: Black Rose.

BOWIE, N. ed.1988. *Equality Opportunity*, Boulder Colo.: Westview Press.

Boxill, B. (1984). *Blacks and Social Justice*, Totowa, N. J.: Rowman and Allenheld.

Brown, W. (1988). Manhood and Politics. Totwa, NY: Rowman and Littefield.

Bullock, A., & Woodings, R. B. (Eds.), *The Fontana Biographical Companion to Modern Thought*, London: William Collins Sons and Co Ltd.

Burnheim, J. (1985). *Is Democracy Possible?* Oxford: polity Press.

Calhoun, C. (1991). *Habermas and The Public Sphere*, Cambridge Mass.: MIT Press.

Campbell, T. D. (1983). *The Life and Rights,* London: Routledge & Kegan paul.

Campbell, T. D. (1988). *Justice,* London: Macmillan Education Ltd.

Canovan, C. (1992). Hannah Arendt : A Reinterpretation of Her Political Thought. Cambridge University Press.

Caraway, N. (1991). *Segregated Sisterhood*, Nashville: University Tennesee Press.

Carens, J. H. (1993). *Democracy and possessive Individualism* (Ed.), Albany: State University of New York Press.

Carens, J. H. (1993). Cizenship and Aboriginal Self-Government Ottawa, Ont: Royal Commission on Aboriginal Peoples.

Carnoy, M. (1984). *The State and Political Theory*, Princeton: Princeton University Press.

Clark, L., & Lange, L. (1989). *The Sexism of Social and Political Theory*, Toronto: University of Goronto Press.

Clark, B. (1991). Political Economy: A Comparative Approach, New York: Praeger.

Cohen, J. (1983). *Class and Civil Society,* Amherst: University of Wisconsim Press.

Cohen, J. (1989). Deliberation and democratic legitimacy. in Hamlin and P. Pettit. *The Good Polity.* (Eds.), Oxford: Blackwell. 17-34.

Coole, D. H. (1988). Women in Political Theory: From Ancient Misogyny to Contemporary Feminism, Boulder: Lynne Riennen.

Coole, D. H. (1988). Women in Political Theory: From Ancient Misogyny to Contemporary Feminism, Boulder: Lynne Riennen..

Crenson, M.(1971). *The Unpolitics of Air Pollution,* Baltimore, Md.: John Hopkins University Press.

Cunningham, F. (1983). *Democracy* .New York: Penguin.

Dahl, R. A. (1967). *Pluralist Democracy in the United State*, Chicago: Rand Mc Nally.

Dahl, R. A. (1985). *Preface to Economic Democracy*, Berkeley: University of California Press.

Dahl, R. A. (1989). *Democracy and its Critics*, New Haven, conn.: Yale University Press.

Dallimayr, F. & McCarthy, T. (1977). The Crisis of Understanding. in F. Dallimay and T. McCarthy. *Understanding and Social Inquiry.* Ind.: University of Notre Dame Press.

Daniels, N. (1975). Reading Rawls: Critical Studies on Rawls A Theory of

Justice, (Ed.), Oxford: Basil Blackwell.

Dearlove, J., & Saunders, P. (1984). *An Introdution to Britich politics*, Cambridge: polity Press.

Decrespigny, A. (1975). F. A. Hayek: Freedom for Progress. *Contemporary political philosophers.* New York: Dodd. Mead & Company.

Derrida, J. (1981). *Position*, Chicago: University of Chicago Press.

Dietz, M. (1985). Citizenship with a Feminist Face: the Problem with Maternal Thinking. *Political Theory, 13, 19*-37

Downs, A. (1957). *A Economic Theory of Democracy*, New York: Harper & Row.

Downs, A. (1991). Social Values and Democracy. in K. R. Monroe.The Economic Approach Politics: *A Critical Reassessment of the Theory of Rational Action.* (Ed.), New York: Harper Collins.

Dryzek, J. (1987). *Rational Ecology*, Oxford: Basil Blackwell.

Duff, R. A. (1985). *A Matter of principle*, Cambridge, Mass: Harvard University Press.

Duff, R. A. (1986). *Trials and Punishments*, Cambridge: Cambridge University Press.

Dworkin, R. (1968). Is Law a System of Rules? *Essays in Legal Philosophy,* Oxford.

Dworkin, R. (1977). *Taking Rights Seriously. .* Cambridge Mass: Harvard University Press.

Dworkin, R. (1977). *Theories of Rights*, London: Gerald Duckworth.

Dworkin, R. (1978). Liberlism. In S. Hampshire, (Ed.), *Public and Private Morality.* Cambridge: Cambridge University Press.

Dworkin, R. (1981). What is Equality? part I: Equality of Welfare, *Philosophy and Public Affair, Vol.10, no.3*, 185-246.

Dworkin, R. (1981). What is Equality? part 2: Equality of Resources, *Philosophy and Public Affair, Vol.10, no.4*, 285-345

Dworkin, R. (1984). Rights As Trumps. in J. Waldron, (Ed.), *Theories of Rights.*

New York: Oxford University Press.

Dworkin, R. (1984). Liberalism. in M. Sandel *.Liberalism and its Critics.* (Ed.), Oxford: Basil Blackwell.

Dworkin, R. (1985). *A Mater of Principle*, Cambridge, Mass: Harvard University Press.

Dworkin, R. (1986). *Law Empire*, London: Fontana.

Easton, D. (1953). *The Political System*, New York: Knopf.

Easton, D. (1967). The Political System An Inquiry into the state of political science, New York: Alfred A Knopf.

Ebenstein, W., & Fogelman. E. (1985). *Today's Isms: Communism Fascism Capitalism, Socialism,* 9th edn., Englewood cliffs: Prentice-Hall.

Eckstein, H. (1963). Group Theory and the Comparative Study of Pressure Group. in H. Eckstein and D. Apter. *Comparative politic.* (Eds.), New York: Free Press.

Elshtain, J. B. (1981). *Public Man, Private Woman*, Princeton, N. J.: Princeton University Press.

Elster, J. (1989). *The Comment of Society*, Cambridge: Cambridge Press.

Ezorsky, G. (1991). *Racism and Jusitce*, Ithaca, N.Y.: Cornell University Press.

Fairclough, L. (1992). *Discourse and Social Change*, Oxford: Basul Blackwell.

Falk, R. (1990). Culture, Modernism, Postmodernism: A Challege to International Relations. in C. Jingsuk. (Ed.), *Culture and International Relations.* Westport, Conn.: Praeger. 277-278.

Farquharson, R. (1969). *Theory of Voting,* New Haven, Conn: Yale University Press.

Feinberg, J. (1973). *Social Philosophy*, Englewood Cliffs, N. J: Prentice-Hall.

Fichkin, J. S. (1991) *Deliberate Democracy*, New Haven, NJ.: Princeton University Press.

Finnis, J. (1980). *Natural law and Natural Rights,* Oxford: Clarendon Press.

Fisk, M. (1989). *The State and Justice*, Cambridge University Press.

Foucault, M. (1972). *The Archaeology of knowledge*, London: Tavistock Publications

Foucault, M. (1979). *Discipline and Punish,* trans. A. Sheridan. New York: Vintage Book.

Foucault, M. (1980). *Power and Knowledge,* trans. C. Gordon, L. Marshall, J. Mephan, and K. Sopen, New York: Pantheon Books.

Frankel, C. (1972). *The Democratic Prospect.* Communism, Fascism, and Democracy 2nd edn. New York: Random House.

Frankena, W. K. (1962). *The Concept of Social Justice.* Social Justice. N. J.: Prentice Hall.

Friedmann, W. (1967). *Legal Theory*, 5th edn., New York: Columbia University Press.

Fukuyama, F. (1989). The End of History? *The National Interest*, 16, Summer. 3-19.

Fuller, L. L. (1969). *The Morality of Law,* New Haven: Yale University Press.

Galston, W. (1991). *Liberal purposes*, Cambridge: University Press.

Gamble, A. (1990). Theories of British Politics. *Political Studies. XXXVIII, 3,*412.

Gasche, R. (1986). The Train of the Mirror: Derrida and the Philosophy of Reflection, Cambridge, Mass: Harvard University Press.

Geras, N. (1989). *The Controversy about Marx and Justice.* Marxist Theory. Oxford: Oxford university.

Gewirth, A. (1978). *Reason and Morality*, Chicago: University of Chicago Press.

Gewirth, A. (1982) *Human Right*, Chicago: University of Chicago Press.

Gibbard, J. (1973). Manipulation of Voting Schemes: A Geveral Result. *Econometrica, 41.* 587-601.

Gibson, Q. (1960). *The Logic of Social Enquing*, London: Routledge & Kegan paul.

Goldthorpe, L. H., Lockwood, D., Bechhofer, F., & Platt, J. (1968). *The Affluent*

Worker: Industrial Attitudes and Behaviour, ambridge.

Goodin, R. E. (1979). *Reasons for Welfare.* Princeton, NJ: Princeton University Press.

Goodin, R. E. (1987). *Green Political Theory*, Oxford: Basil Blackwell.

Goodin, R. E., & Reeve, A. (1989). *Liberalism and Neutrality.* Liberal Neutrality. London and New York: Routledge.

Gould, C. (1988). *Rethinking Democracy,* Cambridge: Cambridge University Press.

Gray, J., & Smith, G. W. (1991). *J. S. Mill.* Liberty. London and New York Routledge.

Grady, J. (1977). On the Contestability of Social and Political Concepts. Political Theory.

Grady, J. (1984). *Hayek on Liberty*, Oxford: Basil Blackwell.

Grady, J. (1986). *Liberalism*, Milton Keyness: Open University Press.

Grady, R. C. (1993). *Restoring Real Representation*, Urbana: University of Illionois Press.

Gramsci, A. (1971). Selections from the Prison Notebooks of Antonio Gramsic, London: Lawrnce & Wishart.

Green, P. (1985). *Retrieving Democracy*, Totowa, N.J.: Rowman and Allenheld.

Gutamnn, A. (1980). *Liberal Equality,* Cambridge: Cambridge University Press.

Gutamnn, A. (1985). Communitarian Critics of Liberalism. *Philosophy and Public Affairs ,no. 14.* 308-322.

Habermas, J. (1987). *The structural Trnasformation of the Public Sphere,* trans, T. Burger and F. Lawrence. Cambridge: MIT Press, orignally published 1962.

Habermas, J. (1988). *The Theory of Communicative Action,* trans, T. McCatty. Boston: Beacon Press.

Habermas, J. (1992). Faktizitat & Geltung, Frankfurt: Suhrkamp Verlag English translation: Between Facts and Norms, trans. W. Rehg. Cambridge, Mass.: MIT Press forthcoming.

Hamptom, J. (1986). *Hobbes and The Social contract tradition,* Cambridge: Cambridge University Press.

Hardin, R. (1968). The Tragedy of The Commons. *Science, 162.*

Hardin, R. (1995). *One for All: The Logic of Group conflict,* Princeton,Nj: Princeton University Press.

Hargreaves-Heap, S. Hollis, M. Sugden, R., & Weale, A. (1992). *The Theory of Choice,* Oxford: Oxford Black Well.

Hart, H. L. A. (1961). *The Concept of Law,* Oxford: Oxford University Press.

Hart, H. L. A. (1973). *Benthan on Legal Right.* Oxford Essays in Jurisprudence. Oxford: Clarendon Press.

Hart, H. L. A. (1983). *Essay in Jurisprudence and philosophy,* Oxford: Clarendon Press.

Hartsock, N. (1983). *Money, Sex and Power,* New York: Congman.

Hayek, A. (1944). *The Road to Serfdom,* Chicago, London and Syney: The University of Chicago Press.

Hayek, A. (1952). The Counter-Revolution of Science-Studies on the Abuse of Reason, Glence: The Free Press.

Hayek, A. (1960). *The Constitution of Liberty,* London: Roultledge & Kegan Paul.

Hayek, A. (1967). *Studies in Philosophy, Politics and Economics,* Chicago: The University of Chicago Press

Hayek, A. (1973). *The Mirago of Social Justice. What is Justice?* Oxford: Oxford University Press.

Hayek, A. (1976). *The Mirage of Justice,* London: Routledge & Keagan paul.

Hayek, A. (1978). *The Denationalization of Money,* 2nd Edition, London: Institute of Economic Affairs.

Hayek, A. (1988). *The Fatal Conceit.* The Error of Socialism. London: Routledge.

Hayek, A. (1990). *The Mirago of Social Justice. What is Justic ?* Oxford: Oxford University Press.

Held, D. (1987). *Models of democracy,* Cambridge: Basil Blackwell Ltd.

Held, V. (1987). Non-Contractual Society. in M. Hanen and K. Nielsen. *Morality and Feminist Theory.* (Eds.), Calgary: University of Calgary Press.

Heywood. A. (1997). *Politics.* London: Macmillan Press.

Hindess, B. (1988). *Choice, Ratinalty and Social Theory,* London: Uncuin Hyman.

Hirschmann, N. (1992). *Rethinking Obligation,* Ithaca,N. J.: Cornell University Press.

Hirst, P. (1990). Reprentative Democracy and its Limits, Oxford: Polity Press.

Hobbes, T. (1929). *Leveathan*, Oxford: Oxford University Press.

Hohfeld, W. N. (1964). Fundamental Legal Conceptions as Applied in Judicial Reasoning, New Haven and London.

Honneth, A. (1991). *The Crtigue of Power,* Cambridge,Mass.: MIT Press.

Honore, A. M. (1970). *Social Justice.* Essays in Legal Philosophy. Oxford: Basil Blackwell.

Hume, D. (1888). *A Treatise of Human Nature,* Oxford: Clarendon Press.

Hume, D. (1975). An Inqiry Concerning Human Understanding And The Principles of Morals, 3rd edn. Oxford: The Clarendon Press.

Hunt, L. (1989). *The New Cultural History.* (Ed.), Berkeley : University of Califonia Press.

Intyre, A. M. (1985). *After Virture*, 2nd edn., London: Duck worth.

Issak, L. (1958). *Scope and Methods of Political Science,* Homewood, Illions, The Dorsey Press.

Jameson, F. (1985). Postmodernism and Consumer Society. in H. *Foster. Postmodern* Culture. (Ed.), London: Pluto Press.

Jameson, F. (1985). *Postmodernism and Consumer Society.* Postmodern Culture. London: Pluto Press.

Jessop, B. (1983). The Democracy State and the National Interest. In D. Coates and G. Johnston. Socialist Arguments. (Eds.), Oxford: Martin Robertson.

Johns, K. (1993). *Compassionate Authority,* New York: Routledge.

Jsterba, A (1998) *How to make people just,* Totowa, N. J. Rowman and Littlefield.

Kamenka, E. (1979). *What is Justice?* Justice. London: Edward Arnold.

Kant, I. (1983). Grounding for the Metaphysics of Moral. Ethical Philosophy. Indianapolis: Hackett.

Kaus, M. (1992). *The End of Equality*, New York: Basi Book.

Keane, J. (1984). *Public Life in Late Capitalism,* Cambridge: Cambridge University Press.

Kelsen, H. (1957) What is justice? *What is justice?* Berkeley and Los Angeles.

Kinpins, K., & Meyers, D. T. (Eds.), *Economic Justice: Private Right and public Responsibilities,* Totowa,NJ.: Rowman and Allenheld.

Kirk, R. (1953). *The Conservative Mind*, Chicago: Henry Regnery.

Kropotkin, P. (1970). Modern Science and Anarchism; Anarchist Morality; Law and Authority, Revolutionary Pamphlets. New York.

Kukathas, C., & Pettit, P. (1990). *Rawls: A Theory of justice and it Critics,* Oxford: Basil Blackwell Ltd.

Kymlicka, W. (1989). *Liberalism, Community and Culture,* Oxford: Clarendon Press.

Kymlicka, W. (1993). Group Representation in Canadaian Politics Paper Presented to IRPP Project on Communities, the Charter and Interest Advocacy, Ottawa, Ont.

Laclau, E., & Mouffe, C. (1985). Hegemony and Socialist Strategy: Towards a Radical Demoratic Political Democratic Politics, London: Verso.

Lamont, W. D. (1950). *Rights,* Vol. XXIV. Proceedings of The Aristotelian Society.

Landes, J. (1988). Women and the Public Sphere in the Age of the French Revolution, Ithaca, N. Y.; Conell University Press.

Laslett, P. (1956). *Introduction.* Philosophy, politics and Society. Oxford: Blackwell.

Laver, M., & Schofield, N. (1990). *Multiparty Government: The politics of Coolition in Europe,* Cambridge: Cambridge University Press.

Lawson, B., & Mcgary, H. (1992). *Between Slavery and Freedom,* Boomington: Indiana University Press.

Leftwich, A. (Ed.), (1984). *What is Politics?* . Oxford: Basil Blackwell.

Lewis-Beck, M. (1990). *Economics and Elections: The Major Western Democracies,* Ann Arbor,Mick: University of Michigan Press.

Lewin, L. (1991). Self-interest and Public Interset in Western Politics, Oxford: Oxford University Press.

Little, I. M. D. (1952). Social choice and individual values. *Journal of Political Economy, 60.*422-32.

Locke, J. (1964). *Two Treatise of Government*, New York: Mentor Books.

Lucas, J. R. (1988). *Social Contract,* London: Macmillan.

Lucash, F. S. (Ed.) (1986). *Justice and Equality Here and Now,* Ithaca, Cornell M.P.

Lukes, S. (1987). *Marxism and Morality*, Oxford: Oxford University Press.

Luke, T. (1989). Class Contradictions and Social Cleavages in Informationalizing Post-Industrial Socety: On the Rise of New Social Movement. *New political Science, 16/*17 (fall/winter).125-154.

Lyons, D. (1984). *Utility and Right.* Theories of Rights. New York: Oxfrrd University Press.

Maccallum, G. C. (1987). *Political Philosophy,* Englewood Cliffs, N.J: Prentice-Hall.

Maccormick, D. N. (1977). *Rights in Legislation.* Law, Morality and Society. Oxford: Clarendon Press.

Macintyre, A. (1985). *After Virtue,* 2nd edn., London: Duchworth.

McCarthy, J. D., & Zald, M. N. (1973). The Trend of Social Movements In America: Professionalization and Resource Mobilization, Morristown, N J: General Learning Press.

Macedo, S. (1990). *Liberal Virtues,* Cambridge, Mass: Harvard University Press.

MacIntyre, A. (1981). *After virtue,* Notre Dame, L: University of Notre Dame Press.

Macpherson, C. B. (1962). The Political Theory of possessive Individualism: Hobbos to Locke, Oxford: Oxford University Press.

Macpherson, C. B. (1966). *The Real Word of Democracy,* Oxford: Oxford University Press.

Macpherson, C. B. (1973). *.Democratic Theory: Essays in Retrieval.* Oxford: Oxford University Press.

Macpherson, C. B. (1975) *The real World of Democracy,* Oxford: Oxford University Press.

Macpherson, C. B. (1977) *The Life and Times of Liberal Democracy,* Oxford: Oxford University Press.

Macpherson, C. B. (1979). *Democratic Theory.* Oxford: Clarendon Press.

Macpherson, C. B. (1985). The Rise and Fall of Economic justice and Other Essays, Oxford: Oxford University Press.

Mcalean, I. (1987). *Public Choice: An Introduction,* Oxford: Oxford Basil Blackwell.

Macridis, R. C. (1992). *Contemporary Political Ideologies*, Fifth Edition, New York: Harper Collins Publishers.

Melucci, A. (1989). *Nomads of the Present,* London: Hutchuison Radius.

Mill, J. S. (1910). *Essay on Liberty.* Utilitariarnism. London: Collins.

Mill, J. S. (1986). *Uitilitarianism.* Utilitarianism, Liberty, Representative Government. London: J. M. Deut.

Miller, D. (1976). *Social Justice,* Oxford: Clarendon Press.

Miller, D. (1987). *Justice.* The Blackwell Encyclopedia of Political Thought. Oxford: Blackwell.

Michelman, F. (1986). Traces of self-government. *Harvard Law Review, 100.* 1-311

Millet, K. (1970). *Sexual Politics,* London: Dent.

Moe, T. M. (1979). On the Scwentific Status of Rational Models. *American Jourral of political Science, 23.* 215-43.

Mooers, C., & Sears, A. (1992). The New Social Movements and the Withering away of state Theory. in W. K. *Carroll, Organizing Dissent*, Toronto: Garamond Press. 52-68.

Nove, A. (1983). *The Economics of Feasible Socialism*, London: George Allen & Unwin.

Nicholson, L. (1985). *Equality and Liberty*, Totowa, NJ.: Rowman and Allanheld.

Nicholson, M. (1989). *Formal Theories in International Relations*, Cambridge: Cambridge University Press.

Nicholson, L. (1985). *Equality and Liberty*, Totowa,NJ.: Rowman and Allanheld.

Norval, A. (1995). *Accounting for Apartheid*, London: Verso.

Nozick, R. (1974). *Anarchy, State, and Utopia*, New York: Basic Book INC

Nozick, R. (1978). Who would choose Socialism? Reason.

Nozick, R. (1981). *Philosophical Explanation*, Oxford: Oxford University Press.

Nozick, R. (1989). *The Examined Life*, New York: Simon and Schuster.

Oakeshott, M. (1946).in T. Hobbes,*Leviathan.* Oxford: Blackwell.

Oakeshott, M. (1962). *Rationalism in Politics.* London: Methceen.

Ogden, C. K. (1932). Bentham's Theory of Fictions, London.

Offe, C. (1984). *Contraditions of the Welfare State,* Cambridge, Mass.: MIT Press.

Okin, S. M. (1979). *Women in Western Political Thought,* N. j.: Preinceton University Press.

Olson, M. J. R. (1965). *The Logic of Collective Action* ,2nd edn. Cambridge, Mass: Harvard University Press: Originally Published.

Ostrom, E. (1990). *Governing the Commons,* Cambridge: Cambridge University Press.

Parekh, B. (1981). Hannah Areudt & Search for A New Political Philosophy, New jersey: Humanities Press, INC.

Parekh, B. (1982). *Contemporary Political Thinkers,* Oxford : Martin Robertson.

Parekh, B. (1996). Political Theory: Traditions in Political Philosophy. In Robert E. Goodin and H D. Klingemann (Eds.), *A New Handbook of Political Science.* New York: Oxford University Press.

Parfit, D. (1973). Later Selves and Moral Principles. *Philosophy and Personal Relations*. McGillQueen's University press.

Parelimen, C. (1963). *The Idea of Justice and the Problem of Argument*, London: Routledge & Kegan Paul.

Pateman, C. (1970). *Participation and Democratic Theory,* Cambridge: Cambridge University Press.

Pateman, C. (1988). *The Sexual Contract,* Stanford, Calif.: Stanford University Press.

Peffer, R. (1990). *Marxism, Morality, and Social Justice,* Princeton ,N. J.: Princeton University Press.

Piven F. F., & Cloward, R. (1982) *The New class War,* New York: pantheon.

Plant, R. (1991). *Modern Political Thought,* Cambridge: Basil Black well.

Pojman, L. P. (1989). *Ethical Theory*, California: A Division of Wadsworth Inc.

Popper, K. (1962). *The Open Society and it's Enemies,* London: Routhodge & Kegan Paul.

Popper, K. (1969). Conjectures and Refutation: The Growth of Scientific Knowledge, London: Roultedge and Kegan paul.

Popper, K. (1976). *The Logic of Social Science.* The Positivist Dispute in Socialogy. London: Heinemann.

Posner, R. A. (1979). *Economic Analysis Law*, 2nd edn., Boston, Mass: Little Brown.

Poulantzas, N. (1973). *Political power and social class,* London: New Book.

Poulantzas, N. (1975). *Class in Contemporary Capitalism,* London : New Left Books.

Poulantzas, N. (1980). *State power, socialism,* London: Verso/NLB.

Pttkin, H. F. (1984). *Fortune is a Woman,* Bereley: University of Colifornia Press.

Raels,J.(1993). *Political Liberalism,* New York: Columbia University Press.

Raphael, D. D. (1964). Conservative and Prosthetic Justice. *Political Studies*.

Raphael, D. D.(1970). *Problems of Political Philosophy*, London: Pall Mall.

Rawls, J. (1971). *A Theory of Justice,* Cambridge, Mass.: The Belknap Press of Haward University Press.

Rawls, J. (1985). Justice as Fairmess: Political not Metaphysical. *Philosophy and Public Affairs*, 14.

Rawls, J. (1981). The Idea of An Overlapping Consensus. *Oxford Journal of Legal Studies*, V.

Raz, J. (1975). *Practical Reason and Norms*, London: Hutchinson.

Raz, J. (1982). Liberalism, Autonomy and the Politics of Neutral Concern. Midwest Studies in Philosophy.

Reiman, J. (1990). *Justice and Moalern Moral Theory,* New Haven,Conn.: Yale University Press.

Resnau, P M. (1991). Post-Modernism and the Social Science: Insight and Inroad and Intrusions, Princeton: Princeton University Press.

Riker, W. (1982). Liberalism Against Populiam: A confrontation between the Theory of Democracy and the Theory of Social Choice, San fransicico: Freeman.

Rorty, R. (1980). *Philosophy and the Mirror of Natare,* Oxford: Basil Blackwell.

Ross, W. D. (1930). *The Right and the Good,* Oxford: Oxford University.

Rothbard, M. N. (1982). *The Ethics of Liberty*, N. J.: Humantities Press.

Rothbard, M. N. (1983). *American's Great Depression*, New York: Richardson.

Rousseau, J. J. (1968). *The Social Contract*, Harmondsworth: Penguin.

Sadurski, W. (1985). Giving Desert its Due: Social Justice and Legal Theory, Dordrecht: Reidel.

Sagoff, M. (1992). The New Social Movements and the Withering away of State Theory. in W. K. Carroll. *Organizing Dissent*. (Ed.), Toronto: Garamond Press. 52-68.

Sandel. M. (1982). *Liberalism and The Limits of Justice,* Cambridge: Cambridge University Press.

Sandel. M. J. (Ed.) (1984). *Liberalism and Its Critics*, Oxford: Basil Blackwell.

Schlatter, R. (1951). *Private Proverty, History of an Idea*, London: George Allen & Unwin.

Schelling, T. (1960). *The Strategy of Conflict*, Cambridge Mass.: Harvard University Press.

Schumacher, F. (1973). Small is Beautiful: A Study of Economics As if People Mattered, London: Blond & Briggs.

Schweickart, D. (1980). *Capitalism or Worker Control?* New York: Praeger.

Scott, J. W. (1988). Deconstructing Equality Versus Difference or the Uses of Poststructuralist Theory for Feminism. *Feminist Studies, 14.* 33-50.

Scruton, R. (1984). *The Meaning of conservatism*, London: Meccmillsn.

Self, P. (1993). Government by the Market: The Politics of Public Choice, London: Macmillan.

Sen, A. K.(1985). *Commodities and Capabilities,* Amsterdam: North Holland.

Sen, A. K. (1992). *Inequality Reconsidered,* Oxford: Oxford University Press.

Shanley, M. L., & Pateman, C. (1991). *Feminist Interpretations and Political Theory*, Pa.: Peun State Press.

Sharp, A. (1990). *Justice and Maori,* Auckland: Oxford University Press.

Sidgwick, H. (1907). *The Methods of Ethics*, London: Macmillan.

Simon, H. (1958). *Models of Man,* New York: John Wiley & Sons.

Smart, B, (1990). *Foucault, Marxism and Critque,* London: Routledelphia, Pa.: Temple University Press.

Smith, A. M. (1994). *New Right Discourse on Race and Sexuality,* Cambridge University Press.

Solomon, R. C. (1990). *A Passion for Justice,* New York: Addison-Wesley Publishing, Inc.

Solomon, R. C., & Murphy, M. C. (1990). What is Justice? Oxford: Oxford University Press.

Spelman, E. (1988). *Inessential Woman,* Boston: Beacon Press.

Spencer, H. (1970). *Social Statics,* New York: Robert Schalkenbach Foundation.

Spivak, G. C. (1992). *More on Power/ Knowledge.* Rethinking Power. Albany: State University of New York Press.

Spragens, T. (1990). *Reason and Democracy,* Durham,N. C.: Duke University Press.

Steiner, H. (1978). Can a Social Contract Be Signed by An Invisible Hand? Democracy Consensus and Social Contract. London: Sage.

Stiehm, J. (1984). *Women's Views of the Political World of Men,* (Ed.), Dobbs Ferry, N. Y.: Transnational Publichers.

Stones, J. (1965). Human Law and Human Justice, Sydeny.

Stones, J. (1979). *Justice not Equality.* Justice. London: Edward Arnold.

Sugden, R. (1989). Maximizing social welfare: Is it the government's business? in A. Hamlim and P. Petti. *The Good Polity.* (Eds.), Oxford: Balckwell.

Sunstein, C. (1988). Beyond the Republican Revival. *Yale Law Journal, 12.* 152-90。

Tawney, R. H. (1921). *The Acquisitive Society,* London.

Taylor, C. (1982). *Community anarchy and Liberty,* Cambridge: Cambridge University Press.

Taylor, C. (1987). *The possibility of Cooperation,* Cambridge: Cambridge University Press.

Taylor, C. (1992). *Multiculturalism and the Political of Recognition* ,Princeton, N. J.: Princeton University.

Torfing, J. (1991). A Hegemony Approach to Capitalist Regulation. in R. Bertramsen, J. Jhomsen and J. Torfing. *State, Economy and Society.* (Eds.), London: Unwin Hyman.

Tronto, J. (1993). *Moral Boundanies,* New York: Routledge.

Vlastos, G. (1984). *Justice and Equality.* Theories of Right. New York: Oxford University Press.

Waldron, J. (Ed.) (1984). *Theory of Rights*, New York: Oxford University Press.

Wallach, J. (1987). Liberalism, Communitarians and the Tasks of Political Theory. *Political Theory*, *no, 30,* 581-611.

Walzer, M. (1983). *Sphere of Justice,* Oxford: Martics Robertson.

Walzer, M. (1990). From Sphere of Justice.in R. C. Solomon., & M. C. Murphy (Eds.), *What Is Justice?*Oxford: Oxford University Press. 340-347.

Wartenbery, T. (1990). *Forms of Power,* Philadephia Pa.: Temple University Press.

Wartenbery, T. E. (1992). *Rethinking Power.* Albany: State University of New York Press.

Weinstein, M. A. (1975). inC.B. Macpherson. The Roots of Democracy and Liberalism. Contemporary Political Philosopher. New York Dodd. Mead & Company.

Willaiam, R. A. (1996). *The American Indian in Western Legal Thought,* Oxford: Oxford University Press.

Williams, B. (1973). *The Idea of Equality.* his Problems of the Self. Cambridge: Cambridge University Press.

Wellman, C. (1982). *Welfare Rights,* Totowa, NJ.: Rowman and Allenheld.

Wilson, M., & Yeatman, A. (1995). *Justice and Indentity,* Wellington. N. Z.: Bridget William.

Woff, J. (1991). Robert Nozick, Proverty, Justice and the Minimal state, New York: Basil Blackwell.

Woff, J. (1991). Robert Nozick: Property, Justice and the Mininal State, Oxford: Basil Blackwell ctd.

Wolff, R. P. (1977). *Understanding Rawls,* New Jersey: Princeton University Press.

Wolheim, R. (1962). *A Parodox in the Theory of Democracy.* Philosophy Politics and Society. 2nd series. Oxford: Basil Blackwell.

W, J. 1987. Liberalism, Communitarians and the Tasks of Political Theory. *Political Theory*,

Young, I. M. (1987). Impartiality and civil Public: Some Implications of Feminist

Citigues of Moral and Political Theory. Feminism as Citigue. Minne-apolis: University of Minnesota Press.

Young, I. M. (1989). Polity and Group Difference: A Critique of the Ideal of Universal Citizenship. in C, Sunstein. *Feminism and Political Theory. Chichgo:* (Ed.), University of Chichgo Press. 117-142.

Young, I. M. (1989). *Justice and Politics of Differencr.* Princeton, NY: Princeton University.

Young, I. M. (1996). Political Theory: A Overview, in R. E. Googin and H. D. Klingemann, (Eds.), *A New Handbook of Political Science.* New York: Basic Book inc.

哲學宗教類　AA0016

當代正義理論

作　　者 / 余桂霖
責任編輯 / 邵亢虎
圖文排版 / 陳佳怡
封面設計 / 蕭玉蘋

發 行 人 / 宋政坤
法律顧問 / 毛國樑　律師
出版發行 / 秀威資訊科技股份有限公司
　　　　　114 台北市內湖區瑞光路 76 巷 65 號 1 樓
　　　　　電話：+886-2-2796-3638　傳真：+886-2-2796-1377
　　　　　http://www.showwe.com.tw
劃撥帳號 / 19563868　戶名：秀威資訊科技股份有限公司
　　　　　讀者服務信箱：service@showwe.com.tw
展售門市 / 國家書店（松江門市）
　　　　　104 台北市中山區松江路 209 號 1 樓
　　　　　電話：+886-2-2518-0207　傳真：+886-2-2518-0778
網路訂購 / 秀威網路書店：http://www.bodbooks.tw
　　　　　國家網路書店：http://www.govbooks.com.tw

2010 年 10 月 BOD 一版
定價：400 元
版權所有　翻印必究
本書如有缺頁、破損或裝訂錯誤，請寄回更換

國家圖書館出版品預行編目

當代正義理論 / 余桂霖著. -- 一版. -- 臺
北市：秀威資訊科技, 2010.10
　　面；　　公分. -- (哲學宗教；AA0016)
BOD 版參考書目：面
ISBN 978-986-221-529-6(平裝)

1. 社會正義

540.21　　　　　　　　　　　99011633

讀者回函卡

感謝您購買本書，為提升服務品質，請填妥以下資料，將讀者回函卡直接寄回或傳真本公司，收到您的寶貴意見後，我們會收藏記錄及檢討，謝謝！
如您需要了解本公司最新出版書目、購書優惠或企劃活動，歡迎您上網查詢或下載相關資料：http:// www.showwe.com.tw

您購買的書名：＿＿＿＿＿＿＿＿＿＿＿＿＿＿＿＿＿＿＿＿＿＿＿

出生日期：＿＿＿＿＿年＿＿＿＿＿月＿＿＿＿日

學歷：□高中 (含) 以下　　□大專　　□研究所 (含) 以上

職業：□製造業　□金融業　□資訊業　□軍警　□傳播業　□自由業
　　　□服務業　□公務員　□教職　　□學生　□家管　　□其它＿＿＿＿

購書地點：□網路書店　□實體書店　□書展　□郵購　□贈閱　□其他

您從何得知本書的消息？

　□網路書店　□實體書店　□網路搜尋　□電子報　□書訊　□雜誌

　□傳播媒體　□親友推薦　□網站推薦　□部落格　□其他＿＿＿＿＿＿

您對本書的評價：（請填代號　1.非常滿意　2.滿意　3.尚可　4.再改進）

　封面設計＿＿＿　版面編排＿＿＿　內容＿＿＿　文／譯筆＿＿＿　價格＿＿＿

讀完書後您覺得：

　□很有收穫　□有收穫　□收穫不多　□沒收穫

對我們的建議：＿＿＿＿＿＿＿＿＿＿＿＿＿＿＿＿＿＿＿＿＿＿＿

＿＿＿＿＿＿＿＿＿＿＿＿＿＿＿＿＿＿＿＿＿＿＿＿＿＿＿＿＿＿＿＿＿

＿＿＿＿＿＿＿＿＿＿＿＿＿＿＿＿＿＿＿＿＿＿＿＿＿＿＿＿＿＿＿＿＿

＿＿＿＿＿＿＿＿＿＿＿＿＿＿＿＿＿＿＿＿＿＿＿＿＿＿＿＿＿＿＿＿＿

11466
台北市內湖區瑞光路 76 巷 65 號 1 樓

秀威資訊科技股份有限公司　　　收

BOD 數位出版事業部

....

（請沿線對折寄回，謝謝！）

姓　　名：＿＿＿＿＿＿＿＿＿　年齡：＿＿＿＿　性別：□女　□男

郵遞區號：□□□□□

地　　址：＿＿＿＿＿＿＿＿＿＿＿＿＿＿＿＿＿＿＿＿

聯絡電話：(日) ＿＿＿＿＿＿＿＿＿＿　(夜) ＿＿＿＿＿＿＿＿＿＿

E-mail：＿＿＿＿＿＿＿＿＿＿＿＿＿＿＿＿＿＿＿＿＿